보들레르와
고티에

거장이 만난 거장
보들레르와 고티에
아름다움을 섬긴 두 사제

1판 1쇄 발행	**2020년 3월 10일**
지은이	**테오필 고티에**
	샤를 보들레르
옮긴이	**임희근**
펴낸이	**최재균**
편집	**문해순**
마케팅	**김승환**
디자인	**로컬앤드**
펴낸곳	**걷는책**
등록번호	**제300-2001-7호**
주소	**03979 서울시 마포구 성미산로23길 54, 3동 503호**
전화	**02 736 1214**
팩스	**02 736 1217**
전자우편	**book@mphotonet.com**

걷는책은 일반·교양 단행본 브랜드로 포토넷PHOTONET, 포노PHONO와 함께
(주)티앤에프 출판사업부의 임프린트입니다.

이 도서의 국립중앙도서관 출판시도서목록(CIP)은 서지정보유통지원시스템
홈페이지(http://seoji.nl.go.kr)와 국가자료공동목록시스템(http://www.nl.go.kr/kolisnet)에서 이용하실 수 있습니다. (CIP제어번호: 2020007732)
ISBN 979-11-89716-03-5 03860

본문 일부에 아리따 돋움 서체를 사용했습니다.
잘못 만든 책은 구입하신 곳에서 교환해 드립니다.
책값은 뒤표지에 있습니다.

걷는책 | **PHOTONET** | **PHONO**
따뜻한 문화 | 사진과 시각예술 | 음악, 삶의 풍요

거장이
만난
거장

보들레르와 고티에

Théophile Gautier

Charles Baudelaire

아름다움을 섬긴 두 사제

테오필 고티에, 샤를 보들레르 지음 | 임희근 옮김

걷는책

일러두기

- 이 책의 1부는 Théophile Gautier, *Charles Baudelaire* (Michel Lévy frères, 1868)를, 2부는 Charles Baudelaire, *Théophile Gautier* (Poulet-Malassis et de Broise, 1859)를 우리말로 옮긴 것이다.

- 주석 가운데 2부 211쪽에 실린 보들레르의 주석(30번) 외 나머지는 모두 옮긴이 주다.

- 인명, 지명 등 외국어의 한글 표기는 가급적 국립국어원의 표기 지침을 따랐으나 일부는 관례를 따르거나 원어 발음에 가깝게 표기했다.

- 책 제목과 장편 소설은 《 》, 잡지 및 매체명, 단편 소설과 희곡, 음악, 미술 작품명은 〈 〉로 표기했다.

에티엔 카르자Étienne Carjat가 찍은 샤를 보들레르, 1862

펠릭스 나다르Félix Nadar가 찍은 테오필 고티에, 1855

차례

1부
009 샤를 보들레르
123 주

2부
157 샤를 보들레르 씨에게_빅토르 위고
161 테오필 고티에
209 주

217 옮긴이의 말
232 테오필 고티에 연보
240 샤를 보들레르 연보
247 찾아보기

샤를 보들레르

Théophile Gautier

Charles Baudelaire

1

테오필 고티에

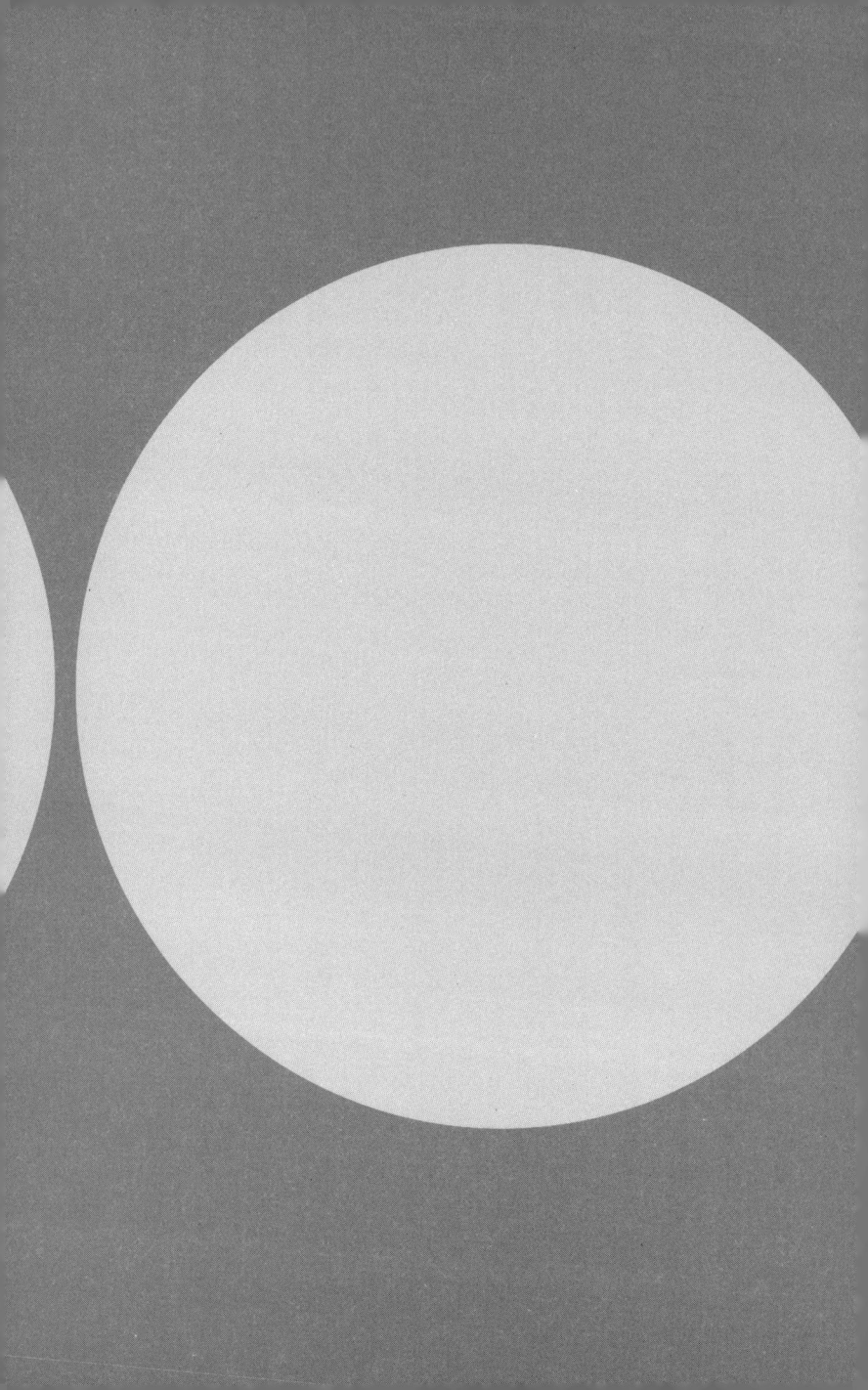

●

필자가 처음 보들레르를 만난 것은 1849년 중반이었다.[1] 피모당 호텔[2]에서 그를 만났다. 필자는 그 근처, 페르낭 부아사르[3]의 집과 가까운 곳에 위치한, 두터운 벽 속에 감춰진 비밀 계단으로 보들레르의 아파트와 통하는 멋진 아파트에서 살고 있었다. 그곳에는 옛날 로쳉Lauzun의 총애를 받던 아름다운 여인네들의 그림자가 떠돌 법도 했다.[4] 거기엔 아주 젊은 시절 스헤퍼르[5]의 〈미뇽〉의 모델이 되었고 나중에는 폴 들라로슈[6]의 〈왕관을 나눠주는 영광의 여신〉의 모델이 되었던 미인 마릭스[7]와, 당시 활짝 피어나던 또 다른 미인, 클레생제[8]의 〈뱀에게 물린 여인〉―고통이 쾌락의 절정과 닮아 있고, 돌 쪼는 정으로는 결코 가 닿지 못했으며 초월할 수도 없었던 생생한 삶의 밀도를 담고 파득거리는 조각[9]―의 모델이 되었던 그 여인[10]이 살고 있었다.

샤를 보들레르는 당시 아직 그 재능이 알려지지 않은 채, 머잖아 환히 드러날 빛이 되려고 그림자 속에서 영감을 배가시키는 집요한 의지를 지니고 스스로 작가가 될 준비를 하던 중이었다. 그러나 이미 시인들과 예술가들 사이에서는 보들레르라는 이름이 모종의 기대를 지닌 채 살살 퍼지기 시작하고 있었다. 1830년대의 대단한 세대[1] 이후 등장한 젊은 세대는 그에게 기대하는 바가 큰 듯했다. 미래의 평판이 슬슬 만들어지는 중이던, 아직 정체 모를 동아리에서는 그가 최강자로 통했다. 필자는 종종 사람들이 그의 이야기를 하는 것을 들었지만, 그의 작품은 전혀 알지 못했다. 막상 직접 그의 모습을 보고 필자는 깜짝 놀랐다. 그는 아주 짧게 깎았고 더없이 아름다운, 검은 머리카락을 지니고 있었다. 이 머리카락은 눈부시게 하얀 이마에 규칙적으로 삐죽삐죽 내려오면서 내리덮이며 마치 사라센식 작은 모자처럼 그의 머리를 장식해주었다. 스페인 담배 색깔이 나는 두 눈은 정신적이고 심오하며 좀 고집스럽다 싶을 만큼 통찰력 있어 보였다. 입으로 말하자면, 새하얀 이가 고르게 나 있는 그의 입은 그 입매를 어두워 보이게 하는, 가볍고 비단 같은 콧수염 아래 레오나르도 다빈치가 그린 얼굴 속의 입술처럼 움직이며 관능적이면서도 어딘지 비웃는 듯한 굴곡을 지녔다. 여리고 섬세한 코는 조금 둥글고 콧구멍이 벌름거리는 모양새가 마치 멀리서 풍기는 아련

한 향기라도 맡는 듯하며, 움푹 파인 보조개는 마치 조각가가 작품을 끝내며 엄지로 누른 마지막 흔적처럼 그의 턱선을 강조한다. 정성껏 면도한 두 뺨은, 마치 흰 파우더를 발라 부드러워진 푸르스름한 꽃같이, 광대뼈가 툭 튀어나온 부분의 불그스레한 색조와 대비를 이룬다. 여자처럼 우아하고 하얀 목은 젖혀진 셔츠의 목깃과 인도산 마드라스 천으로 지은 폭 좁은 체크무늬 넥타이 사이에서 도드라져 보인다. 그는 광택 있고 반짝반짝하는 검은 천으로 지은 프록코트와 개암색 바지를 입고, 흰 양말과 왁스로 광을 낸 무도화를 신었는데, 이 모든 것에 일부러 영국식 단순함을 표방하면서도 면밀하게 청결하고 반듯하여, 물렁한 펠트 모자를 쓰고 벨벳 조끼에 붉고 풍덩한 상의를 걸치고 텁수룩한 턱수염을 기르고 까치머리를 헝클어뜨리는 식의 전형적인 예술가 스타일과는 거리를 두겠다는 의도 같은 것이 있었다. 이처럼 엄격한 차림새에서 그리 신선하다거나 크게 눈에 띄는 점은 없었다. 샤를 보들레르는 쫙 빼어 입은 정장 같은 광택을 없애려고 사포로 의복을 일부러 문질러 새 옷 같은 느낌—속물에게는 그토록 소중하지만 진정한 신사에게는 그토록 불쾌한 느낌—을 완전히 제거할 만큼 간소한 댄디즘을 지니고 있었다. 나중에 그는 콧수염 기르는 일조차 유치하고 부르주아적인 그림 같은 구식 멋부리기의 잔재라고 생각하여 콧수염을 싹 밀어버리기까지 했다.

이처럼 쓸데없는 치장을 일체 제거해버린 그의 얼굴을 보면 로런스 스턴[12]의 얼굴이 떠오르는데, 말하면서 집게손가락으로 관자놀이 쪽을 괴곤 하는 보들레르의 습성 때문에 스턴과 더욱 닮아 보인다. 다들 알다시피, 영국의 유머 작가인 스턴은 처음 작품을 쓰기 시작했을 때 초상화 속에서 이런 자세를 취했다. 훗날 《악의 꽃Les Fleurs du mal》을 쓰게 될 보들레르가 이 첫 대면에서 필자에게 남긴 신체적 인상은 이러하다.

그 상실을 우리가 탄식해마지 않는 보들레르의 가장 소중하고 꾸준한 벗 중 한 사람인 테오도르 드 방빌[13]의 글 〈파리의 새로운 카메오들Nouveaux Camées parisiens〉[14]에서 이러한 젊은 시절의 초상을 우리는 본다. 말하자면 초상(potrait)이라는 말이 아직 생기기도 전에 그걸 보는 것이다. 여기, 완벽하기로는 가장 아름다운 운문에 뒤질 바 없는 몇 줄의 산문으로 그려진 그 모습을 그대로 옮기는 것을 독자 여러분이 허락해주시길 바란다. 이 글은 보들레르의 잘 알려지지 않은, 그때만 잠시 존재했다가 재빨리 지워진 모습을 그려줄 것이다.

> 에밀 드루아[15]가 그린 초상화[16]는 근대 회화가 찾아낸 드문 걸작 중 하나로, 우리에게 보들레르의 스무 살 시절을 보여준다. 이때는 부유하고 행복했으며 사랑받고 유명해지기 시

작한 보들레르가 초기 시들을 발표하여 온 세계에 영향을 미치는 파리 사람들에게 갈채를 한 몸에 받던 때다. 오, 진정으로 신성하며, 온갖 행운과 온갖 힘과 도무지 저항할 길 없는 유혹들을 다 합해놓은 얼굴의 드문 예가 바로 이 얼굴이다! 그림에는 순수하고 기다랗고 부드러운 커다란 호弧 같은 눈썹이 동양적이고 따뜻하며 생생한 색채의 눈두덩 위로 나 있다. 눈은 길쭉하고 검고 깊으며 비할 바 없이 강렬한 불꽃이 일고, 마치 어루만지는 듯하면서도 당당하여 주위의 모든 것을 감싸 안으면서 온갖 일에 의문을 던지는 듯하고 또 모든 것을 다 비추어낸다. 우아하고도 비웃는 듯한 코의 평평한 부분과 조금 둥글고 앞으로 튀어나온 코끝은 시인의 유명한 구절, "내 영혼은 향기 위를 날아다니네! 남들의 영혼이 음악 위를 날아다니듯"[17]을 곧바로 떠올리게 한다. 입은 휠치림 휘어, 이미 재치가 깃들여서도 섬세하지만 이 순간에는 더욱더 푸릇푸릇하고 과일의 반짝임을 생각나게 하는 아름다운 살빛을 보인다. 턱선은 둥글지만, 오만하게 도드라져 보이는 것이 마치 발자크[18]의 턱처럼 힘이 있다. 이처럼 얼굴 전체가 따스하면서도 창백하고, 갈색이지만 그 밑으로는 피가 잘 돌고 혈색 좋은 색조가 드러난다. 젊은 신처럼 어린아이 같으면서도, 이상적인 턱수염이 나 있다. 높직하고 넓은 이마는 훌륭하게 그려졌는데, 머리카락이 마치 파가니니[19]처럼 자연스럽게 물결치며 굽슬굽슬하게 아킬레우스나 안티노우스[20]처럼 목덜미를 덮으면서 검고 두텁고 매력적으로 내려와 있다!

이 초상화의 묘사를 글자 그대로 받아들일 필요는 없겠다. 왜냐하면 이는 어디까지나 그림이나 글을 통해 본 시인의 모습이고, 따라서 이중으로 이상적으로 미화되어 있기 때문이다. 하지만 그렇다고 그의 실제 생김새가 이 묘사대로가 아니었던 것은 아니다. 이 묘사는 그의 생시 모습과 정확히 일치한다. 샤를 보들레르에게는 지극히 아름답고 완벽하게 피어난 시기가 있었으며 이 충실한 묘사에 따르면 그 점이 확인된다. 시인이나 예술가가 젊은 시절의 매력적이던 모습으로 알려지는 경우는 드물다.[21] 그들이 명성을 누릴 때는 이미 공부에 지치고 삶의 전투와 열정에 시달리느라 첫 모습이 변한 뒤이기 때문이다. 남아 있는 거라고는 고통 하나하나 때문에 상처나 주름살이 흉터처럼 남은, 시들고 늙은 얼굴뿐이다. 사람들이 기억하는 건 이 마지막 모습이며, 그 모습도 나름으로 아름답기는 하다. 젊디젊은 알프레드 드 뮈세[22]의 경우가 그랬다. 금발의 '포이보스' 아폴론Phoebus-Apollon[23]이 그랬고, 다윗 왕이 그려진 메달[24]에서 다윗은 우리에게 거의 신과 같은 모습으로 나타난다. 일체의 가식을 피하는 듯한 이 특성에 어떤 이국적 취향과 태양이 편애하는 고장의 아스라한 향기 같은 것이 덧붙여졌다. 보들레르는 오랫동안 인도 여행을 했다고 전해지며, 이로써 모든 게 설명된다.[25]

예술가들 하면 기이한 행동거지를 보이게 마련이지만, 이와 반대로 보들레르는 더없이 엄격하게 예절을 지키는 데 집착했고 그의 공손함은 때로 부자연스럽게 보일 정도로 과도했다. 그는 문장을 면밀히 하나하나 재서 썼고, 더없이 선별된 표현만 사용했으며, 마치 몇몇 단어를 강조하여 거기에 신비로운 의미를 부여하려는 듯이 그 단어를 말했다. 소리 내서 말할 때는 이탤릭체와 첫 글자에 쓰이는 대문자가 들어 있는 듯했다. 말에 무언가를 실어서 과장되게 하는 표현이 피모당 호텔에서는 아주 명예로운 일이었지만, 그는 그런 어법이 극적이고 거칠다고 여겨 전혀 쓰지 않았다. 하지만 그는 역설과 모욕은 거리낌 없이 썼다. 아름다움이라든가 성정의 엄격성에 대해 프뤼돔[26]식의 빤한 소리를 하기라도 하는 양, 아주 단순하면서 더할 나위 없이 초탈한 투로 몇 가지 괴상한 금언을 늘어놓거나 수학적으로 과도한 몇 가지 이론을 얼음같이 냉정하게 주장하곤 했다. 왜냐하면 자신의 광기를 펼쳐가는 데 엄정한 방법을 적용했기 때문이다. 그의 재기는 어떤 단어나 특성에 있는 것이 아니라 그가 사물을 보는 특별한 어떤 시점에 있었다. 그 시점에 따르면 마치 조감도나 천장에서 내려다보면 달라지는 물건의 외곽선처럼 사물의 선이 바뀐다. 그리고 그는 남들이 깨닫지 못하는 유추라든가, 논리적으로 기이하여 남들이 미처 못 보고 깜짝 놀라는 관계들을 잘 포착했다. 그의 동작은 느리고 드물고 간소하며 몸에서 손발이 많이 떨어지지 않았다. 왜냐하면 그는 남프랑스 사람들같이 손짓, 발짓 많이 하며 얘기하는 것을 아주 싫어했기 때문이다. 그는 말을 유창하게 하는 것도 싫어했고, 영국인 같은 냉정함이 그에게는 훌륭한 취향으로 보였다. 그는 보헤미안처럼 자유분방한 댄디, 그러나 어디까지나 브러멀[27]의 원칙에 물든 사람의 특징이라 할, 품격과 자기만의 방식, 자기숭배를 잃지 않으면서 방랑한 댄디라고 할 수 있었다.

    이 첫 만남에서 필자에게 남은 인상은 이러했다. 마치 어제인 듯 그 추억이 생생하고, 그 장면을 기억해내 그림이라도 그려 보일 수 있을 것만 같다.

    우리는 루이 14세 시대의 순수한 양식으로 지어진 그 커다란 살롱에 있었는데, 그곳은 비록 변색되었으나 감탄스러운 색조의 금빛으로 돋보이게 꾸민 목재 장식에다 랑베르 호텔에서 작업했던 르쉬외르[28]나 푸생[29]의 제자들의 취향, 즉 신화를 좋아했던 당시의 취향대로 갈대 틈에서 사티로스[30]가 뒤쫓는 님프들을 그려놓은 돌출 부위엔 돋을새김 장식이 되어 있었다. 희고 붉은 점이 찍힌 커다란 회색 결 무늬가 있는[31] 붉은 보랏빛 대리석 벽난로 위에는 시계 대신에, 파란색 에나멜 숫자판이 새겨진 전쟁 탑을 등에 지고 르브룅[32]의 그림에 나오는 전투 속 포루스 코끼리 같은 황금 코끼리가 서 있었다. 1인용 안락의자와 여럿이 앉는 소파들은 오래되었는데 우드리[33]나 데포르트[34]가 그린 사냥의 주제가 표현된, 빛바랜 태피스트리 천으로 덮여 있었다. 필자가 속해 있던, 그리고 필자가 다른 지면에서 우리의 도취와 몽환과 환각, 뒤이어 찾아오는 그렇게도 깊은 낙담을 묘사한 바 있는 '해시시 피우는 사람들의 클럽' 모임이 이 살롱에서 열리곤 했다.

위에서 말한 바와 같이, 그 집 주인은 페르낭 부아사르였는데, 그의 짧은 머리칼은 곱슬곱슬하고 금발에 피부색은 하얗고 발그스레했으며, 빛과 재기로 반짝이는 잿빛 눈을 지녔고 입술은 붉고 이는 진주 같아서 루벤스[35]식 풍만함과 건강을 몸으로 보여주며 평균 수명보다 훨씬 오래 살 것 같았다. 하지만, 오호라! 사람의 운명을 누가 예측할 수 있으랴? 행복의 어떤 조건도 부족함이 없던 부아사르, 한 가정의 아들들이 흔히 겪는 가벼운 불행마저도 알지 못했던 그가 몇 년 전, 보들레르 죽음의 원인이 된 것과 똑같은 병[36]으로 세상을 떠났다. 부아사르는 재능이 뛰어난 사람 축에 속했다. 그는 누구보다도 열린 지성을 지녔고 그림과 시, 음악을 똑같이 잘 이해했으나, 아마도 이런 딜레탕트 기질이 예술가 기질에는 해가 되었던 듯하며, 감탄하는 데 시간을 너무 써서 열심히 감상하느라 정작 자신은 기운이 다 빠졌던 것 같다. 무쇠 같은 손을 지녀, 만약 억지로 시켰더라면 그는 틀림없이 빼어난 화가가 되었을 것이다. 그의 작품 〈러시아에서의 퇴각 일화〉[37]가 미전美展에서 성공을 거둔 것만 보아도 확실히 알 수 있다. 그러나 그는 그림을 그만두지 않았으며 다른 예술도 취미로 했다. 바이올린도 켰고, 사중주단을 만들기도 했고, 바흐, 베토벤, 마이어베어, 멘델스존의 곡을 연주하기도 했고, 여러 언어를 배우기도 했으며, 평론과 매력적인 소네트[38]를 쓰기도 했다. 그는 예술 면에서 욕심 많은 사람이었으며, 그보다 더 세련되고 열정적으로, 감각적으로 걸작을 즐긴 사람도 없다. 그는 아름다운 것을 감상하다 보니 그것을 표현하기를 잊었고, 자기가 그토록 깊이 느낀 바를 외부로 표현했다고 믿었다. 그와 나누는 대화는 매력적이었고, 쾌활함과 예측할 수 없는 재기가 말 속에서 넘쳐났다. 드문 일이긴 했으나, 그는 단어와 문장을 지어내는 능력이 워낙 뛰어나, 칼로[39]가 지어낸 환상적 인물처럼 우아하면서도 우습게 비꼬면서 이야기할 때는 이탈리아인들이 말하는 '사고(思考, concetti)'와 스페인 사람들이 말하는 '예리함(agudezzas)'[40]이 누가 봐도 도드라져 보였다. 그도 보들레르처럼 희귀한—비록 그것

이 위험할지라도—감각을 좋아하여 **인공 낙원**(paradis artificiels)'[41]
을 알고자 했고, 나중에는 그 거짓된 황홀에 빠진 대가를 톡톡히
치러야 했으며, 그토록 튼실하고 강력했던 건강도 해시시 남용으
로 해치고 말았다. 여기 우리 두 사람 모두의 친구였던 고인 보들
레르의 전집에 부치는 서문으로 쓰이게 될 이 글에서, 한 지붕 밑
에서 살았으며 도무지 영예가 따라주지 않았던 부아사르는 남들
의 영예를 너무나 좋아해서 자신의 영달을 생각하지 않았으니까,
젊은 시절의 친구를 이렇게 회고함이 잘못된 일은 아닐 것이다.

이렇게 찾아갔던 날, 보들레르의 집엔 장 구종[42]과 제르맹
필롱[43]과 벤베누토 첼리니[44]의 계보를 잇는 조각가이며, 너무나도
고상한 취향을 갖추고 새롭고 우아하기 이를 데 없는 그 작품이
산업과 장사의 등쌀에 이제는 거의 완전히 사라져서 부자 애호가
에게 현실에서는 잡을 수 없는 더 비싼 값에 팔려나가기 위해 더
없이 유명한 이름으로 경내에 무쳐지는 작가인 장 푀셰르[45]도 있
었다. 푀셰르는 조각이라는 재능 말고도 믿을 수 없을 만큼 누구
를 잘 흉내 내는 재주가 있었고, 한 인물을 그렇게 잘 재현하는
배우는 없었다. 당시에 브리데 중사와 총잡이 피투의 희극적 대
화를 지어낸 사람이 바로 그였는데, 브리데와 피투의 대화 레퍼
토리는 놀랄 만큼 늘고 있었고 지금도 그걸 들으면 웃음을 참을
수 없다. 푀셰르가 제일 먼저 저세상으로 갔고, 이 날 피모당 호텔

에 모였던 예술가 넷 중에 이젠 필자 혼자만 살아 있다.

소파 위에 반쯤 펴져 누운 채 쿠션에 팔꿈치를 괴고, 화가 앞에 포즈를 취할 때 습관이 된 대로 조금도 움직이지 않으며, 핏방울같이 작고 빨간 점무늬가 야릇하고 자잘하게 나 있는 하얀 드레스를 입은 마릭스가 꿈꾸듯 보들레르의 역설에 귀를 기울이면서 더없이 순수하게 동양풍인 그 얼굴에 조금도 놀라는 기색 없이 왼손에 끼었던 반지들을 오른손 손가락에 옮겨 끼우고 있었는데, 양손도 여전히 아름다운 그 몸매만큼이나 완벽했다.

창가에는 〈뱀에게 물린 여인〉의 모델이 된 여인(여기서 그 실명을 밝히는 것은 적절치 않겠다)[46]이 안락의자 위에 검은 레이스로 만든 케이프를 던져놓았고, 뤼시 옥케 혹은 보드랑 부인이 바느질해 만든 것 중 가장 섬세한 초록색 작은 머리쓰개 밑으로 아직 축축하게 젖은 그녀의 아름다운 황갈색 머리칼이 흔들리고 있었다. 그녀는 막 수영장에서 돌아왔기에 모슬린 천으로 감싼 전신에서 마치 나이아드[47]처럼 입욕제의 신선한 향기가 풍겨 나왔던 것이다. 눈으로 또 미소로 그녀는 이러한 말싸움을 격려했고, 가끔씩 때로는 비웃는 듯 때로는 긍정하는 듯 말을 툭툭 던졌으며, 그러면 말싸움은 한층 격렬하게 다시 불붙곤 했다.

보카치오[48]가 살던 세기처럼 시인, 예술가, 미인 들이 모여 미술을 논하고 문학과 사랑을 논했던 저 매력적이고 한가로운 시간은 이제 지나갔다. 시간이, 죽음이, 삶의 어쩔 수 없는 필연이 자유로이 서로에게 공감하던 이 집단을 뿔뿔이 흩어놓았다. 그러나 그 집단에 받아들여지는 행복을 누렸던 사람이라면 누구에게나 그 추억은 소중하게 남아, 이렇게 몇 줄 글을 쓸 때면 나도 모르게 가슴이 뭉클해진다.

이런 만남이 있고 나서 얼마 안 가 보들레르는, 그 자리에 없었던 두 친구가 남긴 시집 한 권을 전하겠다고 필자를 찾아왔다.[49] 이 방문에 대해서는 보들레르 자신이 필자에 대해 쓴 문학적인 짧은 글[50]에서, 워낙 존경스럽고 감탄이 담긴 표현인지라 필자로선 감히 여기 옮길 엄두도 못 낼 훌륭한 문장에 담아 이야기한 바 있다. 그 순간부터 우리 둘 사이에는 우정이 싹텄다. 이 우정에서 보들레르는 짐짓 사람 좋은 선생 앞에서 사랑받는 제자가 취할 법한 태도를 언제나 견지하고자 했다. 그의 재능은 어디까지나 그 자신 덕분이며 그 자신의 독창성에서 나왔는데도 말이다. 아무리 격의 없이 굴어도 될 때라도 그는 필자가 볼 때 지나칠 정도로, 그리고 진심으로 안 그래도 된다는 말을 들을 만큼 예절을 잊지 않았다. 그 점을 그는 공공연히 여러 차례에 걸쳐 인정했으며, 필자에게 바친 《악의 꽃》 헌사[51]는 비문碑文 같은 형식으로 이 정다운 시적 헌신의 절대적 표현을 확인해준다.

굳이 이런 자질구레한 사실들까지 강조하는 것은, 사람들이 말하듯 필자를 돋보이게 하려는 것이 아니라, 그 글이 보들레르의 성격에서 사람들이 미처 모르는 부분을 그리고 있기 때문이다. 악마 같은 본성을 지녔고 악과 결핍(물론 문학적 결핍이지만)에 홀려 있는 것으로 흔히들 치부하려 하는 이 시인은 사실 누구보다도 드높은 사랑과 감탄을 마음속에 지닌 사람이었다. 악마의 특징은 감탄도 사랑도 하지 못한다는 것이다. 악마는 빛이 비치면 상처받는 데다 영광이란 그에게 참을 수 없는 광경인지라 그 앞에서는 박쥐 같은 날개로 두 눈을 가린다. 그런데 심지어 낭만주의가 풍미하던 시절에도 보들레르보다 더 거장들을 공경한 사람은 아무도 없었다. 그는 늘 거장들이 받아 마땅한 향香으로써 합법적 경의를 표할 태세가 되어 있었으며, 그렇다 하여 제자로서 스승 앞에서 굽신거리는 태도 같은 것은 전혀 없었고 맹신자 특유의 광신적 태도도 없었다. 왜냐하면 그 자신이 하나의 왕국과 신민을 거느리고 자기만의 화폐를 주조하는 장인이었기 때문이다.

젊은 시절 광휘로 빛나던 그, 한창 힘이 넘치던 시절의 그, 보들레르의 이런 두 모습을 먼저 내보인 뒤에 그의 말년 모습, 그러니까 병에 걸려 이승에서는 말도 못 하도록 입이 아주 봉인되기 전의 모습을 소개하는 것이 아마도 도리에 맞을 듯하다. 나중에 그의 얼굴은 빼빼 말라 마치 정신만 남은 사람처럼 되었고 눈은 더 퀭하니 커졌으며, 코는 섬세하게 강조되어 더 우뚝해졌다. 입술은 신비롭게 다물리어 윗입술과 아랫입술 사이의 작은 틈에 마치 역설적인 무슨 비밀이라도 간직한 듯이 보였다. 예전에는 불그레하던 두 뺨의 색조에 시든 피부 또는 피곤함의 누리끼리한 색조가 섞였다. 이마는 조금 벗겨져 위대해 보인다는 점에서, 즉 탄탄하다는 점에서는 점수를 줄 만했다. 마치 유난히 단단한 대리석을 비스듬히 깎아 조각한 듯했다. 비단 같고 기다란, 가는 머리카락은 이미 숱이 성글어지고 거의 백발이었는데, 이는 늙어가면서도 여전히 젊음을 간직한 그의 모습과 잘 어울리고 그 모습에 거의 사제 같은 면모를 부여해주었다.[52]

샤를 보들레르는 1821년 4월 21일 파리 오트푀유 거리의, 모퉁이에 원추형 망루가 딸린 작은 탑이 하나씩 있는 낡은 집[53]에서 태어났다. 이런 집은 반듯한 직선과 넓은 도로를 몹시 좋아하는 도목 담당관 탓에 이마 지금은 사라졌을 것이나. 샤를은 콩도르세[54]와 카바니스[55]의 친구인 보들레르 씨[56]의 아들이었다. 그의 부친 보들레르 씨는 사리 분별이 매우 뚜렷하고 배운 것도 아주 많았으며, 오만하게 (마치 일부러 그러는 듯이) 사나운 공화정 시대의 풍속에도 불구하고 생각만큼 사라지지는 않은 18세기식 예절을 갖춘 사람이었다. 이런 품성은 여러모로 극단적인 도회풍의 풍모를 지녔던 시인 보들레르에게도 그대로 살아남았다. 어린 시절의 보들레르가 신동이었으며 중학교에서 각종 상을 도맡아 받는 학생 유형이었다는 사실은 어디에도 남아 있지 않다. 그는 심지어 문과 대학 입학 자격시험에도 겨우 붙을 만한 실력이었고, 대학 입학 자격을 딴 것만 해도 큰일이었다. 재기 넘치고 생생한 지식을 지녔던 이 소년은 아마도 뜻밖의 질문들을 받고 마음이 흔들렸던 듯, 예상 밖의 문제가 나오자 거의 바보가 된 것만 같았다.[57] 이렇게 누가 봐도 뻔한 무능력을, 이 인물의 유능함을 보증하는 증서랍시고 내세울 의도는 전혀 없다. 사람은 명예상 수상자인 동시에 재능이 여러 가지일 수도 있다. 이 사실에서 보아야 할 점은 오직 한 가지, 사람들이 학교 성적으로부터 이끌어내고자 하는 앞날의 조짐이란 확실치 않다는 사실뿐이다. 산만하고 게으른, 혹은 공부 말고 딴 데에 정신 팔린 초등생 안에 진정한 인간이 조금씩, 교사들과 부모들의 눈에 보이지 않게 자라나는 일은 흔하다. 아버지 보들레르 씨가 죽자 그의 부인, 즉 샤를의 어머니는 오피크Aupick 장군과 재혼했다. 이 장군은 나중에 콘스탄티노플 전권 장관을 역임했다. 곧 가족들 사이에서는 어린 보들레르가 보인, 조숙한 문학적 자질을 두고 불화가 일어난다. 안타깝게도 시 짓는 불길한 재주가 그 아들에게서 확인되었을 때[58] 부모가 느낀 두려움은 너무나도 당연했으며, 필자의 생각으로는 사람들이 시인들의 전기에서 부모를 똑똑하지 못하고 생각이 산문적이라며 탓하는 것은 잘못된 일이다. 그 부모가 맞다. 이른바 '글 써서 먹고사는 삶'이라 칭하는 이 고통스러운 길에 들어선 사람에게 인생살이는 얼마나 서글프며, 언제 어떻게 될지 모르는 비참한 처지이겠는가. 금전상의 곤궁함은 여기서 굳이 언급하지 않는다 하더라도……. 이 날부터 그는 스스로를, 남들과는 담 쌓고 집 안에 들어앉은 존재로 여긴다. 그리하여 그는 활동을 멈추고, 그때부터는 사는 게 아니라 삶의 구경꾼이 된다. 모든 감각이 그에게는 분석의 동기가 된다. 본의 아니게 그는 스스로 이중의 존재가 되고, 다른 주제가 없으면 자기 자신이라도 몰래 살피는 첩자가 된다. 시체가 없으면 그는 검은 대리석으로 깐 포석 위에 납작하게 엎드려, 문학에서 왕왕 벌어지는 기적에 의해 자신의 심장에 메스를 깊이 찔러 넣는다. 확 잡으면 빠져 달아나는, 그리고 그 진면목을 드러내도록 강요받아야 비로소 신탁을 내놓는 이 도무지 종잡을 길 없는 프로테우스[39] 같은 착상이라는 놈과 얼마나 악착같은 싸움을 해야 하는지 모른다! 이 착상이라는 놈은 사람들이 그것을 승리자의 무릎 아래서 당황한 마음으로 떨리는 채 잡고 있을 때, 누군가가 그것을 쳐들어 옷을 입히고, 직조하고, 물들이고, 엄격하거나 우아한 주름을 잡기가 그리도 어려운 스타일의 의상을 걸쳐주어야 한다. 이렇게 오랜 시간 놀음을 지속하노라면 신경줄은 까칠해지고 뇌는 활활 타오르며 감수성은 예민해진다. 그리고 괴상하기 짝이 없는 걱정, 환각 증세가 따르는 불면, 형언할 길 없는 고통, 재수 없게 날뛰는 허황한 생각들, 변덕스러운 타락, 동기 없는 심취와 염오厭惡, 미친 듯한 에너지와 신경의 탈진, 자극제를 찾고 건강한 음식은 죄다 멀리하는 습관과 더불어 신경증이 찾아온다. 필자는 이 그림을 더는 채우지 않으련다. 최근에 죽은 여러 사람만 보아도 이 그림이 정확함을 알 수 있다. 그 그림에서 우리 눈에 보이는 것이라곤, 재능 있고 영광을 맛보았으며 적어도 이상의 품안에 뛰어든 적 있는 시인들뿐이다. 어린아이들의 그림자와 함께 사산된 소명들, 유산된 시도들, 날개도 형체도 찾지 못한 착상의 애벌레들이 버둥대는 이 고성소古聖所에 우리가 만약 내려간다면 어떨까? 무엇을 바란다고 그걸 할 수 있는 건 아니며, 사랑한다고 소유할 수 있는 것도 아니다. 믿음만으로는 안 된다. 타고난 자질이 있어야 한다. 문학에서나 신학에서나, 작품들은 은총 없이는 아무것도 아니다.

그것은 그들이 베르길리우스[60]나 단테[61]가 아니라 루스토 혹은 뤼시앵 드 뤼벵프레,[62] 혹은 발자크가 그려낸 다른 언론인의 인도를 받아 몸소 나선형 길을 따라 내려가 보았어야만 잘 알 수 있기에 이런 근심의 지옥을 예측하지 못할 수도 있는데.[63] 그렇다 하더라도 부모는 본능적으로 문학, 예술에 종사하는 삶의 위험과 고통을 예감하여, 자신들이 사랑하고 인생에서 인간적으로 행복한 자리에 있었으면 하는 자식들이 그 길을 가지 않도록 노력하게 마련이다.

지구가 태양 주위를 돈 이래 딱 한 번, 시인 될 아들 하나 갖기를 열렬히 바라던 부모가 있었다. 아이는 이런 의도 덕분에 더없이 풍부한 문학 교육을 받았고, 대단한 운명의 역설에 의해 영웅시 〈라 퓌셀La Pucelle〉[64]을 쓴 샤플랭[65]이 되었다.[66] 여기서 고백하지만, 샤플랭은 불행을 손에 쥐고 노는 자였다.

보들레르의 부모는 아들이 한사코 머물러 있길 고집하는 문학 생각에서 벗어나게 하려고 그를 여행하게 했다. 그를 아주 먼 곳으로 보낸 것이다. 배를 타고 선장 손에 맡겨진 보들레르는 선장과 함께 인도양 곳곳을 돌아다녔고, 모리셔스섬, 부르봉섬, 마다가스카르 등을 둘러보았다. 아마 실론섬도 보았을 터이며, 갠지스강에 있는 반도 지형의 여러 곶串들도 보았을 것이다.[67] 그러나 그런 여행 때문에 문인이 되겠다는 생각을 단념한 것은 전혀 아니었다. 부모는 그를 장사 일에 관심을 갖게 하려고 애썼지만, 소용없었다. 배에 실었던 상품을 내려 육지에 부려놓는 일은 그에게 별 관심이 없는 일이었다. 인도에 거주하는 영국 사람들에게 먹일 비프스테이크를 만들려고 소를 배에 실어 나르는 일도 그에게는 매력이 없었다. 이 장거리 항해 여행에서 그가 갖고 돌아온 것은, 평생 지니게 될 찬란한 광휘뿐이었다. 유럽에서 미처 몰랐던 별자리들이 빛나는 하늘, 코를 찌르는 향내가 풍기는 놀랍고 거대한 식물군, 우아하고 특이한 탑들, 하얀 천을 둘러쓴 갈색 얼굴들, 그토록 따뜻하고 강력하고 다채로운 이 이국적인 자연 모두에 그는 감탄했다. 그리고 파리의 안개와 진흙탕으로부터 빛과 창공과 향기가 있는 고장으로의 회귀가 그의 시에 나온다. 더없이 어두운 시정의 바닥에 자리한 시커먼 굴뚝과 연기 뿜는 지붕 대신, 인도의 푸른 바다나 날씬한 반라의 여인이 머리에 단지를 얹고 가볍게 거니는 말라바르 지방[68]의 황금빛 해변이 보인다. 시인의 사생활에 정도 이상으로 고개를 들이밀어 비집고 보고 싶지는 않지만, 이 여행 중에 그가 늘 숭배했던 그 '검은 비너스'[69]를 사랑하게 되었으리라 추측할 수 있다.

이런 머나먼 여행길에서 돌아오자 그는 성년이 되었다. 보들레르의 소명에 반대할 이유가 더는 없었다. 이는 경제적 이유 때문만이 아니었다. 왜냐하면 그는 적어도 어느 시기만큼은 부유했으니까.[70] 그의 소명은 문인이 되지 못하게 가로막는 장애에 저항하는 것으로 확인되었고, 그 무엇도 그 목표에서 그의 정신을 다른 데로 이끌 수는 없었다. 독신으로 작은 아파트에 몸담고, 이 글 첫머리에서 이야기했던 바와 같이 필자가 훗날 만나게 될 그 피모당 호텔과 한 지붕 밑에 있는 아파트에 기거하며,[71] 끊임없이 중단했다가 다시 시작하면서, 이것저것 잡다하게 공부하고 때로는 게으름이 풍요로운 열매를 맺기도 하면서, 제 길을 찾는 문인이라면 누구나 그렇듯이 지속적인 문필 생활을 시작했다. 보들레르는 아마 곧 그런 문필 생활에 뛰어들었던 것 같다. 그는 낭만주의에 국한되지 않고 그것을 넘어선 전인미답의 땅, 말하자면 가시투성이에 척박한 캄차카 반도 같은 곳을 찾았고, 그 가장 극단에다 그를 칭송한 생트뵈브[72]가 말했듯이, 작은 건물 혹은 건축 구조가 특이한 유르트[73]를 세웠다.

《악의 꽃》에 나오는 시 여러 편은 이미 그 전에 지어놓은 것들이다. 타고난 시인이라면 누구나 그렇듯, 보들레르는 처음부터 자기만의 형식을 지니고 있었으며 자기 문체에 통달해 있다가 그것을 나중에 한층 더 강조하고 갈고닦은 것이다. 갈고닦되 일관된 방향으로 갈고닦았다. 사람들은 종종 보들레르가 계산된 기이함, 짐짓 그렇게 쓴 표현, 만사 제치고 기어이 얻어낸 독창성, 특히 **매너리즘**을 보인다고 비난한다. 논의를 좀 더 밀고 나가기 전에 이 점은 확실히 짚고 넘어가는 편이 좋겠다. 꾸미는 것이 자연스러운 사람들이 있다. 그런 이들에게선 단순한 것 자체가 순수한 꾸밈이며 이는 마치 일종의 전도된 매너리즘과 같다. 그런 사람들은 오히려 단순해지려면 오래 연구하고 스스로를 많이 탐구해야 할 것이다. 그들의 뇌가 돌아가는 방식은 일직선을 똑바로 따라간다기보다는 여러 생각이 서로 꼬이고 포개지고 나선형으로 빙빙 돈다. 더없이 복잡, 미묘하고 강렬한 착상들이 그들에겐 가장 먼저 떠오른다. 그들은 독특한 각도에서 사물을 보기에, 그 사물의 면모와 보는 시각도 남다르다. 모든 이미지 중에 가장 이상한 것, 가장 엉뚱한 것, 다루는 주제와 가장 기상천외하게 멀리 떨어진 것이 주로 그들에게 와닿는다. 그리하여 그들은 그런 이미지들을 곧장 실타래에서 풀어낸 신비로운 실로 자기가 짠 줄거리에 맞게 갖다 붙일 줄을 안다. 보들레르의 정신은 이런 식이어서, 평론가들은 거기서 작업, 노력, 모욕, 편견의 극치를 보고 싶어 하지만 실상 그는 오직 개성을 자유롭고 수월하게 표출했을 뿐이다. 그가 아주 기막히면서도 기이한, 윤곽이 오톨도톨한 병 속에 갇혀 있는 이 시편들을, 남들이 운도 안 맞는 진부한 시를 쓸 때만큼 힘도 안 들이고 썼다는 말이다.

보들레르는 과거의 위대한 거장들에게 역사적으로 마땅히 받을 만한 감탄을 보내면서도, 자신이 그들을 본보기로 삼아야 한다고는 생각하지 않았다. 그들은 이 세상이 아직 유년이던 시절, 말하자면 인류의 새벽에 아직 아무것도 표현되지 않았고 일체의 형태, 이미지, 감정이 처녀 같은 매력을 지녔을 때 시인이 되었다는 점에선 다행이었다. 인간의 생각의 바탕을 이루는 위대하지만 뻔한 소리들은 그때 한창 꽃피어나고 있었고, 아이 같은 사람들에게 말을 거는 단순한 천재성만으로도 충분히 시인이 될 수 있었으니 말이다. 그러나 널리 퍼진 시심의 이 주제들도 자꾸 되풀이되다 보니, 마치 너무 많이 유통되어 처음 찍힌 자국이 없어져버린 동전처럼 닳아빠졌고, 삶이 점차 복잡해지면서 더 많은 개념과 생각이 실리게 되었으며, 지난 시대의 정신으로 만들어진 인공적 작문만으로는 삶을 표현할 수 없게 되었다. 진정한 무구함이 매력적일수록, 짐짓 모르는 척하는 속임수는 이제 짜증만 불러일으킬 뿐, 사람들 마음에 들지 않게 되었다. 19세기의 미덕은 정확히 말해 순진성이 아니며, 19세기는 그 생각과 꿈과 주장을 표현하기 위해 이른바 고전적이라는 언어보다는 좀 더 복합적인 관용어가 필요했다. 문학이란 하루와 같아서 아침, 정오, 저녁, 밤이 있다. 황혼녘보다 새벽녘을 선호해야 하는지 알기 위해서는 쓸데없이 글을 쓸 게 아니라, 그 시간에 직접 서서 이 시간이 가져오는 효과를 표현하는 데 필요한 색채가 가득 담긴 팔레트를 들고 그림을 그려봐야 한다. 저물녘도 새벽녘 못지않게 아름답지 않은가? 이 구릿빛 섞인 붉은색, 이 초록빛 섞인 황금색, 그리고 이 청옥빛 색조가 사파이어 색깔에 녹아들면서, 확 불타올랐다가 마지막으로 크게 활활 타오르면서 해체되는 이 모든 색은, 그리고 빛의 투사가 스며들고 마치 공중에서 거대한 바벨탑이 무너지는 듯 기이하고 괴물 같은 형태의 이 구름들은 장밋빛 손가락을 지닌, 우리가 무시하고 싶지 않은 새벽의 여신만큼이나 시심을 불러일으키지 않는가? 그러나 안내자가 가리켜 보이는 천공에서, 낮의 수레에 앞서 가던 시간의 신들은 이미 허공으로 날아가 버린 지 오래다!⁷⁴

《악의 꽃》의 시인 보들레르는 사람들이 맞지도 않게 '데카당스décadence' 스타일이라고 부르는, 다름 아니라 쇠진해가는 문명들이 그 뉘엿뉘엿 저물어가는 햇빛을 받으며 열매 맺은, 농익을 대로 농익은 경지에 이른 예술을 사랑했다. 말하자면 기발하고 복잡하고 유식하고 각종 뉘앙스와 탐구로 가득 찬 스타일이고, 말이라는 것의 한계를 늘 뒤로 물리며, 기술 어휘를 전부 차용하고, 모든 팔레트에서 색채를, 모든 건반에서 음들을 가져다 쓰고, 생각의 가장 표현하기 힘든 면과 더없이 막연하고 도망치는 듯한 형태를 그 윤곽으로 표현하려 애쓰고, 그것을 번역하기 위해 신경증 환자의 미묘한 속이야기와 스스로 결핍을 느끼며 늙어가는 열정의 고백과 광기로 변해가는 고정 관념의 이상한 환각에 귀 기울이는, 그런 예술을 사랑했던 것이다. 이러한 데카당스 스타일은 모든 걸 표현하라는 재우침을 받고 극단적 모욕을 받아 궁지에 몰린 '동사가 남긴 마지막 말이라 하겠다. 보들레르 하면 이미 해체의 녹색 시반屍斑이 몸에 어룽진 모습을, 그리고 후기 로마 제국에서처럼 퇴폐적인 듯한 언어와 퇴폐기에 접어든 그리스 미술의 마지막 형태인 비잔틴 양식의 복잡한 세련됨을 떠올릴 수 있다. 그러나 무얼 필요로 하는지 알 수 없는 인간의 자연스럽고 널리 펼쳐진 삶보다 인공적인 삶이 우위를 점하는 문명과 대중에게 꼭 필요하고도 치명적인 관용어가 바로 이것이다. 게다가 현학적인 사람들이 경멸하는 이 문체를 구사하기란 쉬운 일이 아니다. 왜냐하면 이 문체는 새로운 형태와 아직 아무도 못 들어본 단어들로 새로운 생각들을 표현하니 말이다. 고전적 문체와는 반대로 그는 그늘을 인정하고, 그 그늘 속에서는 미신의 유충들, 불면에 시달리는 유령들, 밤의 공포, 조그만 소리에도 소스라치게 놀라 떨며 뒤돌아보는 회한, 오직 무능만이 멈출 수 있는 기괴한 꿈, 낮이 밝아오면 깜짝 놀랐을 어두컴컴하고 엉뚱한 생각들, 그리고 영혼이 그 가장 깊고 마지막인 동굴 밑바닥에서 찾아낸, 어둡고 기형이고 막연히 끔찍한 모든 것이 섞여 혼란스럽게 꿈틀댄다. 여러 생각과 어떤 근대적인 것들을 무한히 복합적이고 다채로운 상태로 표현해야 하는 어려운 과업을 스스로에게 부과한 보들레르에게는 라신[75]이 쓰는 1400개 단어를 다 가져와도 부족하다고 생각하면 맞다. 그러니까 대학 입학 자격시험에서 신통치 못했던 보들레르는 라틴어는 잘했지만, 베르길리우스와 키케로[76]보다는 확실히 그 문체가 흑단같이 검은빛을 띤 아풀레이우스,[77] 페트로니우스,[78] 유베날리스,[79] 성 아우구스티누스,[80] 테르툴리아누스[81]를 더 좋아했다.[82] 그는 심지어 교회에서 쓰는 라틴어까지 구사한다. 지금은 잊힌 고풍스런 리듬이 운으로 표현된 그 산문들과 찬가들을. 그리고 그는 〈프란치스코를 찬양함Franciscœ meœ laudes〉이라는 시를 '어느 박식하고 신앙심 깊은 모자 제조자'에게 헌정했는데,[83] 브리죄[84]가 '3분절(ternaire)'이라 부른 형태로 운 맞추어 쓴 라틴어 시에 붙인 헌사가 이러하다. 3분절이란 단테가 쓴 3행시(tercet)처럼 행이 번갈아 오면서 엮어지는 것이 아니라 연달아 나오는 세 개의 운으로 이뤄진 것이다. 또한 이 특이한 시에는 기이한 주가 달려 있다. 이 내용을 여기에 옮겨 적는 이유는, 그렇게 하면 방금 전에 데카당스 특유의 언어에 대해 필자가 말한 바가 설명되고 더 보강되기 때문이다.[85]

내게도 그렇지만 독자에게도, 근대의 시 세계가 이해하고 느낀 열정을 표현하기에는 신기하게도 로마의 마지막 퇴폐기에 쓰이던 언어, 이미 변모해 정신적 삶을 살 준비가 된 건장한 사람의 지고한 한숨이 적합하지 않은가? 신비성은 카툴루스[86]와 그 패거리, 즉 거칠고 순전히 전염병 같은 시인들이 오직 관능성이라는 한쪽 극단만 알았던 이 자석의 다른 극단이다. 필자가 보기에는 이 놀라운 언어를 쓰면 파격 어법과 야만적 표현이 그 규칙을 스스로 망각하고 비웃는 열정의 어쩔 수 없는 느슨함을 잘 표현하는 것 같다. 기존의 뜻을 생각하지 않고 단어들을 받아들이면, 로마의 아름다움 앞에 무릎 꿇은 북쪽 야만인들의 매력적인 되통스러움이 드러난다. 말장난 자체가 이 현학적 말 더듬기를 넘어서기만 한다면, 어린 시절의 야생적이고 못생긴 그대로의 멋이 드러나지 않겠는가?

이 생각을 너무 많이 밀고 나갈 필요는 없겠다. 보들레르는 호기심 어린 몇몇 일탈, 영혼이나 사물의 어떤 미증유의 측면을 표현해야 하는 처지가 아닐 때는 어쩌나 순수하고 명확하고 바르고 정확한 말을 썼던지, 아무리 까다로운 사람도 그가 쓴 글을 다시 볼 필요가 전혀 없었다. 이런 점은 특히 그의 산문에서 느껴진다. 산문에서 그는 운문보다 더 실제로 쓰이고 덜 난해한, 거의 언제나 지극히 농밀한 소재들을 다룬다. 그의 철학적·문학적 주의主義·주장으로 말하자면, 아직 글을 번역하기 전이었지만 희한하게도 그와 합이 잘 맞았던 에드거 포[87]의 그것과 같다. 보들레르가 《기묘한 이야기들Contes extraordinaires》의 서문에서 포에 대해 썼던 바로 그 문장을 그 자신에게도 적용할 수 있겠다. "포는 발전이라는 근대의 큰 개념을 마치 남의 말을 쉽게 믿는 고지식한 사람이 빠진 황홀경처럼 생각한다. 그리고 사람 사는 공간을 **완벽하게** 만든다는 것을 상처가 있는 곳, 네모반듯한 가증스러움이라고 불렀다. 그는 오직 불변의 것, 영원한 것, 한결같은 것만을 믿었다. 이는 자기애에 빠진 사회에서 잔인한 특권이다! 마치 역사의 사막을 관통하며 서 있는 빛의 기둥 같은 현자 앞에서 걷는 마키아벨리[88]의 위대한 상식을 지녔다."[89] 보들레르는 인류애를 가진 자, 발전을 믿는 사람들, 공리주의자, 인본주의자, 이상향주의자 그리고 불변의 자연과 숙명적으로 돌아가는 사회에서 뭔가를 변화시키겠다고 주장하는 사람들 모두를 아주 싫어했다. 그는 지옥의 압박도 꿈꾸지 않았으며, 기요틴이 철컥 내려와 가장 편리하게 죄인과 살인자를 처리하는 것도 꿈꾸지 않았다. 그는 인간이 태어날 때부터 선하다고 생각하지 않았으며, 인간이란 원래 타락한 존재라는 사실을 마치 더없이 순수한 영혼 밑바닥에서도 매번 다시 발견하곤 하는 요소처럼 받아들였다. 인간은 타락했기에 자기에게 나쁜 일을 할 수밖에 없는데, 그 이유는 정확히 그 일이 인간에게 치명적이기 때문이고 이는 법칙에 어긋장 놓는 기쁨을 위해, 오직 고분고분하지 않다는 매력밖에 없으면서 일체의 관능과 이득, 매력을 벗어나 그리 하는 셈이기 때문이다. 그는 이러한 타락상이 다른 사람들에게나 자기 자신에게 있다고 확언하고 남들을 채찍질하는데, 이는 마치 실수로 잡힌 노예가 남의 교훈을 일절 듣지 않으려 하는 것과 같다. 왜냐하면 그는 그 타락상이 지옥에 떨어져 마땅할 만큼 돌이킬 수 없는 것이라고 보기 때문이다. 그러니까 생각 짧은 비평가들이 보들레르를 비도덕적이라고 비난하는 것은 잘못된 일이다. 도덕적이지 못하다는 것은 샘 많은 못난이의 입장에서 본다면 욕하기 딱 좋은 주제이고, 바리새인과 프뤼돔에 동조하는 사람들은 이를 늘 환영하니 말이다. 정신의 파렴치함과 물질의 추함에 대해 보들레르보다 더 오만하게 염오를 표한 사람은 없다.[90] 그는 악이란 수학과 규칙에서 벗어나려는 일탈이라며 증오했다. 그리고 완벽한 신사로서, 그는 악을 불편하고 우스꽝스럽고 부르주아적이고 특히 더럽다고 경멸했다. 그가 종종 추악하고 역겹고 병적인 주제를 다룬 것은, 마치 새가 자석에 이끌리듯이 불순한 뱀 아가리로 떨어지게 만드는 일종의 홀림과 공포 탓이었다. 그러나 힘차게 날개를 여러 번 퍼덕여 그는 이 홀림을 떨쳐버리고 정신성이라는 푸르디푸른 영역으로 다시 올라간다. '우울과 이상', 그는 이 말을 좌우명처럼 도장에 새길 수도 있었으리라. 이는 그의 시집 《악의 꽃》 1부에 제목으로 쓰인 말이다. 그의 꽃다발이 금속성 색채가 나고 아찔한 향기를 풍기며 꽃받침이 이슬 대신 맵고 뗣은 눈물이나 아쿠아토파나aqua-tofana[91] 방울을 머금은 이상한 꽃들로 이루어져 있는 거라면, 그는 대답할 수 있을 것이다. 퇴락한 문명의 묘지 흙처럼 부패물로 가득 찬 검은 토양에선 다른 꽃은 자라지 않는다고. 거기엔 악취 풍기는 지독한 냄새 틈바구니에서 지난 세기들의 시체가 썩어가고 있다고. 의심할 여지 없이 물망초, 장미, 마거리트, 제비꽃 등이 좀 더 보기 좋은 봄꽃들일 것이다. 그러나 그는 대도시의 포석 틈새를 메운 검은 진흙 속에선 그런 꽃들이 자라지 않는다고 믿는다. 게다가 보들레르는 이상하고 거대하고 우아한 나무들이 꿈처럼 불쑥불쑥 솟아 있는 열대의 방대한 풍경에는 감응하지만, 교외 시골의 보잘것없는 장소에는 그다지 감흥이 없다. 보들레르는 신록이 낭만적으로 우거진 풍경 앞에서 속물 하인리히 하이네[92]처럼 즐긴다거나, 참새가 우짖는 소리를 듣고 좋아 죽을 사람이 아니다. 그는 파리라는 거대한 초록색 돌로 된 구불구불한 골목을 지나 창백하고 손발이 뻣뻣해지고 몸이 배배 꼬이고 거짓 열정과 근대의 진짜 권태로 경련을 일으키는 인간을 따라가기를 좋아하고, 그 인간이 아파하고 근심하고 비참하게 사는 모습, 의기소침했다가 흥분하기도 하는 모습, 그의 신경증과 그의 절망을 자기도 모르게 깜짝 포착하기를 좋아한다. 두엄 더미를 들추면 독사가 똬리를 틀고 있듯이 그는 막 태어난 나쁜 본능들, 진흙탕 속에 게으르게 쪼그린 못된 습관들이 꿈틀대는 모습을 바라본다. 그리고 그를 끌어당기면서 밀쳐내기도 하는 이 구경거리에서 불치의 우울을 얻어낸다. 왜냐하면 그는 스스로를 남들보다 나은 존재라고 판단하지 않으며, 하늘의 순수한 궁륭과 정결한 별들이 추악한 훈김으로 가려지는 것을 보고 괴로워하기 때문이다.

이렇게 생각하면, 보들레르야말로 예술의 절대적 자율을 편들고, 시가 그 자체 이외의 목적을 갖는다거나, 시가 달성해야 할 사명이 독자의 마음속에서 절대적 의미의 미감을 불러일으키는 것 이외에 있다는 사실을 용납하지 못했다는 말은 맞다. 그는 순진하지 못한 이 시대에는 이 감각에다 어떤 놀람이나 희귀함의 깜짝 놀라게 하는 효과를 덧붙일 필요가 있다고 판단했다. 그는 웅변조의 시나, 열정과 진실을 완전히 그대로 베껴낸 시는 되도록 멀리했다. 조상彫像을 만들 때 실물과 똑같이 빚어서는 안 되듯이, 그는 예술의 영역에 들어가기 전에 모든 대상이 변모를 겪어 이상화되고 하찮은 현실에서 멀어짐으로써 그 미묘한 환경에 부응하기를 원했다. 즐거우라고 끔찍한 요소를 일부러 집어넣은 것처럼 보이는 보들레르의 어떤 작품들을 읽노라면 이런 원칙이 놀랍게 느껴질 수도 있다. 그러나 잘못 생각하지 말아야 한다. 이런 끔찍함은 항상 성격과 효과에 의해, 렘브란트[93]식 빛 한 줄기에 의해, 아니면 비천한 기형 속에서 원래는 고결한 그 본모습이 드러나는 벨라스케스[94]식 위대함에 의해 변한다. 엉뚱하기도 하고, 식인종처럼 독이 섞인 온갖 재료를 냄비에 넣고 휘젓는 보들레르는 〈맥베스〉에 나오는 마법사처럼 이렇게 말할지 모른다. "아름다운 것은 끔찍하고, 끔찍한 것은 아름답다."[95] 그러니까 일부러 추하게 표현한 것은 예술의 지고한 목적에 배치되지 않는다.

그리고 〈일곱 노인Les Sept Vieillards〉과 〈자그마한 할머니들Les Petites Vieilles〉[96] 같은 시들은 다음과 같이, 건지라는 파트모스섬[97]에서 꿈꾸는 시적인 성 요한[98]의 입으로부터 《악의 꽃》 저자의 특징을 잘 보여주는 문장을 이끌어냈다. "당신은 예술의 하늘에 뭔지 모를 죽음의 빛을 뿌렸다. 당신은 새로운 전율을 만들어냈다." 이 말은 보들레르의 특징을 잘 보여준다. 그러나 그것은 말하자면 보들레르의 재능이 가진 그림자, 그의 본질적이고 빛나는 터치를 더 부각시켜주는, 타는 듯 붉거나 차갑게 푸르스름한 그림자일 뿐이다. 겉보기에 그토록 신경질적이고 열에 들뜬 듯하고 고통스러워 보이는 재능 속에는 이런 차분함이 깃들어 있다. "높은 꼭대기에서도 **그는 차분하다**(pacen summa tenent)."

그러나 이 주제에 관해서 보들레르의 생각이 어떤지, 글로 쓰기보다는 그의 말을 직접 들어보는 것이 한결 간단할 것이다.[99]

> …… 자기 자신 속으로 조금만 내려가 보거나 자기 마음에게 물어보거나 열렬히 심취했던 추억을 상기해본다면, 시의 목적이란 오로지 시 그 자체일 뿐이다. 다른 목적이 있을 수 없으며, 오직 시를 쓴다는 즐거움 때문에만 쓰인 시보다 더 위대하고 고귀하며 시라는 이름에 걸맞은 시는 없을 것이다.

시가 풍속을 고상하게 만들어주지 않는다고 말하려는 것이 아니다. 사람들이 이 말뜻을 잘 이해했으면 한다. 시의 최종 결과가 천박한 이해 이상으로 사람을 고양시키지 않는다는 소리를 하려는 것도 아니다. 만약 그런 소리를 한다면, 그건 정말 말도 안 되는 소리일 것이다. 단언컨대 만약 시인이 어떤 도덕적 목표를 좇았다면, 그 시인의 시적 힘은 줄어든 셈이며 그의 작품은 좋지 않을 거라고 예단할 수 있다. 시는 과학이나 도덕과 같을 수 없으며, 만일 그렇다면 사멸하거나 쇠락할 것이다. 시는 '진실'을 목표로 삼지 않으며, 오로지 '그 자신'만을 목표로 삼는다. 시가 '진실'을 보여주는 방식은 다르며, 딴 곳에 있다. '진실'은 노래와는 아무 상관이 없다. 노래는 매력과 멋, 저항할 수 없는 면을 갖고 있어 진실에서 그 권위와 힘을 앗아갈 것이다. 무언가를 입증해 보이려는 기질은 냉정하고 차분하고 무심하여 뮤즈[100]에게서 다이아몬드와 꽃을 빼앗아 간다. 그러므로 그런 기질은 시적 기질과는 정반대된다.

순수한 지성은 '진실'을 목표로 한다. '안목'은 우리에게 '미'를 보여주고 '도덕의식'은 우리에게 '의무'를 가르쳐준다. 중용 의식은 양극단과 밀접하게 연결되어 있으며 '도덕의식'과는 오직 아주 작은 차이에 의해서만 나뉘는데, 이를 아리스

토텔레스는 서슴지 않고 덕 중에서도 아주 미묘하게 작용하는 덕으로 분류했다. 그래서 특히 악덕을 구경하는 취향이 고상한 사람은 그 기형적인 모습, 균형 잡히지 않은 모습에 화가 나는 것이다. 악덕은 정당한 것과 진실한 것을 공격하고, 지성과 양심에 반역한다. 그러나 그것은 마치 화성에 모욕을 가하는 불협화음처럼 더는 특별히 시적인 어떤 정신에만 상처를 입히지는 않을 것이며, 도덕과 도덕적 미를 어기면 무조건 보편적 리듬과 전체적 흐름에 반하는 잘못으로 여기는 것이 특별히 빈축을 살 일은 아니라고 필자는 생각한다.

이 땅과 여기서 벌어지는 구경거리들은 이 감탄스러운 불멸의 '미'를 추구하는 본능 탓에 '천상'의 어떤 통찰이나 '지상'과의 **교감**이라고 여겨진다. 저 너머에 있는 모든 것, 삶이 가리고 있는 모든 것에 대해 채워지지 않는 갈망을 지닌다는 것이 우리가 불멸의 존재라는 가장 생생한 증거다. 시심에 의해, 동시에 시심을 **통해**, 또 음악에 의해, 음악을 **통해**, 영혼은 무덤 저편에 있는 찬란함을 엿본다. 그리고 절창인 시 한 편을 듣고 눈가에 눈물이 흘러내릴 때, 그 눈물은 무엇을 지나치게 누렸다는 증거가 아니라, 차라리 자극받은 우울, 신경이 간절히 청하는 바, 비록 반과거 속에 망명하고 있을망정 이 땅에 있을 때 즉시, 여기 드러난 천국을 거머쥐고 싶다는 자연의 증언이다.

그러므로 시의 원칙은 엄밀하고 단순하게 말해서 저 위에 있는 미를 향한 인간의 열망이며, 이 원칙은 심취 상태, 넋을 빼앗긴 상태로 나타나는데, 심취 상태란 가슴이 도취한 상태인 정념과는 완전히 독립되어 있으며, 이성이 풀을 뜯어 먹는 초원이라 할 '진실'과도 완전히 무관하다. 왜냐하면 정념이란 **자연스러운** 것, 자연스럽다 못해 순수미의 영역에 어울리지 않는, 남에게 상처 주는 어조를 집어넣지 않을 수 없는 그런 것이기 때문이다. 너무도 친근하고 너무도 격렬하여 시의 초자연적 영역에 살고 있는 순수한 '욕망', 우아한 '우울'과 고귀한 '절망'을 건드리지 않을 수 없는, 그런 것이다.

독창성과 영감이 보들레르보다 더 자연스럽게 샘솟은 시인은 거의 없겠지만, 아마도 힘들여 운 맞춰 시 한 구절을 지은 작가에게 쏟아져 내리는, 성령을 짐짓 믿는 척하는 거짓 서정주의가 역겨워서인 듯 그는 주장하기를, 진정한 저자라면 이 문학 생산이라는 신비로운 능력을 마음껏 도발하고 이끌고 변화시킨다고 한다. 그리고 유명한 에드거 포의 〈까마귀 Le Corbeau〉라는 시

번역에 앞서 쓴 매우 호기심 가는 짧은 글, 반쯤 비꼬는 듯하고 반쯤은 진담인 듯한 이 글에 겉으론 포의 생각을 분석한 것 같지만 실은 보들레르 자신의 생각을 잘 표현해놓았다.

사람들은 우리에게 말한다. 시학이란 시에 의해 만들어지고 빚어진다고. 여기, 자기 시가 자기 시학에 의해 지어졌다고 주장하는 한 시인이 있다. 물론 포는 누구 못지않게 대단한 재능과 영감을 지녔다. 영감이란 말이 에너지, 지적인 열중, 감각 기능들을 깨어 있는 상태로 유지하는 능력을 지칭한다면 말이다. 하지만 그는 다른 누구보다 일을 좋아하기도 한다. 그는 기꺼이, 그 자신이 나무랄 데 없이 독창적이면서도 독창성이란 배워서 습득하는 것이라고 거듭 말하는데, 이 말은 독창성이 가르쳐서 전수될 수 있다는 뜻이 아니다. 우연과 이해할 수 없는 것이야말로 독창성의 두 가지 커다란 적이다. 야릇하고도 흥미로운 허영심 때문에 그가 자신의 본래 상태에서보다 짐짓 영감이 훨씬 덜 떠오르는 척한 적이 있던가? 가장 좋은 몫을 의지에 할애하기 위해 그 본연의 무상無償의 감각을 줄인 적이 있던가? 필자라면 포를 믿겠다. 그의 천재성이 아무리 열렬하고 민첩하다 한들 그것이 분석과 맞춤, 계산에 빠져 있었음을 잊지 말아야 하지만 말이다. 그가 좋아했던 금언 중 하나는 이것이었다. "장편 소설에서나 장시에서나, 소네트에서나 단편 소설에서나 모든 것은 끝마무리에 도움이 되어야 한다. 좋은 저자는 첫 문장을 쓸 때 이미 마지막 문장이 보인다." 이 감탄스러운 방법 덕분에, 글 짓는 사람은 쓰고 싶으면 어느 부분에서나 작품을 쓸 수 있다. 만약 **미혹**을 좋아하는 사람이라면 아마 이렇게 **비꼬는 듯한** 금언에 반발할 것이다. 하지만 누구든 그 금언에서 자기가 원하는 것을 취할 수는 있다. 그들에게 심사숙고해서 예술의 어떤 이로움을 끌어낼 수 있는지를 보여주고, 사교계 인사들에게 이른바 시라는 사치스러운 물건이 어떤 노동을 요하는지 보여줄 필요는 아직 있을 것이다. 마치 자연스럽게 놔두어도 아름다운 여자의 두 볼에 바른 볼연지처럼, 이는 정신의 새로운 양념이다.

여기서 마지막 문장은 특징적이면서도, **인공적인 것**을 좋아하는 시인의 취향을 드러낸다. 게다가 보들레르는 이러한 것들을 좋아한다는 걸 감추지 않았다. 그는 매우 앞서거나 매우 타락한 문명들이 만들어내는, 뒤죽박죽이고 때로는 조금 인공적인 이런 유의 아름다움을 좋아했다. 감각으로 느낄 수 있는 이미지로 이해를 도모하기 위해, 그라면 대야에 담긴 세숫물 말고 다른 화장품이라곤 없는 소박한 아가씨보다는 각종 에센스 병과 초유와 상앗빛 솔과 강철 핀이 그득 놓인 화장대 앞에서 교태 부리는 데 도움이 될 만한 모든 것을 사용하는, 좀 더 농익은 여인을 아마도 더 좋아할 것이다. 반년은 종려 기름에, 반년은 계피 우려낸 물에 담갔다가 그 뒤에야 아수에루스 왕[101]에게 내보였던 에스델[102]의 피부처럼, 향료에 담가 반 년 동안 불린 이 피부 깊숙이 밴 향내는 그가 어질어질해질 만큼 큰 힘을 발휘했다. 생생한 볼에 중국산 장미 색깔의 분이나 수국색 분을 가볍게 바르거나, 입가나 눈가에 도발적으로 점을 찍는 것, 아이섀도로 갈색 나게 칠한 눈두덩, 적갈색으로 물들이고 금가루를 뿌린 머리칼, 가슴과 어깨에 바른 새하얀 분가루, 진홍빛으로 칠해 활기를 준 입술과 손끝, 이런 것들을 그는 전혀 거리껴하지 않았다. 그는 예술이 자연을 이렇게 꾸미는 것을, 이렇게 정신을 북돋우는 것을, 멋을 더하기 위해 능숙한 손길이 매만진 이런 자극성 야식을, 겉모습의 매력과 개성을 좋아했다. 그러면 화장과 페티코트에 반대하는 덕스럽고도 장황한 글은 쓰지 않았을 것이다. 인간, 특히 여자를 자연 상태에서 멀어지게 하는 것은 뭐든지 그에겐 행복한 발명품으로 보였다.[103] 이렇게 비원시적인 취향은 충분히 이해가 되는 일이며, 《악의 꽃》을 쓴 데카당스의 시인 보들레르가 이런 것은 이해해주어야 한다. 그가 장미와 안식향나무와 제비꽃 향내보다 용연향이나 심지어 오늘날 높이 평가받는 사향, 또 몇몇 이국적인 꽃들의 코를 찌르는 향기, 말하자면 온대성 기후에는 너무 짙은 향내를 더 좋아했다는 말을 덧붙여도 아무도 놀라지 않을 것이다. 보들레르는 향기와 관련해서는 오직 동양 사람만이 지닌 기이하게 미묘한 감각이 있었다. 그는 온갖 향기를 두루 감미롭게 섭렵했으며, 자기 자신에 관해서는 방빌이 인용하고 필자가 이 시인의 초상에 관한 글 첫 머리에서 가져온 다음과 같은 문장을 썼는데, 이는 맞는 말이다. "내 영혼은 향기 위를 떠도네. 남들의 영혼이 음악 위를 떠돌 듯."[104]

그는 또 기이한 멋을 풍기고 변덕스러운 부티가 나며 당돌하고 유난스러운 화장, 희극 여배우와 후궁이 할 법한 화장을 좋아했다.[105] 정작 자신이 입고 다닌 의상은 엄격하게 단정했으면서 말이다. 그렇지만 과도하고 비뚤어진 듯 과장되고 반자연적이며 거의 늘 고전미와 반대되는 이 취향은 사기 좋을 대로 소재의 원래 형태와 색채를 고치려는 인간적 의지의 표현이었다. 철학자가 영탄조의 글밖에 찾지 못하는 곳에서 그는 위대함의 징표를 보았다. **퇴폐**, 즉 규범적 유형과 멀리 떨어져 있는 것은 짐승에겐 불가능하며 오직 인간의 변함없는 본능에 의해서만 치명적으로 이끌어져 나오는 것이다. 바로 이런 이유로 그는 작품에 의식도 방향성도 없던 자칭 **영감받은** 시인들을 싫어했으며, 그가 예술과 작업

자체까지 독창성이라는 개념 속에 집어넣고자 했던 것도 이 때문이다.

이는 다분히 형이상학적인 글에 끼워 넣는 말이지만, 보들레르의 본성은 미묘하고 복잡하고 따지기 좋아하고 모순적이고 일반적이게 마련인 보통 시인의 본성보다는 더 철학적이었다. 그는 자신의 예술 미학에 깊이 골몰했다. 그가 실현시키려 했던 체계가 여럿 있었고, 그가 했던 모든 일은 철저히 계획하에 진행되었다. 그에 따르면 문학은 '의도적으로' 하는 것이어야 하며 '어쩌다 그렇게 된' 부분은 되도록 줄여야 한다. 그러면서도 진정한 시인으로서, 실제 창작 행위와 뜻밖에 주제 밑바닥에서 피어나는, 씨 뿌리는 사람이 선별한 낟알에 우연히 섞여든 작은 꽃들의 아름다움 같은 행복한 우연은 충분히 활용했다. 모든 예술가는 어느 정도는 로페 데 베가[106]라 할 수 있다. 로페 데 베가는 극을 구성하면서 극 속에 교훈들을 집어넣어 '여섯 개의 열쇠로(con seis llaves)' 잠가놓았다. 알고서 그랬는지 부지불식간에 그랬는지 몰라도 그는 치열하게 작업하느라 체계와 역설을 잊어버린다.

몇 년간 주변에서 막 탄생하는 천재나 비웃는 작은 동아리를 넘어 퍼져나가지 못했던 보들레르의 평판은 갑자기 그가 손에 《악의 꽃》이라는 꽃다발, 신인의 순진무구한 꽃다발과는 전혀 닮지 않은 꽃다발을 들고 대중 앞에 나타나자 그만 폭발적인 것이 되고 말았다. 예의 주시하던 법정은 술렁였고, 책에 꼭 필요한, 예술이라는 형식과 베일로 덮인 너무도 현학적이고 난해하며 비도덕적인 시 몇 편은 문학에 조예가 깊은 독자들에게 이해를 받기 위해 책에서 빼고, 대신 특이하지만 덜 위험한 다른 시들을 실어야만 했다.[107] 보통, 시집을 두고 이렇게 큰 소리가 나지는 않는 법이다. 시집들은 탄생했다가 있는 듯 없는 듯 살다가 소리 없이 죽어간다. 왜냐하면 독자들이 지적으로 소비하기엔 시인은 기껏해야 두세 명이면 충분하니까 말이다. 보들레르는 즉시 조명을 받았으며, 그에 대한 소문이 퍼졌고, 추문이 덮이자 매우 드물게도 그가 독창적이고 아주 특별한 맛이 나는 작품을 문단에 가져왔다는 걸 사람들은 인정하게 되었다. 사람들이 여태껏 몰랐던 감각을 취향에 부여하게 하는 것은 작가에게, 특히 한 시인에게 일어날 수 있는 가장 행복한 일이다.

《악의 꽃》은 사람들이 생각보다 찾기 힘든 행복한 책 중에 하나였다. 이 시집은 간명하고 시적인 형식 속에 일반적인 책 개념이 응축되어 있고 당시 도서의 경향을 알려주었다. 비록 그 의도와 만듦새는 누가 봐도 낭만적이었지만, 어떤 가시적 연관 관계로도 그를 낭만주의의 거장 누구와도 엮을 수는 없을 것이다. 그의 시는 세련되고 유식한 구조를 갖고 있으며, 때로는 너무 밀도 높게 간결하고, 의상이라기보다는 무슨 갑옷처럼 대상을 둘러싸

버리기 때문에, 처음 읽을 때는 일견 어렵고 불투명해 보인다. 이는 저자의 잘못이 아니라 그가 표현하는 사물 자체가 워낙 새로워서 아직 문학이라는 수단에 의해 표현된 적이 없었기 때문이다. 거기에 이르기 위해 이 시인은 자기만의 언어, 리듬, 팔레트를 만들었다. 그러나 독자가 지금까지 사람들이 지은 시들과 너무나 다른 이 시들을 대면하고서 깜짝 놀라는 것까지 막을 수는 없었다. 두려움을 주는 이 타락상을 그리기 위해 그는 어느 정도 썩어 버린 부패물이 지닌 병적으로 풍부한 뉘앙스, 고인 물을 얼어붙게 하는 진주모珍珠母 빛과 자개 빛의 어룽어룽한 색조, 폐결핵의 분홍빛, 빈혈증의 하얀 빛, 스며 나오는 담즙의 누리끼리한 색, 악취 나는 안개의 납빛 회색, 비산염 냄새가 풍기는 오염된 구리의 금속성 녹색, 회칠한 벽을 따라 빗물에 씻겨 내려가는 연기의 검은색, 몇몇 창백하고 유령 같은 얼굴의 배경으로 아주 알맞을, 지옥의 모든 튀김 기름 속에서 잔뜩 달구어지고 눌어붙은 거무칙칙한 타르 색, 가을에, 해넘이에, 농익은 과일에, 문명의 마지막 시간에 해당하는 가장 밀도 높은 경지까지 가서 터질 듯이 진하디진한 이런 색상들을 전부 찾아낼 줄 알았다.

이 책은 〈독자에게Au lecteur〉라는 시로 시작한다. 이 시는 습관처럼 시인이 독자를 살살 달래어 비위 맞추려 하는 것이 아니라, 독자에게 더없이 어려운 진실을 말한다. 위선을 떨고 있지만 독자란 실상 타인들을 비난하는 모든 악덕을 갖추고 가슴속에는 근대의 가장 큰 괴물인 권태를 품고 먹여 살리는 존재라고 비방한다. 그 비방의 대상은 권태인데, 권태는 부르주아적으로 비겁하면서 로마 시대의 사악함과 난봉을 밋밋하게 꿈꾼다. 로마 시대의 난봉이란 관료주의자 네로 황제와 장사꾼 엘라가발루스 황제[108]의 것과 같은 난봉이다.[109] 더욱 아름다운 두 번째 시는 제목을 〈축복Bénédiction〉[110]이라 붙였다. 이 시는 시인의 탄생을 그린다. 시인이 태어난 것은 놀라운 일이라 하고 시인을 낳고 수치스러워하는 어머니에 대한 염오를 그린다. 그악스런 교태를 그에게 온갖 세련된 방식으로 다 부리고는 마침내 모욕과 비참, 고문을 가하여 고통의 도가니에서 '진실'을 위해서든 혹은 '미'를 위해서든 고통받은 순교자들이나 쏠 법한 영원한 영광, 빛의 왕관으로까지 정화된 모욕, 비참, 고문을 가하고 나서는 홀딱 벗은 무방비 상태에다 수염까지 싹 밀어버린 상태로 그를 기꺼이 바리새인들의 손에 넘겨주는 델릴라라는 여인의 불성실한 잔인함에 꽉 잡힌 어리석음, 선망, 조소 등이 이어진다.

이 시 다음에 이어지는 소품의 제목은 〈태양Soleil〉[111]인데, 이 시에는 시인의 방랑 생활에 대한 무언의 정당화 같은 것이 들어 있다. 진흙탕의 도시 위에 밝은 햇살이 환히 비친다. 화자는 외출하여 "마치 파이프 담뱃대에 시를 재어 넣은 시인처럼", 우리에게 늙은 마튀랭 레니에[112] 같은 표현의 본이라도 보이려는 듯 발길 닿는 대로 이리저리 돌아다닌다. 지저분한 골목길이 만나는 곳들, 닫힌 덧창 뒤로 은밀한 호사를 숨긴 채 드러나는 작은 길들, 햇빛이 비치면서 여기저기 몇몇 창에 화분이나 아가씨 얼굴이 비추어 보이는 이 수상쩍고 군데군데 녹슬어 얼룩진 집들이 들어찬 오래된 골목들이 이루는, 거무칙칙하고 축축하고 진흙투성이인 미궁. 시인은 마치 태양과 같지 않은가. 오로지 그 혼자만이 궁전에나 병원에나 성당에나 누옥에나 곳곳에 똑같이 순수하게, 똑같이 쨍하고 빛나며, 똑같이 신성하고 황금 같은 빛을 시체에든 장미꽃에든 차별 없이 고루 흩뿌려주는 태양 말이다.

그다음 〈고양(高揚, Élévation)〉이라는 시는 하늘 한복판을, 별들이 빛나는 영역을 훌쩍 넘어 빛나는 에테르 속을, 작은 구름처럼 무한 속으로 사라진 우주의 끝까지 유영하며 희귀하고 건강한 공기, 지상의 악취가 전혀 올라오지 못하고 천사들의 숨결로 향기로워진 그런 공기에 도취하는 시인의 모습을 보여준다. 보들레르는 비록 종종 물질주의로 비난을 받지만, 이는 분명 어리석은 자들이 재능 있는 사람에게 꼭 던지는 비난으로, 사실은 보들레르가 정반대로 스베덴보리[113]라면 말했을 **정신성**이라는 뛰어난 재능을 천부적으로 타고난 사람이라는 점을 잊지 말아야 할 것이다. 스베덴보리와 똑같이 신비로운 단어를 쓴다면, 그는 **교감**[114]의 재능도 소유하고 있었다. 다시 말해 비밀스런 직관에 의해 타인과의 관계에서 보이지 않는 숨은 것을 찾아낼 줄 알았고, 그리하여 오직 **견자**(見者, voyant)만이 포착할 수 있는 뜻밖의 유추에 의해 아무리 멀리 떨어져 있는 대상도, 또 겉보기엔 완전히 반대되는 대상들도 가까이 접근시킬 수가 있었다는 말이다. 진정한 시인이라면 누구나, 어떻게 갈고닦았는가 하는 차이야 있겠지만, 이런 특성을 다소간 타고났을 것이며, 이 특성이야말로 보들레르 예술의 핵심이다.

근대의 결핍과 타락상을 그리는 데 바쳐진 듯한 이 시집에서 보들레르는 발가벗겨진 악덕이 그 수치의 추한 모습을 한껏 드러내며 이리저리 뒹구는 역한 그림을 담아냈을 것이다. 그러나 이 시인은 지독한 역겨움과 경멸 어린 분노로써, 그리고 조롱 잘하는 사람들이 종종 하지 못하는 이상에의 회귀로써, 불건전할 뿐 아니라 각종 연고와 염류를 잔뜩 바른 그 살을 붉게 달구어져서 한번 누르면 지울 수 없게 인두로 지져 표시를 남긴다. 악덕을 채찍질하는 것이 바로 악덕이고, 보르자Borgia[115]의 독성 약품들을 묘사했다 하여 독살자가 된단 말인가. 무구하고 순수하며 얼룩 한 점 없이 하얀 공기, 히말라야의 눈, 흠 없는 짙푸름, 바래지 않는 빛, 이런 것들에 대한 갈증이 사람들이 비도덕적이라며 비난하는 이 시편들에서보다 더 열렬히 드러난 곳은 없다. 이 방식은 새롭지는 않지만 항상 성공적이긴 하다. 혹자는 《악의 꽃》을 읽을 때는 엑실리[116]가 그 유명한 분말 작업을 할 때처럼 유리 가면 같은 것을 써야 한다고 짐짓 믿는 척한다. 우리가 보들레르의 시를 읽은 횟수는 너무나도 많지만, 읽다가 갑자기 얼굴에 경련이 일어서 확 부푼다거나 몸에 검은 반점이 생겨서 죽은 적은 없다. 마치 반노차[117]와 저녁 식사를 하면서 교황 알렉산데르 6세[118]의 포도밭에 들어간 것처럼 말이다. 이 모든 어리석은 생각은 불행히도 해롭다. 왜냐하면 세상의 모든 바보가 열심히 그런 생각들을 받아들여, 정작 예술가라 불릴 만한 예술가 앞에서 유보적인 태도를 보이고, 그래서 파란색은 도덕적이며 진홍색은 외설적이라고 사람들이 말하면, 그렇게 배운 그 예술가는 깜짝 놀라기 때문이다. 그건 마치 이렇게 말하는 것이나 매한가지다. 감자는 미덕이 있고 사리풀은 범죄적이라고.[119]

향기에 관한 매력적인 시 한 편으로 향기는 다양한 등급으로 구분되며 생각과 감각, 여러 다른 추억이 깨어난다. 어린아이 살갗처럼 신선한 향기가 있는가 하면, 봄날의 초원처럼 초록빛인 향기도 있고, 여명의 불그레함을 상기시키는 향기도 있으며, 순진무구한 생각을 실어 나르는 향기도 있다.[120] 또 다른 향기인 사향, 용연향, 안식향, 그 밖에 흔히 우리가 피우는 보통 향 같은 것은 풍부하고 의기양양하며 사교적이고 교태, 사랑, 사치, 잔치, 화려함 등을 촉발한다. 만약 이런 향기를 색채의 영역에 갖다 놓는다면, 금빛과 보랏빛일 것이다.

보들레르는 종종 이 향기의 의미라는 생각으로 돌아간다. 보들레르는 자신의 향수 어린 우울을 잠재우는 것을 사명으로 삼은 듯한, 곶에 사는 황갈색 피부의 미인이나, 파리에서 방랑하는 인도의 무희를 곁에 두고서, "사향과 아바나산 권련 향기가 섞인"[121] 그 냄새, 자신의 영혼을 태양이 사랑하는 해변, 따뜻하고 푸른 공기 속에서 종려나무 잎들이 부채꼴 모양이 되는 곳, 말없는 노예들이 젊은 주인을 나른한 우울[122]에서 건져낼 재미나는 소일거리를 찾아주려 애쓰는 동안 배의 돛대들이 바다의 조화로운 철썩철썩 소리에 좌우로 흔들리는 곳으로 보내버리는 그 냄새를 언급한다. 좀 더 읽어보면, 자기 작품에서 앞으로 무엇이 남을지 자문하면서, 자기를 인적 없는 집의 옷장 한구석 거미줄 틈바구니에 놓여 잊힌, 마개 막아둔 오래된 병[123]에 비교한다. 열린 옷장에서는 케케묵은 옛날 냄새와 함께 드레스, 레이스 장식, 옛 사랑의 추억을 불러일으키는 분가루 담긴 갑들, 멋 부리는 데 도움 되는 오래된 물건들의 어렴풋한 향내가 풍겨 나온다. 그리고 끈끈한 액체가 담기고 산패한 작은 병의 뚜껑을 우연히 열면 거기서 영국산 소금과 네 도둑의 식초[124]의 아릿한 향내가 풍겨 나올 텐데, 이는 근대의 역한 냄새에 맞서는 강력한 해독제다. 이처럼 향료에 대한 관심[125]은 여러 곳에서 다시 나타나 존재와 사물을 미묘한 구름으로 감싼다. 향료에 이렇게 많이 관심을 둔 시인은 거의 없다. 시인들은 버릇처럼 자신들의 시에 빛과 색채와 음악을 넣는 것까진 한다. 그러나 마치 보들레르의 뮤즈가 자기 향 케이스의 스펀지나 얇은 천으로 된 손수건으로 반드시 살짝 찍어서 맡아볼 것 같은, 이런 정련된 에센스 방울을 시에다 떨어뜨리는 경우는 드물다.

시인의 특이한 취향과 소소한 광적 취미를 이왕 언급하고 있으니만큼 그가 향기를 사랑하듯이 고양이를 좋아했으며, 고양이가 쥐오줌풀 냄새를 맡으면 일종의 황홀경에 빠진 가벼운 간질 상태가 된다는 것도 말해두자. 조용하고 신비롭고 유순하며 전기 오른 듯 몸을 바르르 떠는 이 매력적인 짐승을 보들레르는 좋아했으며, 가장 좋아한 고양이의 자세는 마치 비밀을 전하는 듯 스핑크스처럼 몸을 길게 쭉 뻗은 자세였다. 고양이들은 마치 '장소의 정령'이라도 되는 양 집 안을 살금살금 돌아다니기도 하고 보들레르의 옆자리 탁자 위에 올라 앉아 생각에 잠긴 그에게 벗이 되어주고, 체로 걸러낸 모래처럼 황금빛이 섞인 그 눈동자 깊은 곳에서부터 지적인 애정을 담아, 속을 다 안다는 듯이 그를 바라본다. 고양이들은 마치 뇌에서 펜촉으로 내려가는 착상을 다 아는 듯하며, 발을 길게 쭉 펴고서 떠오르는 생각을 포착하려는 것 같기도 하다. 고양이들은 정적과 질서와 평온을 좋아하니, 작가의 서재보다 더 그들에게 맞는 장소는 없다. 그들은 감탄스러울 만큼 참을성 있게, 마치 작업에 일종의 반주를 넣듯이 목구멍에서 나오는 리듬감 있는 꾸륵꾸륵 소리를 내면서 작가가 할 일을 마치기를 기다린다. 때로는 제 털에서 헝클어진 부분을 혀로 핥기도 한다. 고양이들은 깨끗하게 부지런히 몸단장을 하고, 애교 있고, 몸단장에서 어떤 불성실함도 용납하지 않지만, 이 모든 일을 마치 상대방의 신경을 건드리거나 행여 폐를 끼칠까 두렵다는 듯 신중하고 침착하게 해치운다. 그들의 쓰다듬는 손길은 부드럽고 섬세하고 조용하며 **여성적**이다. 그리고 개들이, 사람이 좋아서 쓰다듬는답시고 시끄럽고 거칠게 달려드는 것과는 전혀 공통점이 없다(그럼에도 저열한 자들은 개 쪽에만 공감하지만 말이다). 보들레르는 당연히 이 모든 고양이의 장점을 좋아한다. 그는 고양이를 주제로 아름다운 시 작품을 여러 번 썼는데(《악의 꽃》 속에도 이런 시가 세 편이나 있다[126]), 이런 시들에서 그는 고양이가 신체적·정신적으로 지닌 좋은 특성들을 찬양했을 뿐 아니라, 자기가 짓는 글 속에 마치 자신의 특성을 드러내는 장식품처럼 고양이들이 돌아다니게 한 적도 많다. 보들레르의 시에는 폴 베로네즈[127]의 그림에서만큼이나 고양이가 많이 나오며, 이것은 마치 서명과 같이 보들레르의 시라는 표시가 된다. 또한 낮에는 그렇게 순한 이 예쁜 짐승에겐 야행성이며 신비롭고 육식 동물이라는 측면도 있다는 걸 언급해야겠는데, 이런 측면에 보들레르는 매우 끌렸다. 고양이는 자기에게 등불 역할을 하듯이 두 눈이 인광처럼 환히 빛나고 등에서 스파크가 튀어 어두운 곳에도 두려움 없이 마구 출몰하며 거기서 떠도는 유령들, 마녀들, 연금술사들, 강신술사들, 육신의 부활을 믿는 자들, 연인들, 깡패들, 암살자들, 얼근히 취한 야경꾼들, 밤에만 나와 일하는 어둠침침한 모든 이 망령 같은 존재를 만난다. 고양이는 안식일의 가장 최근 연대기를 알고 있는 듯하며, 기꺼이 메피스토펠레스의 절름거리는 한쪽 다리에 다가가 몸을 비빈다. 수고양이는 암고양이가 사는 집 발코니 밑에서 세레나데를 부르고 지붕 위에서 마치 목 졸리는 어린아이 같은 함성을 지르며 사랑을 나누기에 살짝 악마 같은 느낌도 들어서, 에레보스[128]의 신비에 전혀 끌리지 않는 낮 지향성의 실제적 정신을 가진 사람들이 어느 정도 고양이를 꺼리는 것도 당연하다. 하지만 책과 연금술 도구가 빽빽이 들어찬 골방에 앉아 있는 파우스트 박사[129]라면 그래도 고양이 한 마리가 벗으로 있어주는 게 좋을 것이다.[130] 보들레르 자신이 한 마리 고양이처럼, 관능적이고 부드럽게 또 신비롭게, 섬세하게 나긋나긋하면서도 무척 힘 있게 쓰다듬기를 잘했으며, 사물과 사람들을 불안하고 자유스럽고 자발적이고 붙잡기 힘들면서도 부정不貞함이라곤 전혀 없으며 그가 한 번이라도 독립적으로 공감했던 상대에게는 충실하게 연결된, 그런 눈빛으로 뚫어지게 응시하곤 했던 것이다.

보들레르 시의 바탕에는 다양한 여인상이 등장한다. 어떤 여인들은 너울을 쓴 채, 또 어떤 여인들은 반라의 몸으로 나오지만, 그녀들에게 뭐라고 이름을 붙일 수는 없다. 이들은 개인이라기보다는 어떤 유형이다. 그 여성들은 **구원久遠의 여인상**을 나타내며, 시인이 그녀들에게 표현하는 사랑은 **사랑** 일반이지 어떤 '개인적 **사랑**'이 아니다. 보들레르의 이론으로 볼 때 개인적 열정이란 그야말로 완전한 날것이고 친근하며 격렬하다고 여겨 인정하지 않았던 것을 우리는 보았기 때문이다. 어떤 여성들은 얼굴에 분과 염료를 떡칠하듯 바르고 눈에는 검은 아이섀도로 숯 검댕 칠을 하고 입술에는 피 흐르는 상처처럼 시뻘건 입술연지를 바르고 가발을 머리에 뒤집어쓰고는 메마르고 둔중하게 반짝이는 보석을 단 모습으로, 무의식적이고 거의 짐승 같다 할 매춘 행위를 상징한다. 좀 더 냉정하고 박식하며 변태적인 타락에 빠진 다른 여성들은, 일종의 19세기판 마르퇴유 후작 부인[131]이라 할 수 있는데, 이들은 육체의 악덕을 영혼의 악덕으로까지 전이시킨다. 이 여자들은 오만하고 얼음처럼 싸늘하며 떨떠름하고, 심술궂을 만큼 심술궂어야만 기뻐하고 불임 상태만큼이나 만족을 모르며, 권태처럼 음울하고, 변덕스럽고 미치광이 같은 기괴한 생각들만 머릿속에 가득 차 있으며, 악마처럼 누굴 사랑할 줄 아는 능력을 잃어버렸다. 무섭도록 유령같이 아름다우면서 불그레한 삶의 기운이 돌아도 생기를 띠지 않는 이 여인들은, 창백하고 무감각하고 놀랍게 정이 떨어진 채로 자기들이 뾰족한 발굽으로 짓밟고 있는 가슴들 위로 목표를 향해 또각또각 걷는다. 증오를 닮은, 전투보다 더 사람 죽이는 이런 쾌락, 이런 사랑에서 벗어나 시인은, 날카로운 손톱을 가지고 시인의 가슴을 상대로 생쥐 잡기놀이나 하는 이 파리의 못된 암고양이들에게서 받은 상처를 위무하고 자기를 편히 쉬게 해줄, 자바의 흑표범처럼 나긋나긋하고 쓰다듬기 잘하며 야생적으로 야릇한 장식을 하고 이국적인 향내를 풍기는 갈색 피부의 우상[132] 쪽으로 돌아선다. 하지만 그는 이런 석고 같고 대리석 같고 흑단 같은 여자들 중 그 누구에게도 영혼을 내주지는 않는다. 벽이 나병 환자처럼 얽은 이런 집들만 빽빽이 들어차 생겨난 시커먼 더미 위에, 쾌락의 유령이 활보하는 이 지저분한 미궁 위에, 이렇게 불결한 비참과 추함과 변태적인 것이 우글대는 그 위에 멀리, 아주 멀리 베아트릭스[133]의 아름다운 영혼이 불변의 창공에 떠다닌다. 그건 늘 바라되 결코 닿지 못할 이상, 에테르화하고 정신화하고 빛과 불꽃과 향기로 이뤄진 여성의 모습으로 구현된, 우월하고 신성한 아름다움이다. 증기요, 꿈이요, 라이지어,[134] 모렐라,[135] 우나,[136] 에드거 포의 엘레오노라,[137] 발자크의 세라피타-세라피투스[138]와 같은 놀라운 피조물처럼, 천사 같은 세계의 반영이다. 망가져가고 오류를 범하고 절망하는 그 맨 밑바닥에서 마치 '선하신 도움의 성모'를 향하듯 이러한 천상의 이미지를 향하여 그는 고함을 지르고 울부짖고 자기 자신을 깊이 역겨워하며 두 팔을 뻗어 내민다. 사랑에 빠져 우울할 때도 그는 이러한 여성과 함께 도망치고 싶어 하고 또 자신의 완벽한 행복을, 신비롭게 요정 같거나 이상적으로 편안한 어떤 피난처, 예컨대 게인즈버러[139]가 그린 오두막, 제라르 도우[140]가 그린 실내, 좀 더 나은 곳으로 말하자면 바라나시나 하이데라바드[141]의 대리석으로 레이스처럼 섬세하게 지은 궁전 같은 곳에다 감추려 한다. 그의 꿈이 다른 동반자를 데려오는 경우는 결코 없다. 어떤 이름도 붙일 수 없는 이러한 베아트릭스, 이런 로르에게서 유추하여 시인이 이 지상에 잠시 다녀갈 동안 종교적일 만큼 열렬히 그를 사랑한 현실의 아가씨나 젊은 여성을 굳이 찾아내야겠는가? 그게 누구일 거라고 생각하는 것 자체가 소설 같은 이야기일 것이며, 이 질문에 '예'나 '아니오'로 답하기 위해 그의 내밀한 생활에 꽤 깊숙이 개입할 권리가 필자에게는 없다. 보들레르는 매우 형이상학적인 대화에서 자기의 사상에 대해서는 말을 많이 했지만 자신의 감정에 대해서는 거의 말하지 않았으며,

자신의 행동에 대해서는 결코 말하는 법이 없었다. 연애라는 장 章으로 말하자면, 그는 하르포크라테스[142]의 얼굴을 한 카메오를 섬세하고 자존심 강한 자기 입술 위에 봉인 삼아 내세웠다. 이 이상적인 사랑에서 오직 영혼이 청하는 바만을, 채워지지 않은 가슴의 비상飛上, 절대를 갈망하는 불완전한 사람의 영원한 한숨만을 보는 것이 가장 확실한 일일 터이다.

《악의 꽃》 끝부분에는 포도주와 그것이 자아내는 여러 가지 도취—그것이 뇌의 어느 부분을 공격하느냐에 따라 다르다—를 다룬 일련의 작품들[143]이 있다. 이 시들이 포도 넝쿨에서 수확한 즙이라든지 혹은 그런 유의 무언가를 찬양하는 바쿠스[144]의 노래가 아님은 말할 필요도 없다. 작품에선 술에 취해 하는 짓거리를 추하고 끔찍하게 그려냈지만, 호가스[145]의 그림과 같은 도덕성은 없다. 이 그림에는 부연 설명하는 글이 필요 없는데, 보들레르가 쓴 〈일꾼의 술Le Vin de l'ouvrier〉[146]이라는 시는 독자를 부르르 떨게 한다. 〈사탄의 긴 기도Les Litanies de Satan〉[147]에서 사탄이란 악의 화신이자 이 세속의 왕자인데, 이 긴 기도를 불경하게 본다면 잘못일 테고, 그건 그저 저자에게 익숙한, 냉정한 비꼼의 일종일 뿐이다. 영원불멸의 신이 확립한, 조금만 위반해도 가차 없이 중벌로 단죄 받는다는 고등 수학을 믿는 보들레르의 본성은 불경하지 않으며, 불경함이란 이 세상에만 있는 것도 아니고 저세상에도 있다. 보들레르가 악덕을 그림처럼 그려내고 사탄이 벌이는 온갖 수작으로써 사탄을 보여주었다면, 그건 물론 전혀 타협의 여지 없이 그렇게 한 것이다. 그는 심지어 유혹자로서의 악마에 대해 상당히 특이하게 몰두하기까지 하여, 마치 사람을 죄 짓도록 꼬드기려면 타고난 타락상의 파렴치함과 죄악만으로는 안 되기라도 한다는 듯이 도처에서 악마의 손톱을 보곤 했다. 보들레르의 과오에는 항상 회한, 불안, 역겨움, 절망이 따라다녔고, 그는 그 과오 자체에 의해 스스로를 벌했는데, 사실 이것이 최악의 고통이었다. 하지만 이 주제는 이제 그만 얘기하기로 하자. 필자는 여기서 비평을 하려는 것이지 신학을 하자는 것이 아니니까.

《악의 꽃》에 들어 있는 시 작품들 중에 가장 괄목할 만한 몇 편, 특히 〈지옥에 간 동 주앙[148]Don Juan aux enfers〉이라는 시[149]를 생각해보자. 이 시는 비극적이고 장대한 그림이며 지옥의 궁륭형 지붕의 어두운 불길 위에 간결하면서도 당당한 색깔로 그려신 그림이다.

죽음의 배가 검은 강물 위로 미끄러지듯 들어오는데, 이 배에는 동 주앙과 그에게서 피해를 입은 사람들과 모욕당한 사람들이 줄줄이 타고 있다. 동 주앙이 그 입에서 신을 부정한다는 말을 끌어내려 하는 거지 안티스테네스[150]처럼 누더기를 입고도 자존심 하나는 강하고 운동선수같이 건장한 가난뱅이가 늙은 뱃사

공 카론[151] 대신 노를 젓는다. 선미 부분에는 돌로 만든 사람, 빛바랜 유령이 그 뻣뻣하고 조각상 같은 동작으로 키를 잡고 있다. 늙은 돈 루이스[152]는 불경스러운 그의 아들이 비웃는 자기 백발을 위선적으로 손가락으로 가리킨다. 스가나렐[153]은 이젠 돈을 지불할 능력이 사라진 주인 동 주앙에게 품삯을 치러달라고 요청한다. 도냐 엘비르[154]는 옛날 애인이 짓곤 하던 그 미소를 이젠 잘난 척하는 남편의 입술에도 떠오르게 하려고 애쓴다. 전날 쓰다 버린 꽃다발처럼 나쁜 곳에 몰리고 버림받고 배신당하고 차인 창백한 연인들은 여전히 피가 뚝뚝 흐르는 가슴의 상처를 그에게 보여준다. 마치 모두 협연이라도 하는 듯 이렇게 여럿이 한꺼번에 울어대고 신음하고 저주하는데, 오직 동 주앙만이 냉정하게 가만히 있다. 그는 자신이 바라던 대로 한 것이다. 천상과 지옥과 이 세상, 모두가 마음대로 그를 판단하며, 그의 자존심은 후회를 모른다. 천둥이 울려서 죽는 한이 있더라도 동 주앙은 절대 회개하지 않을 것이다.

〈전생(前生, La Vie antérieure)〉이라는 시는 평온하고도 우울하며 빛나면서도 고요하고 동양적인 지복至福[155]을 표현하여 근대 파리의 칙칙한 그림과 행복한 대조를 이루며, 검정색 옆에 타르 색깔, 미라 색깔, 어둡고 그늘진 땅 색깔과 시에나 색깔[156] 등 신선하고 가볍고 투명하고 섬세하게 발그레하고 이상적으로 푸른,

마치 브뤼헐[157]이 그린 천국 저 먼 곳처럼 천당 풍경과 꿈속의 신기루들을 그려내기 좋은 온갖 색조를 보들레르라는 예술가가 팔레트 위에 갖추고 있음을 보여준다.

시인이 달아둔 특별한 주註처럼 **인공적인 것**에 대한 감정을 여기서 인용하는 것이 좋겠다. 이 단어는 '예술'이기에 전적으로 만들어낸 것, 즉 '자연'이라는 것이 전혀 없는 상태를 말한다. 보들레르 생전에 썼던 글에서 필자는 이 이상한 경향에 주목한 바 있다. 그 놀라운 예가 〈파리의 꿈Rêve parisien〉[158]이라는 시다. 여기 이 찬란하고도 어두운 악몽, 마치 마르틴[159]의 작품같이 어둡게 제작된 동판화에나 어울릴 법한 풍경을 표현하려는 몇 구절을 인용해보겠다.

> 어떤 초자연적 풍경을 한번 상상해보라. 아니면 차라리 금속, 대리석, 물로 되어 있고 식물성인 것은 마치 규칙에 어긋난다는 듯이 모조리 추방된 풍경을 그려보라. 모든 것이 빳빳하고 반질반질하게 윤이 나서, 해도 달도 별도 없는 하늘 아래서 반사된다. 영원 같은 정적을 뚫고, 각자 들고 있는 불빛을 받으며 수정 커튼처럼 무거운 폭포가 흘러내리는 궁전과 기둥과 탑과 계단과 물탱크가 우뚝우뚝 서 있다. 푸른 물은 둑 사이로 옛 거울의 강철 테두리 안과 갈변한 금색

대야에 담겨 있거나, 보석 다리 밑으로 소리 없이 흐른다. 수정같이 응결된 빛이 액체 주변을 둘러싸고 있고, 테라스의 반암 포석에는 거울처럼 물건들이 반사된다. 만약 시바의 여왕이 거기를 걷는다면 행여 발이 젖을세라 드레스 자락을 치켜올릴 것이다. 그만큼 바닥 전체가 반짝반짝한다. 이 방은 윤을 낸 검은 대리석처럼 반짝이는 양식이다.[160]

살거나 팔딱거리거나 숨 쉬는 것이 전혀 없는, 엄격한 요소들로만 이루어진 구성, 이는 기이한 공상 같은 생각 아닌가? 풀잎 하나, 밀짚 한 오라기, 꽃 한 송이 없는 이 구성은 예술이 지어낸 인공적 형태들의 허물 수 없는 대칭을 깨뜨리지 않는가? 이 그림을 보는 사람들은, 전인미답의 팔미르Palmyre[161] 혹은 그 분위기가 죽어 인적 없어진 흑성의 팔렝케Palenque[162]에 서 있다고 생각하지 않을까?

아마 이는 바로크적이고 반자연적인, 환각에 가까우며 있을 수 없는 새로운 것을 원하는 은밀한 욕망을 표현하는 상상력일지도 모른다. 하지만 나는, 뻔한 소리라는 낡아빠진 캔버스 위에 한물간 낡은 털실로 부르주아적 소소함이나 어리석은 감상—풍성한 장미 화관, 양배추의 녹색 이파리들, 부리로 저 자신을 쪼는 비둘기들—을 그려낸 그림을 수놓고 이걸 이른바 시라고 주장하는 맥 빠진 단순함보다는 차라리 그런 것들이 낫다고 본다. 때로 우리는 충격적이고 황당한 것, 지나친 가격에 사들인 희귀한 것도 두려워하지 않는다. 밋밋한 것보다는 야만스러움이 우리에게 더 어울린다. 필자가 볼 때 보들레르는 이런 이점을 갖는다. 한마디로 그는 나쁠 수는 있을지언정 결코 평범하지는 않다는 것이다. 그 결함이나 장점이나 모두 독창적이고, 혹시 그가 사람들 마음에 안 드는 점이 있다면 바로 그 특유의 미학과 오랫동안 갈고닦은 추론에 따라 일부러 원해서 그렇게 한 것이다.

이미 길어진, 그러나 필자가 많이 줄인 이 분석을 이제 빅토르 위고[163]도 놀란 시 〈자그마한 할머니들〉에 대한 몇 마디로 끝내자. 시인은 파리의 길거리를 거닐다가 겸손하고도 서글픈 모습을 한, 몸집이 자그마한 할머니들이 지나가는 걸 본다. 그리고 마치 예쁜 여자를 쫓아가듯이 뒤를 밟는다. 이 깡마른 어깨의 굴곡을 가엾게도 그대로 드러내주는, 낡고 닳아빠지고 수십 번은 기워 입은 듯한 물 빠진 캐시미어 스웨터로, 또 닳아서 누리끼리해진 레이스 조각과 전당포에서 괴롭게도 값을 가지고 왈가왈부하는가 하면 핏기 없는 그 손의 가느다란 손가락을 곧 떠나게 될, 행복하고 멋졌던 과거와 아마도 사랑과 헌신의 삶을 추억하는 물건일 그 반지, 나이 들어 비참하게 살며 무너지고 망가졌어도 느낄 수 있는 아름다움의 잔재인 그 반지로 할머니들을 알아보며 시인은 그 뒤를 따라간다. 그는 덜덜 떠는 이 유령 같은 노인네들 모두를 살려내고, 그들의 자세를 똑바로 펴게 하고, 이 비쩍 마른 뼈들 위에 청춘 시절의 살을 도로 입힌다. 그리고 그는 쪼그라든 이 가엾은 심장에다 지난날의 환상을 부활시킨다. 선생이 호명하는 대로, 빛이 비치면 깜짝깜짝 놀라면서 유령의 행렬처럼 탄식이 나올 만큼 비참하게 행진하는 이 페르라셰즈 묘지[164]의 베누스들과 프티메나주Petits-Ménages 역驛[165]의 니농Ninon[166]들, 이보다 더 우스꽝스럽고도 감동적인 광경이 있을까.

오늘날은 형식에 대해 아무런 느낌이 없는 사람이 많다. 그러나 모든 사람이 경시하는 운율법의 문제는 보들레르가 매우 중시했던 문제이며, 중시해 마땅하다. 오늘날 '시적詩的'이라는 말을 '시학詩學'으로 착각하는 것만큼 널리 퍼진 현상은 없다. 그런데 사실 '시적'이라는 말과 '시학'이라는 말은 서로 전혀 무관하다. 페늘롱Fénelon, 장자크 루소J.-J. Rousseau, 베르나르댕 드 생피에르Bernardin de Saint-Pierre, 샤토브리앙,[167] 조르주 상드[168]의 글은 시적이기는 하나 그들이 곧 시인은 아니다. 다시 말해 그들은 운문으로, 심지어 못 쓴 운문으로라도 글을 쓸 수가 없다. 시를 쓴다는 것은 유명한 거장들의 특성에 훨씬 못 미치는 특성을 지닌 사람들이 소유한, 특별한 기능이다. 운문을 시와 구분 짓고자 하는 것은 근대에 와서 생긴 미친 짓인데, 이는 예술 자체를 아예 없애버리는 행위나 마찬가지다. 우리는 이폴리트 텐[169]에 대해 생트뵈브가 쓴 뛰어난 글에서 포프[170]와 부알로[171]를 언급한 부분을 만난다. 《영문학의 역사Histoire de la littérature anglaise》를 저술한 생트뵈브는 이들을 꽤나 가볍게 다루었지만, 몹시 단호하고 판단이 정확한, 대단한 비평가인 그가 세상일들을 환히 밝혀, 위대한 시인으로 시작하고 또 언제나 위대한 시인만을 다룬 이 문단을 한번 읽어보자.

그러나 부알로에 관해서 말하자면, 어떻게 내가 이 재사의 이상한 판단을 받아들일 수 있겠는가? 텐 씨가 인용하면서 자기도 같은 생각이라고 말했고, 지나치면서 아래와 같은 말을 거리낌 없이 덧붙인 이 경멸 어린 의견 말이다. "부알로가 쓴 것으로는 두 종류의 운문이 있다. 둘 중 다수, 그러니까 공부 잘히는 3학년 학생이 쓴 시 같은 시와 소수, 즉 수사학을 잘 공부한 학생이 쓴 시 같은 시 말이다." 이렇게 말한 재사 기욤 기조[172]는 시인 부알로를 사실 그대로 느낀 것이 아니다. 좀 더 심하게 말하자면, 아마 그는 어떤 시인도 시인으로 느끼지 못했을 것이다. 필자는 시인이 쓰는 시라고 해서 모두 다 시는 아니라고 생각한다. 하지만 예술 면에서라면, 예술 자체를 고려하지 않고 뛰어난 작업자들을 낮춰 보는 데에도 전혀 동의하지 않는다. 그리고 그 점에서 사람들이 이 뛰어나고 나무랄 데 없는 작업자인 부알로를 이 정도로 낮게 평가하는 데에도 전혀 동의하지 않는다. 운문으로 된 시를 단번에 전부 다 없애버린다고 해서 능사는 아닐 것이다. 그렇게 다 없앨 것이 아니라 그 비밀을 가졌던 사람들을 제대로 평가하면서 어디 한번 말해보라. 부알로는 그런 사람들 중 소수에 속한 사람이었다. 포프도 그렇다.

이보다 더 말을 잘하고 또 맞는 말을 할 수는 없다. 시인에 대해 말하자면, 운문을 짓는다는 것은 대단한 일이며 연구할 만한 가치가 있는 일이다. 왜냐하면 시를 짓는다는 것이 이미 그 내재적 가치의 대부분을 차지하기 때문이다. 이렇게 운율법을 중시하면서 보들레르는 자신의 금화, 은화 혹은 동전을 주조해낸다. 풍부한 각운, 중간 휴지부의 기능적 유연성, 탈락, 시구가 다음 행에까지 가서 걸치는 것, 적절한 단어나 기술적인 단어를 쓴 점, 단단하고 충만한 리듬, 대大 알렉상드랭grand alexandrin[173]에서 유일한 탈락을 흘리는 법, 절과 행을 끊는 법과 운율을 현명하게 배치하는 기제 전체 등 주요하게 개선된 점들이나 낭만적으로 바뀐 점들을 받아들인 보들레르의 운문은, 그러면서도 그만의 특별한 짜임새, 그만의 개성 담긴 공식, 그의 시임을 단박에 알아볼 수 있는 특색 있는 구조, 시인이라는 직업의 비밀, 이렇게 표현해도 좋다면 그만이 지닌 손재주, 하나의 각운이나 12음절구(알렉상드랭)의 반구半句를 지을 때 늘 적용되었음을 독자가 읽을 때마다 다시 발견하게 되는 그 특유의 C. B.[174]라는 약자를 지니고 있다.

보들레르는 12음보와 8음보의 운문을 자주 사용한다. 이 형식들은 다른 형식들보다 그의 생각의 모양을 더 잘 잡아주는 틀이다. 그의 작품은 밋밋한 각운이 들어 있는 것들이 4행시로 나뉜 작품들이나 스탠스stance로 나뉜 것들보다 적다. 그는 각운이 서로 조화롭게 교차하여 처음 누른 음의 메아리가 아스라이 멀어지는 것을 좋아했고, 뜻밖의 소리를 귀에다 자연스럽게 선물하는데 이는 나중에 첫 행에서 발음되었던 소리 같은 것으로 완성되어, 음악에서 완전 화음이 주는 것과 같은 만족감을 준다. 그는 보통 지속되는 자음에 마지막 음의 울림을 연장해주는 진동을 부여하여, 마지막 운이 충만하면서도 유성음이 되도록 주의를 기울인다.

그의 작품 중에는 누가 보아도 소네트의 배열을 지녔거나 겉으로 소네트같이 보이는 시가 많다. 비록 그가 어떤 작품에도 서두에 '소네트'라고 쓰지는 않았지만 말이다. 이는 아마도 그가 시를 문학 작품으로서 썼고 운율을 의식했기 때문인 것 같다. 필자는 그가 필자를 방문했던 일과 우리 둘 사이에 있었던 대화를 보들레르가 이야기한 글에서 그 기원을 본 듯하다. 지금은 없는 두 친구가 지은 시집 한 권을 그가 필자에게 갖다 주러 왔던 일을 독자들은 잊지 않았을 것이다. 그가 그 두 사람을 대신하여 그 책을 가져왔는데, 그때 우리 둘이서 한 얘기 중에 이런 말이 있다. "책을 잠시 뒤적여보니 문제의 시인들은 일부러 4음절 각운의 규칙을 뛰어넘는 **자유분방한** 소네트, 그러니까 정통파가 아닌 소네트를 자주 써도 된다고 생각했더군요."[175] 이 시기에 《악의 꽃》에 수록될 시들은 대부분이 이미 지어져 있었고 그중에는 **자유분방한** 소네트도 꽤 여러 편 있었는데, 그것들은 4음절로 된 각운을 갖고 있지 않았을 뿐 아니라 그 각운들은 아주 불규칙하게 뒤죽박죽되어 있었다. 왜냐하면 페트라르카,[176] 다 필리카야,[177] 롱사르,[178] 뒤 벨레,[179] 생트뵈브 등이 지은 정통파 소네트의 4행절 안에 보들레르의 선택에 따라 밋밋하거나 여성적이거나 남성적인 두 각운이 들어가야만 하며, 이 점은 밖으로 드러난 각운이 무음 E를 내는지 꽉 찬 소리를 내는지에 따라, 생각보다 성공시키기 어렵지 않은 부알로의 이 짧은 시의 끝에 나오는 두 3연구의 각운 진행과 배열을 결정하니까. 바로 소네트에는 기하학적으로 정해진 형식이 있기 때문이다. 이는 천장에 다각형으로 나뉘거나 이상하게 윤곽 지어진 면들이 틀을 잡고 형상을 고정시켜야 할 공간을 정해놔야 그 공간이 화가들에게 곤란보다는 도움이 되는 것이나 마찬가지다. 실제로 지름길을 통해서나 선을 잘 배치함으로써 거인을 이렇게 좁은 상자 속에 가두어놓으면, 바로 작품이 그렇게 집중되어 더 뛰어나 보이는 경우가 드물지 않다. 그리하여 위대한 생각이, 질서 정연하게 분배된 이 열네 편의 시 속에서 좀 더 수월하게 움직일 수 있는 것이다.

갓 태어난 유파는 **자유분방한** 소네트 형식을 마음대로 쓰는데, 솔직히 말해 이는 필자로서는 특히 불쾌한 일이다. 그렇게 자유롭게 쓰고 싶고 각운을 마음대로 배치하고 싶다면 어떤 일탈도 파격도 인정하지 않는 엄격한 형식을 왜 굳이 골랐단 말인가? 규칙 속의 파격, 대칭 속에서 이보다 더 비논리적이고 짜증나는 일이 있겠는가? 규칙이 깨질 때마다 필자는 마치 미심쩍거나 틀린 음을 듣는 것처럼 불안해진다. 소네트는 일종의 시적 푸가인지라, 주제가 나오고 또 나오다가 마침내 의도한 형식으로 귀결된다. 그러니 이 규칙을 반드시 지키든가, 만약 이 규칙이 오래되어 현학적이고 거북하다고 생각된다면 소네트 형식 자체를 애초에 쓰지 말아야 할 것이다. 이탈리아 사람들과 칠성파 시인[180]은 이 부류에서 참고할 만한 스승들이다. 또한 기욤 콜레테[181]가 전문가답게 소네트에 대해 쓴 책을 읽는 것도 쓸모없지는 않을 것이다. 콜레테는 이 문제를 남김없이 다루었다고 할 수 있다. 그러나 메나르[182]가 제일 먼저 명예를 부여한, 자유분방한 소네트에 관한 이야기는 이만하면 되었다. 이중 소네트, 무엇을 갖다 붙인 소네트, 일곱 개 그룹으로 이뤄진 소네트, 꼬리 달린 소네트, 이른바 '에스트람보' 소네트,[183] 의고적 소네트, 반복적 소네트, 거꾸로 된 소네트, 이합체離合體 소네트,[184] 메조스티슈 소네트,[185] 마름모 꼴 소네트, 성 안드레아와 다른 사람들의 십자가형 소네트 등으로 말하자면, 라바누스 마우루스[186]에서, 〈스페인과 이탈리아의 아폴론Apollon espagnol et italien〉에서, 안토니오 다 템포[187]가 일부러 쓴 시론에서 그 주인들을 볼 수 있는 현학적인 시인들의 습작이다. 그러나 열심히 준비했으나 유치하기만 한 시의, 골칫거리같이 무시해야 할 점들이다.

보들레르는 종종 회귀하거나 차례차례 자꾸만 등장하는, 특히 선율적인 시구를 씀으로써 음악적 효과를 추구했다. 섹스틴 sextine[188]이라 불리는 시구가 그런데, 그라몽 백작[189]의 시들이 그 좋은 예다. 그는 우울한 추억과 불행한 사랑을 주제로 삼아 반쯤은 꿈결에 들은 것 같기도 한 마법의 주문이 막연히 박자에 맞춰 흔들리는 듯한 이 형식을 적용한다. 단조롭게 살랑대는 시구들은 마치 물결이 규칙적으로 휘감아 돌며 해변에 떨어져 물에 빠진 꽃을 뱅뱅 돌리듯이, 생각이 그네 타듯 멀리 갔다가 되돌아오게 한다. 롱펠로[190]와 에드거 포처럼 보들레르는 때로 자음운(알리테라시옹allitération), 즉 일정한 자음이 정해진 듯 자꾸만 돌아와

시 안에 화음 효과를 내는 기법을 쓰기도 한다. 이런 섬세한 기법들을 다 알고 있으며 이를 기막히게 구사했던 생트뵈브는 예전에, 녹아들 듯 감미롭고 굉장히 이탈리아적인 소네트에서 이렇게 읊었다.

"소렌토는 내게 달콤하고 무한한 꿈을 꾸게 하네(Sorrente m'a rendu mon doux rêve infini)."

귀가 민감한 사람이라면 네 차례나 반복되는, 또 사람을 그 물결에 실어 나폴리 바다의 푸른 파도 위 한 마리 갈매기의 깃털처럼 한없는 꿈으로 이끌어가는 이 물 흐르는 듯한 소리를 이해할 것이다. 보마르셰[191]의 산문에서도 빈번한 자음운을 찾아볼 수 있으며, 스칼드[192]도 이 기법을 굉장히 자주 썼다. 공리주의적이고, 발전을 숭앙하고, 실제적이거나 아니면 스탕달[193]처럼 운문이란 유치한 형식이어서 초년에나 어울린다고 생각하는 단순한 정신의 소유자들, 힙리직인 시대에 맞게 시도 산문으로 쓰여야 한다고 요구하는 사람들에게는 이렇게 섬세한 기법이 아마도 매우 경박해 보일 것이다.[194] 그러나 운문을 좋은 시나 나쁜 시로 만드는 것, 또 어떤 사람이 시인인지 아닌지 여부를 결정하는 것은 이렇게 세부적인 사항이다.

보들레르는 여러 음절로 이루어진 풍성한 단어들을 마음에 들어 했고, 이런 단어들 서너 개를 써서 종종 무한해 보이고 그 떨리는 소리 때문에 더 길어지는 듯한, 그런 시들을 지었다. 이 시인에게 단어들은 그 자체로서 또 그것이 표현하는 의미를 넘어서 마치 아직 깎이지 않고 팔찌, 목걸이, 반지로 만들어지지 않은 원석처럼 아름다움과 고유한 가치를 지닌다. 단어들은 마치 보석 세공인이 다듬어진 보석을 속으로 생각하며 그러듯이, 그것들을 바라보고 손가락으로 추려내어 작은 잔 안에 담아 보관하는 전문가를 매혹시킨다. 다이아몬드, 사파이어, 루비, 에메랄드, 문지르면 인광처럼 반짝반짝 빛을 발하는 다른 보석들,[195] 이런 단어들이 있고 그중 알맞은 단어를 고르는 것은 만만치 않은 일이다.

방금 필자가 말한 대 알렉상드랭 시들은 일시적으로 파도가 잦아든 때에 먼바다에서 밀려드는 큰 파도처럼 고요하고 깊게 일렁이며 해변에 와서 스러지는데, 때로는 광기 어린 거품이 되어 부서지며 잔뜩 찌푸린 사나운 어느 암초에 하얀 포말을 드높이 부딪쳐 솟구치게 하다가, 이어 씁쓸한 비가 되어 다시 내리기도 한다. 8음보 시는 마치 꼬리 아홉 개 달린 고양이의 가죽 끈처럼 거칠고 격렬하고 날카로워서, 양심의 가책을 받는 사람들과 위선적인 거래를 하는 이들의 어깻죽지를 가혹하게 후려친다. 8음보 시들은 또한 불길한 변덕도 잘 부린다. 지은이는 마치 검은색 목재로 테두리를 치듯이 이 운율 갖춘 형식 속에 틀을 지어 묘지—그림자 속에서 밤에만 잘 보이는 부엉이의 눈동자가 빛나고, 삼나무의 구릿빛 섞인 흑록색 커튼 뒤에서 유령 같은 발걸음으로 무無의 야바위꾼들, 무덤의 파괴자들, 시체 도둑들이 슬며시 잠입하는 곳—의 밤 풍경을 집어넣는다. 그는 또 8음보 시 속에다 카니디아[196]의 주술에 의해 병든 달이 교수대 위로 굴러다니듯 떠 있는 을씨년스러운 하늘을 그려 넣는다.[197] 그는 호사스런 침대 대신 관 위에 누워 벌레들에게서조차 버림받은 채 고독 속에서 꿈을 꾸며 관의 널판 틈새로 스며드는 차가운 빗방울을 맞고 소스라치는, 죽은 여인의 싸늘한 권태를 묘사하거나 또 시든 꽃다발, 오래된 편지, 권총과 섞여 뒤죽박죽된 리본들과 소형 장난감들, 단도들과 아편 팅크가 담긴 유리병들, 이런 것들이 의미심장하게 널브러진, 역설적인 자살의 망령이 여기저기 거닐다가 오만하게도 찾아드는, 사랑에 빠진 비겁자의 침실을 보여준다. 죽음마저도 그를 저 파렴치한 열정에서 치유해줄 수는 없었던 것이다.[198]

이제는 시의 구성 문제에서 문체를 엮어 짜는 문제로 넘어가보자. 보들레르는 아무리 섬세한 장식품이라도 만지면 배의 돛처럼 감촉이 꺼슬꺼슬한 천이나 거친 낙타 털 위에서 매혹적으로 변덕을 떨며 미끄러져버리는, 찬란하면서도 거친 동양의 천같이 거칠고 질긴 삼베 실에다 명주실과 금실을 섞어서 짰다. 제아무리 태 부리고 소중하게 연구해서 쓴 것이라도 그의 시에서는 야생적인 광포함의 저항을 받는다. 그리고 우리는 도취될 듯한 향내가 풍기고 관능적으로 나른한 대화 소리가 들리는 규방에서, 주정뱅이들이 포도주와 피를 마구 뒤섞어가며 골목길이 만나는 광장에서 헬레네[199] 같은 미인을 차지하려고 칼부림을 해가며 싸우는 비천한 술집으로까지 굴러떨어진다.

《악의 꽃》은 보들레르가 썼던 시적 왕관 중에서도 가장 아름다운 화관이다. 이 시집에 그는 주석을 달아, 온갖 다양한 주제가 남김없이 다루어진 시집들이 헤아릴 수 없이 쏟아져 나오고 난 뒤에도 해와 별을 따온다거나 독일 프레스코화[200]에서처럼 역사 전반을 죽 펼쳐 보이지 않고도 새롭고 예상치 못한 무언가를 조명할 수 있음을 보여주었다. 그러나 무엇보다도 그의 이름을 널리 알린 것은 에드거 포의 작품을 프랑스어로 번역한 일이다. 프랑스 사람들은 포라면 그의 산문 외에는 거의 읽지 않았는데, 포의 시가 그 시인이 연재하는 산문 덕택에 널리 알려졌으니 말이다. 보들레르는 프랑스에서 지극히 드물고 특이하고 예외적인, 우선 미 대륙을 매혹하기에 앞서 깜짝 놀라게 한 개성을 지닌, 진기한 천재를 프랑스에 소개했다.[201] 포의 작품은 도덕에 조금도 충격을 주지 않는다. 반대로 그는 처녀처럼, 천사처럼 순결했지만, 모든 기존 고정 관념, 모든 실제적 평범함을 흩트렸고, 사람들에겐 그것을 판단할 기준이 없었다. 에드거 포는 발전, 완벽성, 민주주의 제도라는 발상, 또 양쪽 세계의 속물들이 좋아할 만한 그 밖의 다른 과장된 문장의 주제들에 대한 이런 미국적 생각을 전혀 공유하지 않았다. 그는 다른 모든 것을 젖혀두고 달러라는 신을 경배하지 않았다. 그는 시를 그 자체로서 좋아했고, 쓸모 있는 것보다는 아름다운 것을 선호했다. 이 얼마나 엄청난 이단인가! 게다가 그는 불행히도 글을 잘 써서, 모든 나라의 바보들에게 소름을 쫙 돋게 하는 재주가 있었다. 잡지나 일간지의 진지한 대표이고 포의 애호가이며 선한 의도를 가진 사람이 그를 고용하기는 쉽지 않았으며, 그가 너무 고상한 스타일로 글을 써서 남들보다 오히려 고료를 덜 받아야만 했다고 고백한다. 그것 참 감탄할 만한 이유로다! 〈까마귀〉와 〈유레카Eureka〉의 작가인 포의 전기를 쓴 사람은 그에 대해 말하기를, 만약 그가 자신의 천재성을 법의 기준에 맞추고 그 창작 능력을 미국적 토양에 좀 더 적절하게 적용했더라면 '떼돈을 버는 저자(a money making author)'[202]가 될 수도 있었을 거라고 했다. 하지만 그는 어떤 규율에도 복종시킬 수 없는 사람이었고 제 마음 가는 대로만 하려 했고, 자기가 하고 싶을 때, 마음에 맞는 주제에 대해서만 작품을 써냈다. 그는 방랑자 같은 성정을 가진 탓에 볼티모어에서 뉴욕까지, 뉴욕에서 필라델피아까지, 필라델피아에서 보스턴과 리치먼드까지, 그 어느 곳에도 정착하지 않고 마치 궤도를 이탈한 혜성처럼 떠돌았다.[203] 권태롭거나 절망스럽거나 약해지는 순간에, 또 열에 들뜬 듯한 작업이 초래한 과도한 흥분 상태에 이어 문인들이라면 익히 아는 낙담이 찾아올 때면 그는 독주를 마셨고, 이는 누구나 알다시피 절제의 모범이라 할 미국 사람들에게 신랄하게 비난받은 결함이었다. 〈검은 고양이Le Chat noir〉에서 마치 자기 운명을 예고라도 하듯 "그 어떤 병이 알코올 중독에 비할 수 있으랴!"[204]라는 문장을 썼던 포는 음주라는 이 악습의 파멸적 효과를 모르지 않았다. 그는 마시되 전혀 취하지 않았으며, 잊기 위해, 어쩌면 자기 작품에 우호적인 환각의 세계에 다시 있기 위해, 아니면 심지어 제대로 자살하여 추문이 퍼지는 것을 피하고 이 참을 수 없는 삶을 아주 끝내기 위해 술을 마셨는지도 모른다.[205] 간단히 말하자면, 어느 날 알코올 중독에 의한 섬망증 발작으로 거리에서 발견되어 병원으로 호송되어 거기서 아직 젊은 나이에, 아무런 신체 기능도 약해질 기미가 없었을 때, 그는 세상을 떠났다.[206] 왜냐하면 그의 개탄할 만한 음주 습관은 어디까지나 나무랄 데 없는 신사 같았던 그의 재능이나 예절에 전혀 영향을 주지 않았으며, 끝까지 주목할 만했던 그의 아름다움에도 아무런 영향을 끼치지 못했기 때문이다.

    필자는 이상 재빨리, 몇 가지 특징으로 에드거 포의 겉모습을 그려보았다. 비록 필자에게 그의 삶을 글로 쓸 자격은 없겠지만 말이다. 그러나 보들레르의 지적인 삶에서 에드거 포는 큰 자리를 차지했기에, 여기서 비록 전기적 보고서의 형태는 아닐지라도 최소한 그들 두 사람이 가졌던 주의·주장의 견지에서라도 조금 발전된 방식으로 말해야겠다. 에드거 포는 특히 인생—오호라! 아쉽게도 너무나 짧았던 인생—말년에 그의 작품을 번역한 보들레르에게 확실히 영향을 미쳤다.

《기묘한 이야기들Les Histoires extraordinaires》,《아서 고든 핌의 모험Les Aventures d'Arthur Gordon Pym》,《진지하면서 괴기한 이야기들Les Histoires sérieuses et grotesques》,〈유레카〉[207] 같은 작품들은 보들레르에 의해 문체와 생각, 그렇게도 충실하게, 유연한 자유로움까지도 아주 정확히 똑같이 번역되어 마치 번역문이 원작인 것 같은 효과를 내며, 원작이 지닌 천재적 완벽성도 원문과 똑같이 지니고 있다.《기묘한 이야기들》에 앞서 수준 높은 비평이 몇 편 있었는데, 거기에서 번역자 보들레르는 포가 시인으로서 지닌 아주 독특하고 새로운 재능을 분석해냈으며, 이국의 독창성 같은 것은 완전히 제쳐놓고 나 몰라라 하던 프랑스는 보들레르가 포를 발굴해내고 난 뒤에야 비로소 이를 깊이 알게 되었다. 보들레르는 천박한 생각들과는 크게 동떨어져 있던 이 작가의 본성을 설명하기 위해 필요했던 이 작업에다, 비범한 형이상학적 명철함과 드물게 보는 통찰의 섬세함을 쏟아부었다. 이 글은 그가 쓴 글 중에서도 가장 주목할 만한 글로 꼽힐 수 있겠다.

    수학적으로 아주 환상적이며, 산수 공식들로 연역되고 더 없이 예리하고 마치 굉장히 미묘한 것까지 파악하는 사법관들이 벌이는 수사처럼 표현되는 이 신비로운 이야기들을 읽고 사람들의 호기심은 후끈 달아올랐다. 〈모르그 거리의 살인L'Assassinat de la rue Morgue〉, 〈도둑맞은 편지La Lettre volée〉, 〈황금색 풍뎅이Le Scarabée d'or〉, 스핑크스의 수수께끼보다 더 맞추기 어려운 그 수수께끼들은 거기에 쓰인 말이 너무나 칭찬할 만한 방식으로 결말에 이르기 때문에, 모험 소설과 풍속 소설이 지겨워진 독자들까지도 좋아서 어쩔 줄 모를 정도로 흥미를 끌었다. 사람들은 그렇게도 신기하게 남의 생각을 넘겨짚을 만큼 똑똑한 오귀스트 뒤팽[208]이라는 인물, 정반대의 생각들을 서로 이어주는 끈을 양손 사이에 지니고 있는 듯하며 아주 놀랍도록 합리적인 추론에 의해 목표에 이르는 르그랑[209]이라는 인물에게 열광했다. 또한 사람들은 정부 부처 직원인 클로드 자케[210]보다 더 능숙하게 암호 문자를 해독하고, 〈13인의 이야기Treize〉[211]에 나오는 데마레에게 포르투갈 대사관의 낡은 창살을 통해 페라귀스가 쓴, 숫자로 표시된 문자를 읽어주는 르그랑이라는 인물에게 감탄했다. 그리고 이렇게 해독한 결과, 키드 선장은 보물을 발견한다! 불꽃의 빛에 비추어 보면 누렇게 바랜 양피지 위에 죽은 자의 머리와 새끼 염소와 점, 십자 모양, 쉼표, 숫자 들로 이뤄진 선들이 되살아나는 것이 설령 그의 눈에 뛴다 해도 소용없을 거라고, 르그랑의 똑똑함에 보상이 될 금강석, 보석, 시계, 황금 사슬, 금은보화, 프랑스 루이 13세 시대의 금화, 스페인 금화, 네덜란드·독일 등에서 사용되던 옛 은화, 중동의 돈, 그리고 온갖 나라의 엽전이 그득 담긴 커다란 보석함의 어디를 뒤져 해적이 보물을 찾았는지 그가 알아맞히지 못할 거라고 다들 털어놓았다. 포가 쓴 〈우물과 괘종시계Le Puits et le Pendule〉[212]는 앤 래드클리프,[213] 루이스,[214] 매튜린 목사[215] 등이 쓴 더없이 어두운 창작물들만큼이나 손에 땀을 쥐게 했다. 그리고 그 가장자리에서 배들이 마치 소용돌이 속의 밀짚 줄기처럼 나선형을 그리며 빙빙 도는 엄청나게 큰 깔때기, '마엘스트롬 Maelstrom'[216]이라는 소용돌이치는 이 심연의 밑바닥을 보면 사람들은 아찔해지곤 했다. 〈발데마르 씨 사건의 진실La Vérité sur le cas de M. Waldemar〉[217]은 제아무리 튼튼한 신경줄도 흔들어놓았으며, 〈어셔 가의 몰락La Chute de la maison Usher〉[218]은 깊은 우울에 영감을 준 작품이었다. 심약한 사람들은 특히 증발해버릴 것같이 너무나도 여리고 너무도 투명하며 비현실적으로 창백하고 거의 유령 같은 아름다움을 지닌 작가 포가 모렐라, 라이지어, 레이디 로웨나 트레바니언, 드 트레멘, 엘레오노라 등으로 이름 붙였지만 실은 그가 흠모하던 대상이 죽은 후에도 살아남은 유일한 사랑이 이렇게 온갖 모습으로 나타난 것일 뿐이라고 했으며, 포는 끊임없이 그가 찾아내는 아바타를 통해 이어지는 이런 여인상들에 감동을 받았다.

이때부터 프랑스에서 보들레르의 이름은 에드거 포의 이름과 떼려야 뗄 수 없는 상황이 되었고, 둘 중 한 사람을 기억하면 즉각 다른 한 사람이 떠오르게 되었다. 심지어 어떤 때는 미국인인 포의 생각이 그대로 프랑스인인 보들레르의 생각의 일부이기까지 한 듯이 보였다.

보들레르는 예전보다는 덜 분화된 각종 예술 분야가 서로서로 인접하여 왕왕 넘나들기까지 하던 이 시대의 시인 대부분이 그랬듯이, 그림에 대해 취미와 감각과 안목이 있었다. 보들레르는 주목할 만한 미전 평론 글을 썼고, 그중에는 특히 들라크루아[219]에 관한 소책자도 있는데, 이 글은 꿰뚫는 듯한 통찰력과 더할 나위 없는 섬세함으로 이 위대한 낭만주의 화가의 예술적 본성을 분석한다. 그는 들라크루아의 그림에 몰두했고, 그가 에드거 포를 생각하고 쓴 글[220] 중에는 이런 의미심장한 문장도 있다. "그 예술을 위대한 시의 경지까지 끌어올린 우리의 외젠 들라크루아처럼, 에드거 포는 보랏빛과 푸르스름한 바탕 위에서 그리는 형상들에 생동감을 불어넣어, 거기서 부패해가는 것들의 인광과 폭풍우의 내음을 밖으로 즐겨 표현한다." 우연히 던진 듯한 이 단순한 문장을 보면, 열정적이고 마치 열에 들뜬 듯한 이 화가의 색채감을 그가 얼마나 정확하게 느꼈는지를 알 수 있지 않은가! 아닌 게 아니라 보들레르가 들라크루아에게 매혹된 이유는, 너무도 동요하고 불안하고 신경질적이며 탐구적이고 고조되고 **절정에 달했고**—필자의 생각을 다른 단어로는 표현할 길이 없으니 필자가 지어낸 이 단어[221]는 그냥 넘어가주기를 바란다—, 불편함으로, 우울로, 열띤 걱정으로, 발작적인 노력으로, 근대의 막연한 꿈으로 너무나도 들볶였던 그의 재능의 바로 이런 **병적인 측면** 때문이었다.[222]

사실주의 유파는 보들레르를 자기편에 넣을 수 있다고 잠시 믿었다.[223] 《악의 꽃》에 나오는 어떤 그림들은 날것처럼 지독히도 생생하고 그 어떤 추한 모습 앞에서도 시인이 뒷걸음질 치는 법이라곤 없는지라, 피상적인 사람들은 보들레르가 사실주의를 표방하는 경향을 보인다고 생각할 수도 있다. 그들이 언필칭 사실적이라 부르는 이 그림들이 실은 항상 인물, 효과 혹은 색채 면에서 다른 것보다 돋보였을 뿐이며 이상적이고 달콤한 그림들에 대조 역할을 했을 뿐이라는 사실에는 사람들이 주의를 기울이지 않는다. 보들레르는 이렇게 넘겨짚는 말들을 어느 정도는 상관하지 않았으며, 사실주의 미술가들의 작업실도 방문했고, 세상에 드러나지는 않았으나 오르낭[224]의 대가 쿠르베에 대한 글도 한 편 썼다. 그렇지만 요즘 열린 한 미전에서 팡탱라투르[225]는 외젠 들라크루아의 메달을 중심으로 여기저기 잡다하게 흩어진 최절정의 여러 작품을 모아놓은 틀 안에 이른바 사실주의입네 하는 화가들과 작가들을 모아놓고 그 한구석에 진지한 시선과 비꼬는 듯한 미소를 지닌 샤를 보들레르[226]도 그려 넣었다.[227] 물론 보들레르는 들라크루아의 그림에 경탄하는 사람으로서, 충분히 거기에 낄 만한 자격이 있다. 하지만 그가 과연 지적으로 또 공감하면서 그 유파, 그러니까 보들레르의 귀족적 취향과 미를 향한 열망과는 일치하지 않는 사실주의 성향에 속했던가? 필자가 이미 밝혔듯이, 하찮고 자연스러운 추함을 소재로 쓰는 것은 그에게 일종의 두려움을 표시하고 널리 알리는 방식일 뿐이며, 천을 친친 두른 쿠르베의 작품 〈베누스〉[228]나, 두려움을 안겨주는, 엉덩이가 큰 베누스인 마리토른이 빼어난 멋과 세련된 매너리즘과 얌전한 교태를 좋아하는 그에게 큰 매력이 있었을지 의심스럽다. 그가 장대한 아름다움에 경탄할 능력이 없다는 뜻이 아니다. 〈거구의 여인들La Géante〉이라는 시를 쓴 보들레르는 〈여명〉과 〈밤〉[229]—미켈란젤로[230]가 메디치[231] 집안 묘소의 소용돌이 장식 위에 그토록 멋진 윤곽을 지니게 만들어 눕혀놓은 이 덩치 크고 훌륭한 여인들—같은 작품을 틀림없이 좋아했을 것이다. 게다가 그의 철학과 형이상학은 이 사실주의 유파에서 멀리 거리를 둘 수밖에 없었기에, 어떤 핑계로라도 그를 사실주의에 갖다 붙이면 안 될 것이다.

사실寫實에 영합하는 것과는 거리가 멀지만 그는 호기심을 갖고 기이한 것을 찾았으며, 특이하고 독창적인 어떤 유형을 만나면 그것을 따라가고 연구하고 감긴 실꾸리의 끄트머리를 찾아서 끝까지 풀려고 노력했다. 그래서 그는, 무슨 사건이든 벌어졌다 하면 세계의 구석구석까지라도 가서 영국의 유명 일간지에 크로키를 그릴 태세가 되어 있던 신비로운 인물인 콩스탕탱 기스[232]에게 홀딱 빠졌던 것이다.

이 기스라는 사람과 필자는 면식이 있는데, 그는 여행을 아주 많이 하는 사람이자 뭐든 깊이 또 재빨리 관찰하는 사람이기도 하고 나무랄 데 없는 **익살꾼**이었다. 그는 한눈에 사람과 사물의 특징적인 면을 포착했다. 그리고 연필을 몇 번 쓱싹 놀려서 자기 화첩 위에 윤곽들을 그려내고, 붓으로 마치 속기록같이 한순간에 지나가는 특징을 잡아놓고, 담담한 색조로 대담하게 색칠하곤 했다.

기스는 사람들이 보통 예술가라 불리는 사람은 아니었지만, 몇 분 만에 사물의 특징을 잡아내는 특별한 재주가 있었다. 한 눈에 보고, 그 누구도 필적할 수 없는 선견지명으로 그는 전체에서 특징을, 오직 특징만을 따로 떼어내 그것을 부각시키고 본능적으로든 일부러든, 보족적인 부분은 무시한다. 댄디건 건달이건, 지체 높은 귀부인이건 민중의 딸이건 간에 우리의 생각을 정확히 전해주는 어떤 태도나 윤곽, 흔히 쓰이는 말로 하자면 **틈새**를 그보다 더 잘 표현한 사람은 없었다. 그는 사회 계층의 높낮이를 가리지 않고 근대적 타락에 대한 감각을 보기 드문 경지에 이르기까지 가지고 있었으며, 그 나름의 '악의 꽃'으로 만들어진 꽃다발을 역시 크로키 형식으로 따 들였다. 경마용 말의 날씬하고 멋진 몸매와 적갈색으로 자르르한 윤기를 그만큼 잘 표현한 사람은 없었으며, 또한 그는 조랑말들이 툭툭 차는 바구니 가장자리로 귀부인의 치마가 사르륵 흘러내리게 할 줄도 알았다. 문장 장식판이 달린 8인용 마차의 커다란 마부석에 앉아 왕비의 거실을 향해 하인 셋을 장식끈 달린 귀퉁이에 매달고 출발하는 훌륭한 가문의 마부를 기를 줄도 알았다. 그는 이렇게 **상류 생활**의 정경들을 그린, 재치 있고 유행에 맞으며 재빨리 쓱싹 그려내는 그림을 남보다 앞서 그린 사람으로서, 파리 사람들의 삶을 그린 지적 예술가들인 마르슬랭,[233] 폴 아돌,[234] 모랭,[235] 크라프티[236]처럼 시류에 맞고 그토록 근대성이 확실히 마음에 와닿은 예술가들보다 앞섰던 것 같다. 그러나 기스는 브러멀의 인정을 받을 만큼 상류 사회의 댄디즘과 이 '오리 사육장'의 귀족적인 거창한 분위기를 표현하기도 했지만, 짙은 화장을 하고 도발적으로 되바라진 언행을 일삼는 피카딜리 살롱 및 아가일 룸Argail-room[237]의 독 품은 요정들을 표현해내는 데도 그 못지않게 뛰어났으며, 심지어 황량한 사막에 뛰어들어 거기서 달빛을 받으며 혹은 가스등의 괴로운 불빛 아래에서 런던 보도 위를 헤매는 이 쾌락의 유령 같은 여인의 윤곽도 겁 없이 크로키로 그려냈다. 그리고 파리에 있을 때면 외젠 쉬[238]가 묘사한, 이른바 거짓 없는 융단 속까지 샅샅이 뒤져가며 도가 지나친 유곽의 건축 양식과 이른바 '도랑의 교태'라 부를 수 있는 것을 추적했다. 기스가 그런 곳에서 **특징적인 것**을 찾아냈을 뿐이라고 독자들은 분명 생각할 것이다. 그러나 그건 기스의 열정이었고, 그는 놀라운 확신으로 각종 유형이 지닌 예쁘고 특이한 면, 우리 시대의 행동거지며 의상을 찾아냈던 것이다. 이 사람의 재능이 보들레르를 사로잡지 않을 수 없었다. 아닌 게 아니라 보들레르는 기스를 매우 아꼈다. 필자는 이 익살꾼이 연필로 그린 그림, 스케치, 수채화를 60점쯤 갖고 있었다. 그중 몇 점은 보들레르에게 주었다. 이 선물을 받고 그는 너무도 기뻐하며 아주 기꺼이 가져갔다.

물론 그는 이렇게 재빨리 그린 그림들의 단점을 잘 알고 있었을 것이다. 〈일러스트레이티드 런던 뉴스Illustrated London News〉[239]의 똑똑한 판화가들이 기스의 그림들을 목판에 다시 새겼을 때, 기스 자신은 이를 조금도 중요하게 생각지 않았다. 그러나 보들레르는 그 그림의 넘치는 재기, 명석한 통찰력, 그림이라는 방식으로 옮겨진 지극히 문학적인 장점들을 보고 깜짝 놀랐다. 그는 이 그림들에 예스러움이 전혀 없다는 점, 즉 고전적인 것을 옮겨놓은 흔적이 전혀 없다는 점을 좋아했고, 우리가 나중에 데카당스라 부르게 될 사조가 지닌 심오한 감정, 달리 무어라 표현할 단어는 없지만 우리의 생각에 더 잘 맞는 그것을 좋아했다. 그러나 보들레르가 이때 데카당스라고 한 것이 무엇이었는지 사람들은 알고 있다. 이러한 문학적 구분에 대해 어디선가 보들레르도 이렇게 말하지 않았던가?

> 이는 두 여자가 내 앞에 선보인 것과 같다. 한 여자는 촌스럽고 펑퍼짐한, 건강과 미덕이 흘러넘치다 못해 역겹기까지 한, 특징적인 행동도 시선도 딱히 없는 중년 여자다. 한마디로 **오직 단순한 본성에만 의지하는 그런 여자**다. 다른 한 사람은 군림하면서도 기억을 제압해버리고, 그 깊고 독창적인 매력에다 화장이 호소하는 바를 합친, 내키는 대로 행동하는, 의식적이고 스스로 여왕이며, 목소리는 잘 조율된 악기처럼 호소력 있고, 시선에는 생각이 꽉 차 있고 자기가 원하는 바만 밖으로 표현하는 그런 미녀다. 내 선택에는 의심의 여지가 없겠지만, 고전적 명예심이 부족하다며 나를 비

난하는, 남 가르치기 잘하는 스핑크스 같은 사람들이 더러 있을 것이다.

근대적 미를 이처럼 독창적으로 이해하면 질문이 거꾸로 뒤집힌다. 왜냐하면 이런 생각을 자세히 살펴보면 예스러운 아름다움이 원초적이고 거칠고 야만적인 것으로 보이고, 아마도 역설적인 의견이겠지만, 이는 얼마든지 주장할 수 있는 생각이기 때문이다. 발자크는 〈밀로의 비너스〉[240]보다 멋지고 섬세하고 애교 있으며, 팔꿈치를 한번 움직이면 몸에 딱 붙는 기다란 캐시미어를 걸친 파리 여자, 머리를 갸우뚱하게 숙이면 모자의 장식 끈과 숄의 마지막 주름 틈바구니로 두세 가닥 삐져나온 머리칼의 웨이브가 빛을 받아 우아하게 굽슬굽슬 내리덮인 상앗빛 목덜미가 살포시 보이며 무슨 약속엔지 맞추려고 총총히 걸어가는 파리 여자를 훨씬 선호했다. 비록 필자의 취향으로는 〈밀로의 비너스〉가 더 낫다 할지라도, 이것은 이대로 매력이 있다. 하지만 이는 우리가 유년 시절에 교육을 잘 받고 특별한 감각을 타고나서 문학적이라기보다는 조형적일 경우에나 맞는 이야기다.

이런 생각을 가진 보들레르가 얼마 동안 쿠르베가 그 신이요, 마네[241]가 그 대사제 격이던 사실주의 유파에 경도되었다는 사실을 우리는 안다. 그러나 보들레르 본성의 어떤 측면이 추함

혹은 최소한 동시대의 하찮은 것들을 직접적으로 또 비전통적으로 재현함으로써 충족될 수 있긴 했지만, 예술이나 멋, 사치, 미에 대한 열망으로 그는 그보다 위에 있는 세계로 이끌려갔고, 불타는 열정과 요란한 색채와 그 시적 우울과 석양 같은 팔레트로 예술가로서 현명하게 데카당스를 실천하던 들라크루아는 줄곧 보들레르가 선호하는 거장이었다.

필자는 이제 보들레르의 특이한 작품, 절반은 번역이고 절반은 그가 지은 내용인 《인공 낙원 — 아편과 해시시Les Paradis artificiels, opium et haschich》[242]라는 작품에까지 왔고, 이젠 이 작품에 대해 잠시 생각해보는 게 좋겠다. 이 책은 문인에게 득이 되지 않는 소문들을 기꺼이 사실인 양 받아들이곤 하는 대중에게《악의 꽃》저자인 보들레르가 마약에서 영감을 얻는 습관이 있다는 의견을 퍼뜨리는 데 적잖은 몫을 한 책이니 말이다. 이런 추측은 그의 뇌 밑바닥에 있는, 늘 생생하고 활동적인 생각들을 타인과 소통할 수 없게 만들어버린 마비에 뒤이어 죽음이 찾아왔기에 더욱 확실하다고 여겨진다. 이러한 마비는 아마도 해시시와 아편의 남용에서 왔을 것이라고 사람들은 말한다. 시인이 처음에는 신기해서 이를 흡입하기 시작하다가 점점 죽음으로 이끄는 이 마약들의 치명적 중독에 이끌렸을 거라고 말이다.[243] 그런데 그의 병의 원인은 다름 아니라, 예컨대 일간지 직원처럼 일을 규칙적으로 하고 글을 술술 쓰는 데 소질이 없는, 재능 없는 문인이라면 다 경험하는, 그리고 쓰는 글이 워낙 독창적이어서 잡지를 내는 숫기 없는 편집장들에게 공포의 대상인 모든 작가의 문필 생활에 내재한 피곤, 권태, 슬픔, 갖가지 곤란일 따름이다. 일하는 사람들이라면 누구나 그렇듯이 보들레르도 간소한 생활을 했다. 그리고 아편이나 해시시, 포도주, 알코올, 담배 등 어떤 흥분제를 흡입해서 스스로 **인공 낙원**을 만들고자 하는 취향이 인간 본성 자체에 있는 듯하다는 점을 인정하면서도—왜냐하면 어느 시대, 어느 나라에서나, 미개 상태에서든 문명국가에서든 심지어 야만 상태에서조차도 그런 욕구는 찾을 수 있기에—그는 이 욕구에서 인간은 원래 타락한 존재라는 증거를 보았고, 필연적인 고통에서 벗어나려는 불경한 시도, 포기와 의지, 미덕, 선하고 아름다운 것을 향한 불굴의 노력처럼 앞날에 보상으로 예비된 행복을 지금 당장 차지하자는 순수한 악마적 제안[244]을 보았다. 마치 옛날에 인류 최초의 부모에게 말했듯이, 해시시를 피우고 아편을 흡입하는 사람들에게 악마가 이렇게 꼬드긴다고 그는 생각했다. "이 과일 맛을 보면 신들처럼 될 거야." 그리고 악마가 아담과 이브에게 약속을 안 지켰듯이 해시시, 아편 흡입자들에게도 약속을 안 지켰다고 그는 생각했다. 왜냐하면 약해지고 짜증난 신이 그다음 날이면 악마 위에서 내려와, 자신으로부터 도망칠 원천이라고는 점점 복용량을 늘려야 하는 그 독약에 다시 의존하는 길밖에 없는 무한 허공 속에 고립된 채 남아 있기 때문이다. 보들레르는 생리적인 경험 삼아 해시시를 한두 번 피워보았을 수 있으며, 이는 있을 법하기까지 한 일이지만, 그가 해시시를 계속해서 피우지 않았다는 건 사실이다.[245] 게다가 약국에서 구입한 이 행복, 조끼 주머니에 넣어가지고 다니는 그 행복을 그는 역겨워했으며, 인공적으로 만들어내는 이 황홀경을 기인奇人의 행복과 비교했다. 기인에겐 색칠한 식탁보와 조야한 장식품들이 진짜 가구와 진짜 꽃향기 풍기는 정원 대신일 테니까 말이다. 그는 피모당 호텔에서 가진 몇 차례 모임[246]에도 드물게 오거나, 오더라도 단순한 구경꾼으로서 왔을 뿐이다. 우리 동아리는 거기에 모여 다와메스크[247]를 피웠는데, 이 모임에 대해서는 예전에 필자가 《르뷔 데 되 몽드Revue des Deux Mondes》지[248]에 〈해시시 피우는 사람들의 클럽 Le Club des haschichins〉이라는 글로, 필자 자신의 환각 이야기를 섞어 서술한 바 있다. 필자는 열 번쯤 피워보고 나서 사람을 취하게 하는 이 마약을 아주 끊었는데, 그 이유는 마약을 피우면 육체적으로 나빠서만이 아니라 진정한 문인이라면 오로지 자신의 자연스러운 몽상만 필요하기 때문이다. 그리고 보들레르는 어떤 매개체든 간에 자신의 생각이 그로 인해 영향을 받는 것을 좋아하지 않았다.

이런 저녁 모임 가운데 한번은 발자크도 왔는데, 보들레르는 이때 일에 관해 이렇게 이야기한다.

발자크는 아마도 자기 의지를 포기하는 것보다 더 큰 수치와 더 생생한 고통은 없다고 생각하는 것 같았다. 나는 발자크를 이 모임에서 한 번 보았다. 해시시의 놀라운 효과를 논하는 모임이었다. 그는 남들의 말을 경청했고 주의 깊게, 또 흥미롭고 생기발랄하게 질문을 했다. 그를 알던 사람들은 그가 틀림없이 해시시에 관심을 가졌을 거라고 지레짐작한다. 그러나 자신의 평소 생각에 역행하여 생각하는 것은 그에게 매우 충격적인 일이었다. 우리는 그에게 다와메스크를 내밀었으나, 그는 그걸 살펴보고 냄새를 맡더니 건드리지도 않고 도로 내놓았다. 거의 아이 같다고 할 호기심과 포기를 꺼리는 마음 사이에 벌어진 투쟁이 그의 놀라울 만치 표정 풍부한 얼굴에 드러났다. 마침내 존엄성에 대한 애정이 승리했다. 사실 **의지**의 이론가요, 루이 랑베르[249]의 정신적 쌍둥이 형제인 발자크가 이 소중한 **물건** 한 조각을 잃어도 좋다고 하는 것을 상상하기란 어렵다.

이날 저녁 필자는 피모당 호텔에 있었고 이 작은 일화가 조금도 틀림없이 정확하다고 말할 수 있다. 단지 거기에다 이 특징적인 사실 한 가지만 추가해야겠다. 발자크는 우리가 흡입해보라고 준 다와메스크 한 수저를 흡입하지 않고 도로 주면서, 이렇게 시도해봤자 쓸데없으며 해시시는 분명 자기 뇌에 아무런 영향도 미치지 못할 거라고 말했다.

모카커피의 미묘한 향이 가득한 작업실, 아무리 가벼운 연기나 아무리 독한 부브레 포도주 몇 병으로도 흐려지지 않는 이 강력한 두뇌가 인도산 삼[250]의 일시적 중독에 충분히 저항할 수 있으리라는 것은 실제로도 가능한 일이었다. 왜냐하면 해시시든 다와메스크든, 혹은 무슨 말로 부를지 생각나지 않는 그 무엇이든, 그건 '칸나비스 인디카 *cannabis indica*'를 농축한 것에다 지방분과 꿀과 피스타치오를 조금 섞어 반죽이나 잼처럼 걸쭉하게 만든 것일 뿐이기 때문이다.

해시시에 관한 연구 논문은 《인공 낙원》에 의학적으로 아주 잘 수록되어 있으니[251] 과학적인 정보는 거기서 확실히 얻어낼 수 있을 것이다. 왜냐하면 보들레르는 스스로가 세심하고 정확하다는 자부심이 있었고, 저절로 등장하게 될 해시시라는 주제에다 세상없어도 아주 작은 시적 장식조차도 흘려 넣지 않으려 했기 때문이다. 그는 해시시가 일으키는 환각의 고유한 특징을 나무랄 데 없이 잘 서술했는데, 그 환각은 무언가를 새로 만들어내지는 않지만 오직 개인을 그 마지막 능력 하나까지 과장해 보임으로써 개개인의 특징만을 발전시킨다. 해시시를 피우면 눈에 보이는 것이 커지고 여러 감각이 예민해지고 한없이 흥분되어, 시공간을 벗어나 그 의미가 처음엔 현실적이지만 곧 변형되고 강조되고 과장되며, 극도로 밀집된 세부 사항 하나하나가 초자연적으로 중요해지는데, 종종 따로 흩어진 이미지들 사이의 신비로운 교감을 짐작하는 해시시 흡입자라면 이 중요성이 쉽게 이해될 것이다. 천상의 관현악단과 천사들의 합창단이 연주하는 듯한, 거기다 대면 하이든, 모차르트, 베토벤의 교향곡들마저 못 견딜 소음일 뿐인 그런 음악 한 곡을 듣는다면, 한 손으로 전주곡을 아스라하게 연주하며 피아노 건반을 휩쓸듯 난타하거나, 혹은 멀리 있는 오르간 한 대에서 거리의 수런거리는 소음 속에서 **잘 알려진** 오페라 곡이 가만가만 울려 퍼진다고 생각해보시라. 만약 시냇물 흐르는 졸졸 소리, 반짝임, 빛의 번쩍임과 불꽃놀이로 눈이 부시다면, 틀림없이 일정한 수의 촛불이 큰 촛대와 횃불에서 타오르고 있을 것이다. 벽이 불투명하지 않으며 마치 무한을 향해 열린 창처럼 증발해버리고 깊고 푸르스름한 시각으로 우묵하게 파여 들어간다면, 그건 거울이 환상적 투명성과 섞인 산만한 그림자들과 더불어 빛을 몽상에 빠진 자 앞에서 내쏘기 때문이다. 요정들, 여신들, 우아하거나 우스꽝스럽거나 무서운 환영들은 그림이나 벽걸이 장식용 융단이나 틈새에서 신화적인 나신을 자랑하는 상들이나 선반 위에서 오만상을 찌푸리고 있는 못생긴 원숭이 상에서 나온다.

유골함처럼 생긴 그 모습을 마치 향로처럼 흔들면서 경이로운 꽃들이 코를 찌르는 미묘하게 향기로운 냄새와 이름 모를 향내를 풍겨 전생의 기억, 곧 향내 나는 머나먼 해변과 꿈속의 타히티섬[252]같이 원시적인 사랑을 환기시키며 독자를 향기의 천국으로 데려가는, 후각의 황홀경도 마찬가지다. 굳이 멀리서 찾지 않아도 침실에서도 헬리오트로프[253]나 월하향[254]이 꽂힌 꽃병 하나, 스페인 가죽 향수[255] 한 봉지, 칠칠치 못하게 의자에 쏟은 파출리[256] 냄새가 배어든 캐시미어 숄 하나, 이런 것은 얼마든지 찾을 수 있다.

그러니까 해시시의 마법을 충분히 즐기려면 그것을 미리 준비하고, 어찌 보면 사물의 생김새가 지나치게 달라 보이고 환상이 제멋대로 나타나게끔 동기 부여를 해주어야 한다는 걸 알 수 있다. 심신이 편안한 상태이고, 그날은 걱정도 의무도 정해진 시간도 없이, 보들레르와 에드거 포가 작품 속에 묘사하면서 시적 편안함 위주로 가구 배치를 하고 기이한 사치와 신비로운 멋으로 꾸미기를 좋아했던 아파트에 가만히 들어앉아 있는 것이 중요하다.[257] 모두에게서 살짝 멀리 떨어져 나와 있고 아무도 모를 곳에

숨겨진, 사랑하는 사람, 즉 이상적 여성상, 샤토브리앙이 그 고귀한 언어로 '실피드La sylphide'[258]라 부른 존재를 기다리는 장소 같은, 그런 피신처 말이다. 이런 조건이라면 아마도 거의 확실히 본래 유쾌하던 감각들조차 지복, 기쁨, 황홀함, 이루 말로 다할 수 없는 관능으로 바뀔 것이며, 그것은 무함마드를 믿는 사람들에게 하렘[259]과 아주 비슷한 천국에서 약속된 조야한 기쁨에 비한다면 훨씬 윗길인 기쁨이다. 그때까지 깃들여 살아가던 우묵한 진주조개에서 튀어 나와 신도들에게 끊임없이 되살아나는 처녀성을 바치는 녹색, 빨강, 흰색의 이슬람 미녀들은 요정들과 천사들, 공기의 요정 실피드들에 비하면 천박한 추녀처럼 보인다. 이런 것들은 해시시 복용자가 멀쩡히 깬 채 꾸는 꿈속에서 수없이 떼 지어 지나가는 모습을 볼 수 있는, 마치 탄산수에서 부글대는 은색 입자들처럼 수정으로 만든 잔 밑바닥에서 별들이 솟아오르듯 무한이라는 바탕에서 태양이라는 둥근 원 위로 뚜렷이 부각되는 향기로운 증기, 이상적인 투명성, 분홍빛과 푸른빛의 부풀려진 형태다.

    이렇게 조심하지 않으면 얼마든지 황홀경이 악몽으로 변할 수도 있다. 관능은 고통으로, 즐거움은 공포로 변한다. 무서운 불안이 멱살을 잡고 배 위에 그 무릎을 얹어놓고는 믿을 수 없을 만큼 엄청난 무게로 마구 짓누른다. 마치 피라미드의 스핑크스나

시암 왕국 왕의 코끼리가 납작하게 짓누르며 재미있어 하는 것 같다. 어떤 때는 얼음 같은 추위가 엄습하여 엉치께까지 얼어붙은 듯하기도 하다. 마치 《천일야화》[260]에 나오는 왕이 겪는 일 같다. 이 왕은 몸의 절반쯤이 굳어져 동상이 되는데, 심술궂은 아내가 아침마다 와서 그나마 유연하게 남아 있는 부위인 어깨를 마구 때린다.[261]

보들레르는 성격이 서로 다른 남자들이 겪는 두세 가지 환각을 이야기한다. 그리고 금빛 덩굴로 덮이고 꽃줄로 장식된 이 싸늘한 방, 피모당 호텔의 규방임을 어렵잖게 알아볼 수 있는 방에서 여성이 겪는 환각 이야기도 한다. 보들레르는 보이는 모습마다 분석적이고 도덕적인 토를 다는데, 그 글을 읽어보면 그가 인공적인 방법으로 얻어진 행복 일체를 억누를 길 없을 만큼 싫어했다는 사실이 내비친다. 그는 해시시에 취한 상태에서 촉발되는 생각의 천재성을 이끌어낼 수 있는 이런 구원 같은 것은 아예 염두에 두지도 않는다. 우선 이런 생각은 상상하는 만큼 그리 아름답지도 않다. 그것들의 매력은 특히 주체가 몸담은 장소가 극도의 흥분을 자아낸다는 데서 온다. 또 이런 생각들을 촉발하는 해시시는 생각을 끌어내기도 하지만 동시에 그것을 사용할 능력도 가져가버린다. 해시시는 의지를 없애버리고 피해자들을 무덤덤한 권태에 빠뜨리는데, 그 권태로부터 빠져나오려면 해시시를 또 흡입해야만 한다.

해시시에 꽤나 습관이 들고 꽤나 강인하여 이 믿을 수 없는 마약의 실망스런 효과에 저항할 만한 기질을 가진 사람이 있다는 가설을 잠시 인정하면서도 그는 이렇게 덧붙인다. "마침내 치명적이고 무서운 다른 위험을 생각해야 하는데, 그것은 중독의 위험이다. 생각을 하기 위해 독약에 의존한 사람은 머지않아 독약 없이는 생각을 하지 못하게 될 것이다. 상상력이 마비되어 해시시나 아편에 의지하지 않고는 제 기능을 더는 하지 못하는 사람의 끔찍한 운명을 상상해보라."[262]

그리고 좀 더 뒤에 가면, 그는 이런 고귀한 표현을 써서 신앙 고백을 한다. "인간이 하늘에 도달하기 위한 정직한 방법이 없지 않아서, 굳이 약품이나 주술에 의지해야만 하는 것은 아니다. 도취하게 하는 애무와 미녀들이 베푸는 사랑의 값을 치르기 위해 영혼을 팔아야 하는 것도 아니다. 자신의 영원한 구원을 대가로 사들이는 낙원이란 대체 무엇이란 말인가?"[263]

그다음에는 라파엘로[264]나 만테냐[265]의 그림에 나오는 뮤즈들이 아폴론 신의 인도를 받으며 미의 경배를 사명으로 하는 예술가를 리듬감 있는 합창으로 둘러싸고 그 긴 노력을 보상하는 정신성이라는 가파른 산 위에 거하는, 일종의 올림포스를 그린 작품이 이어진다. 저자의 글은 이렇게 계속된다.

그의 아래, 산기슭 가시덤불과 진흙탕 속에, 인간 떼거리들, 천민 패거리들이 향락에 겨워 찡그린 얼굴을 흉내 내며 독약이 퍼져나가면서 나오는 비명을 내지른다. 그러면 시인은 서글퍼져서 이렇게 혼잣말을 한다. "단식해본 적도 기도해본 적도 없고 일을 통한 구원을 거부했던 이 불행한 자들은, 단번에 초자연적 삶으로 올라설 방법을 흑마술에 부탁하는구나. 이 마술은 그들을 속이고 그들을 위해 거짓 행복과 가짜 빛을 밝혀준다. 반면 우리들, 시인들과 철학자들, 끊임없이 일하고 명상하고 의지를 꾸준히 발휘하며, 그 의도가 언제까지나 고귀하다보니 영혼까지 말끔히 재생된 우리들은 진정한 미의 정원을 우리만이 쓸 수 있도록 창조해냈다. 믿음이 산도 움직인다는 말씀을 신뢰한 우리는 하느님이 우리에게 써도 좋다고 허용한 유일한 기적을 성취한 것이다!"[266]

이런 말을 읽고 나면 《악의 꽃》의 저자 보들레르가 비록 **악마주의** 성향을 지녔다 할지라도 이 인공 낙원을 빈번히 방문했다고 믿기는 어렵다.

해시시 연구 다음에는 아편 연구가 이어지는데, 여기서 보들레르가 안내서로 삼은 책은 드퀸시[267]가 쓴 책으로, 영국에서 유명세를 떨친 《어느 영국인 아편쟁이의 고백Confessions of English Opium Eater》[268]이다. 드퀸시는 저명한 그리스 연구자이자 뛰어난 작가이며 나무랄 데 없이 책임감 있는 사람으로 마약에 대해 더없이 경직된 태도를 보이는 나라들에서도 아편에 대한 자신의 열정을 고백하고 이를 묘사했으며, 그 단계들, 간헐적 증상들, 재발, 투쟁, 열렬한 빠져듦, 두드려 맞은 듯한 쇠약, 황홀, 그리고 환상에 뒤따르는 형언할 길 없는 불안 등을 글로 재현한 사람이다. 거의 믿을 수 없는 일이지만, 드퀸시는 복용량을 조금씩 늘려 나중엔 하루에 아편을 8천 방울이나 흡입하기에 이르렀으나 너무나도 정상적인 나이인 일흔일곱 살까지 살았다. 그는 1859년 12월에 죽었는데, **익살**이 최고조에 이르렀을 때 그는 마치 조롱이라도 하듯 과학적 실험의 희한한 대상으로서 아편이 가득한 자기 몸을 후세에 기증했고, 의사들은 오랫동안 기다려 실험해야만 했다. 그는 이렇게 나쁜 습관을 지녔는데도 수많은 문학 작품과 박식함을 자랑하는 작품을 출간했는데, 그 책들에 그 자신이 '검은 우상'이라 부른 아편의 치명적 영향은 전혀 나타나지 않는다. 책의 대단원에서 짐작할 수 있는 점은 그가 초인적 노력을 기울여 마침내 아편 중독에서 회복되었다는 사실이다. 그러나 어쩌면 그는 도덕과 관습에 희생되었던 것일 뿐일지도 모른다. 멜로드라마의 결말에 으레 나오는 권선징악처럼 말이다. 마지막에 가서 뉘우

치지 않는다면 그것은 나쁜 예가 될 테니까. 그리고 드퀸시는 주장하기를, 아편을 17년간 상용하고 또 8년간 남용하고 난 뒤에야 비로소 이 위험스러운 물질을 끊을 수 있었다고 한다! 선의의 테리아키|thériaki[269]들을 낙담시키지 말아야 한다. 그렇지만 이 갈색 액체에 바치는 다음과 같은 서정적 기원 속에는 얼마나 애정이 담겨 있는지!

오, 정당하고 미묘하며 강력한 아편이여! 가난한 이나 부유한 이의 가슴에, 결코 아물지 않는 상처에, 정신을 반역으로 인도하는 불안에, 상처를 부드럽게 할 연고를 발라주는 너. 설득력 있는 아편이여, 그 강력한 수사법으로 광포한 자의 결정을 무장해제하고 하룻밤 동안 죄인에게 젊은 시절과 피로 물들지 않았던 그 옛날의 두 손이 간직한 희망을 돌려주는 너, 오만한 사람에게 바로잡히지 않은 잘못과 복수하지 않은 채 남아 있는 모욕들을 잠시나마 잊게 해주는 너!
너는 어둠의 가슴 위에, 뇌가 상상할 수 있는 재료로, 또 페이디아스[270]와 프락시텔레스[271]보다 더 심오한 기술로, 찬란하기로는 바빌론[272]이나 헤카톰필로스[273]를 능가하는 도시와 사원을 세운다. 그리고 몽상 가득한 잠의 혼돈으로부터 오랫동안 묻혀 있던 미의 얼굴과 무덤의 모욕을 깨끗이 씻어내 그 친숙하고 축복받은 모습을 백일하에 드러내준다. 오직 너만이 인간에게 이 보물들을 가져다주며, 천국의 열쇠를 쥐고 있다. 오, 정당하고 미묘하며 강력한 아편이여![274]

보들레르는 드퀸시의 이 책 전부를 번역하지는 않았다. 그는 이 책에서 가장 부각되는 부분에 여담과 철학적 숙고를 섞어 작품 전체의 개요를 보여주는 축약본을 만들 만큼 분석하면서 이 책을 읽고 또 읽었다. 이 고백의 서두에 나오는, 작가의 실제 삶과 비슷한 세부 사항들은 더없이 신기하다. 이야기는 초등학생이 도망하다 선생들의 난폭한 행동에 끝내 굴복하고 마는 것, 드넓은 사막 같은 런던에서 여기저기 방랑하며 비참하게 굶주리면서 살아가다가 주인이 돌보지 않아 누옥이 되어버린 숙소에 살게 되는 것, 반쯤 백치 같은 어린 하녀와의 관계, 보도에 핀 서글픈 제비꽃 같고 매춘을 하면서도 무구하고 처녀 같기만 한 가엾은 소녀 앤,[275] 주인공이 가족에게 용서받아 다시 가족 품으로 돌아간 것, 아편의 오레스테스[276]라 할 그가 자신의 엘렉트라[277]로 칭한 귀족 여인과 더불어 매력적인 별장 구석에서 좋아하는 공부에 전념할 만큼 상당한 재산을 소유하게 된 것 등으로 전개된다. 왜냐하면 이미 그는 신경통의 통증을 경험한 뒤 곧 흡입하게 되는 이 아편이라는 독약에 뿌리 뽑을 수 없을 만큼 습관이 들었기 때문이다. 이 독약을 흡입한 결과는 나쁘지 않았고, 오래잖아 하루에 40알이라는 엄청난 양을 흡입하게 된다.[278] 드퀸시는 기이하고 장대한 훌륭함이라는 면에서 그의 꿈을 능가하는 바이런, 콜리지, 셸리처럼 영국 사람이면서도 시적 재능은 별로 없었다. 더없이 찬란하며 천국이나 낙원의 은빛과 푸른빛 조명을 받는 모습들에 이어 에레보스보다 더 어두운, 그리고 보들레르의 무시무시한 이 구절—"그건 마치 위대한 화가가 지진이나 일식의 캄캄함 속에 붓을 담근 것 같았다"—을 적용할 수 있는 다른 빛들이 비추어진다.

누구보다도 저명하고 조숙한 인문주의자였던 드퀸시—그는 열 살에 그리스어와 라틴어를 할 줄 알았다—는 티투스 리비우스[279] 읽기를 매우 즐겼으며 '콘술 로마누스consul romanus'[280]라는 말이 그의 귀에는 마치 단호하고 저항할 길 없는 무슨 마법의 주문처럼 들렸다. 이 음절들이 그의 귀에는 개선 나팔소리 중 트럼펫의 진동 소리처럼 울렸고, 꿈속에서 어렴풋한 빛이 비치고 신음과 희미한 다그닥 소리가 먼 곳에서 큰물 진 것처럼 들리는 전장에서 수많은 적들이 싸우고 있을 때 갑자기 모든 것을 제압하는 이 말, 곧 '콘술 로마누스'를 외치는 수수께끼 같은 큰 함성이 들려왔다. 사위가 불안한 기대로 억눌린 채 고요해지고 사람들이 커다란 개미집처럼 운집한 곳에 집정관이, 마치 드캉[281]이 그린 그림 〈심브레 전투〉에 나오는 가이우스 마리우스[282]처럼 백마를 타고 나타나, 운명을 예고하는 선언처럼 '승리'라고 단호하게 외친다.

예전에는 현실에서 슬쩍 본 인물들이 그의 몽상에 섞여들어 마치 마귀 쫓는 주문으로도 추방할 수 없는 끈질긴 유령들처럼 머릿속에 자꾸만 떠오르곤 했다. 1813년의 어느 날, 노랗고 침울한 피부색에 향수를 품은 듯 슬픈 눈을 가졌고, 런던에서 왔으며, 어느 항구에 이르고자 그 항구를 찾고 있다고 하면서도 유럽 대륙의 언어라고는 단 한마디도 할 줄 모르는 어느 말레이시아 사람이 찾아와 드퀸시의 별장 문을 두드리며 들어가서 좀 쉬게 해달라고 한다. 하인들과 이웃들 앞에서 말문이 막히는 꼴을 보이고 싶지 않았던 드퀸시는 그에게 남들이 못 알아듣는 그리스어로 말을 건넨다. 그 아시아인이 말레이시아어로 대답한 덕분에 드퀸시는 체면을 살릴 수 있다. 별장의 주인은, 흡연자가 오랫동안 담배를 피우지 못했을 것으로 짐작되는 사람에게 권련 한 개비를 권하듯이 그런 선심으로 말레이시아인에게 돈을 조금 쥐어준 다음 아편 큰 덩어리를 하나 선물하는데, 말레이시아인은 그걸 한입에 꿀꺽 삼켜버린다. 아편에 익숙하지 않은 사람이라면 익히 일고여덟 명이 죽을 만한 양이었다. 그러나 피부가 노란 그 남자는 아마 아편에 습관이 든 듯했다. 고맙다는 표시와 함께 말로는 표현할 수 없는 만족감을 보이면서 떠나갔으니 말이다. 그의 모습을 다시는 볼 수 없었다. 적어도 육체적으로는 그러했지만, 그 뒤로 그는 드퀸시의 머릿속에 가장 자주 떠오르는 사람 중 한 명이 되었다.[283] 노란 얼굴에 눈동자가 이상하게도 새까만 말레이시아인은 마치 극동에서 온 일종의 천재 같은 사람이었는데, 지구의 다른 곳에 비해 공상처럼 도저히 갈 수 없는 머나먼 거리에 마치 던져진 듯 놓여 있는 인도나 일본, 중국, 그 밖의 나라들의 열쇠를 갖고 있는 것 같았다. 우리가 부르지는 않았지만 꿈이 인정한 숙명대로 뒤따라 다녀야 할 안내자 뒤를 잘 따라가듯이, 드퀸시는 그 말레이시아 사람의 뒤를 따라 동화 속에 나오는 것처럼 오래되고 표현할 길 없이 기이한 지역까지 깊숙이 들어가고, 그래서 깊은 두려움을 겪게 된다. 그는 이렇게 고백했다.

> 남들 같으면 나처럼 이만큼 느꼈을지는 모르지만, 나는 종종 생각했다. 만약 영국을 떠나 중국에서 그 나라의 생활양식과 예법과 환경에 몸담고 살아야만 한다면 나는 미쳐 버릴 거라고……. 중국 청년이 내게는 마치 태곳적 존재 같기만 했다. …… 특히 중국에서는, 그 나라가 남부 아시아의 나머지 나라들과 어떤 공통점이 있는지는 몰라도, 나는 우리를 그 나라와 구분하는, 그리고 너무 심오하여 분석할

수 없는 그 생활 양식, 관습, 절대적인 역겨움 때문에 두려움에 휩싸였다. 차라리 미치광이나 미개인과 함께 사는 편이 더 편할 것 같았다.[284]

짓궂은 아이러니에 의해, 그 말레이시아 사람은 마치 아편쟁이의 이런 역겨움을 이해한 듯, 도자기로 만든 탑이 세워지고 지붕 끝이 나막신처럼 휘어지고 끊임없이 울려대는 작은 종으로 장식되고 강에는 정크선이 빼곡히 들어차고 강을 따라 군데군데에 용을 조각한 다리가 들어서 있고, 무수한 못생긴 주민들이 길게 찢어진 눈이 달린 얼굴을 마치 쥐들이 꼬리 흔들듯 흔들어대며 깊은 존경을 담아 칭송하는 단음절의 소리를 웅얼대는, 어마어마하게 큰 도시 한복판으로 수고롭게도 그를 이끌고 간다.

《어느 영국인 아편쟁이의 고백》 중 세 번째이자 마지막 부분은 그 제목이 개탄스러운데, 그럴 만도 하다. 〈심연에서 나온 한숨Suspiria de profundis〉이라는 제목이 이 이야기의 내용과 딱 들어맞으니 말이다. 이 환영 중 하나로 그리스의 모이라,[285] 《파우스트》 2막에 나오는 어머니들같이 잊을 수 없는, 그리고 알 듯 모를 듯하게 무서운 형상 세 가지가 등장한다. 갓난아기를 땅에서 일으켜 고통으로 완벽하게 단련시키는 엄격한 여신 르바나 곁에서 시중드는 하녀들의 형상이다. 은총의 여신이 셋이고 운명의 여신도 셋이고 분노의 여신도 셋이었듯이, 슬픔의 여신도 셋이다. 그 여신들은 우리로 치자면 '슬픔의 성모들'[286]이나 다름없다. 세 자매 중 맏언니 격인 여신의 이름은 '눈물의 성모'이며 둘째가 '한숨의 성모', 막내가 '어둠의 성모'다. 이 셋 중 막내가 가장 두려운 존재인데, 아무리 단호한 정신의 소유자라도 그를 생각하면 남몰래 공포심이 들 정도다. 고통받는 이 유령들은 보통 인간이 쓰는, 음절로 딱딱 나뉘는 언어로 말하지 않는다. 그들은 울고, 한숨짓고, 희미한 그림자 속에서 운명을 예고하는 몸짓을 한다. 그들은 미지의 고통과 이름 없는 불안, 고독한 절망의 권유, 인간 영혼의 가장 깊은 곳에 있는 모든 괴로움, 쓰디쓴 회한, 고통을 이런 식으로 표현한다. 사람은 이 우악스런 교육자들의 교훈을 받아들여야만 한다. 그들이 전하는 교훈은 이러하다. "그리하여 그는 보아서는 안 될 것들, 끔찍한 광경들, 말할 수 없는 비밀들을 보게 되리라. 그리하여 그는 오래된 진실, 슬픈 진실, 위대하고도 두려운 진실을 읽게 되리라."[287]

사람들은 보들레르가 여러 물질적 방도를 통해 자신을 초자연적으로 고양시키고 싶어 하는 모든 이를 싸잡아 비난했듯이 드퀸시에게도 아낌없이 비난을 퍼부었다고 생각한다. 그러나 이 유명하고도 시적인 몽상가가 그리는 그림의 **미**를 애호한 보들레르는 드퀸시에게 깊은 선의를 보였다.

그즈음에 보들레르는 파리를 떠나 브뤼셀에 정착했다.[288] 이 여행에는 정치적 고려 같은 것은 전혀 없었으며, 그저 들뜬 파리 생활에서 멀리 떠나 좀 더 조용하고 평화롭게 쉬고 싶다는 갈망만 있었다. 이 체류 생활에서 많은 작품이 나온 것 같지는 않다. 그는 브뤼셀에서 거의 작업을 하지 않아 종이에 남긴 거라곤 빠르게 휘갈겨 쓴 대강의 글, 오직 그만이 해독할 수 있는 거의 상형문자 같은 단상들뿐이다.[289] 그는 브뤼셀에 가서 건강이 회복되기는커녕 더 악화되기만 했는데 그 이유는 그 자신이 생각한 것보다 더 병이 깊어서였을 수도 있고, 그곳의 기후가 맞지 않았기 때문일 수도 있다.

병의 첫 징후는 말이 느려지고 단어 선택을 눈에 띄게 점점 망설이는 것이었다. 그러나 보들레르가 평소에도 종종 개개의 표현을 강조하여 그에 좀 더 중요성을 부여하면서 엄숙하고도 거만하게 말을 했던 탓에 사람들은 이런 어눌함에 신경 쓰지 않았다. 이렇게 말이 어눌해지더니 점점 그는 죽음에 이르게 되고 머지않아 급성 발작도 일으키게 된다. 보들레르가 세상을 떠났다는 소식은 마치 전기가 전기선을 따라 쫙 퍼져나가는 것처럼, 궂은 소식이 날개라도 단 듯 빨리 퍼지게 마련인 것처럼 그렇게 파리 전역에 퍼졌다. 그가 여전히 살아 있었건만, 그리고 이 소식은 틀린 소식이었는데도, 때 이른 소식이었지만 끝내는 맞는 소식이 되어

버렸다. 보들레르는 일격을 맞고 다시는 일어서지 못하게 되어버린 것이다.[290] 가족과 친구들이 브뤼셀에서 그를 다시 파리로 데려왔고,[291] 그는 몇 달 더 살았지만 그동안 말도 할 수 없고 글도 쓸 수 없었다. 마비가 와서 생각과 말을 잇는 줄이 끊겼던 탓이다. 생각은 여전히 그의 마음속에 살아 있었다. 눈빛을 보면 그걸 잘 알 수 있었다. 하지만 생각이 갇혀 있고 말로 드러나지 않았고, 외부와의 소통 방도가 전혀 없었으며, 무덤에나 들어가서야 열리게 될 점판암 감옥 속에 갇혀 있었다. 이 슬픈 결말을 세세히 강조한들 무엇하랴? 죽는 것도 안된 일이지만 아직 더 오래 열매 맺을 수 있었을 주목할 만한 지성이 이렇게 일찍 떠나가는 걸 살아남은 이들이 생전에 보는 것, 그리고 점점 적막해져가는 인생길에서 젊은 시절의 친구를 잃는 것은 괴로운 일이다.

샤를 보들레르는 《악의 꽃》, 에드거 포 작품 번역, 《인공 낙원》, 살롱 출품작들에 대한 글이나 비평 기사 외에도 여러 시기에 신문과 잡지에 발표한 산문시를 모은 시집[292]을 남겼다. 이 시들을 게재했던 신문사들과 잡지사들은 오래잖아 그 천박한 독자들을 위해, 그 독자들의 수준에 맞지 않는 섬세한 걸작들에 곧 싫증이 나서 처음엔 걸작을 쓴 작가 같았지만 읽을수록 별로인 이 시인—그 고귀한 고집 때문에 무얼 양보할 생각이라곤 조금도 없는 사람—에게 좀 더 과감하거나 좀 더 문학적인 글로 다음 연재를 맡아달라고 졸라댔던 것이다. 여기저기 흩어지고 거의 찾을 수도 없게 되었던 시들을 처음으로 한 권에 모아놓은 이 시집은 보들레르가 후세 사람들에게 남긴 만만찮은 작품이다.

이 《산문시집Les Petits poèmes en prose》의 짧은 서문은 아르센 우세[293]에게 바쳐졌는데 거기서 보들레르는 어떻게 이렇게 운문과 산문 사이에 떠 있는 듯 여러 가지가 뒤섞인 형식을 사용할 생각을 하게 되었는지 다음과 같이 술회한다.

> 나는 여러분에게 고백할 것이 하나 있다. 그 유명한 알루아시위스 베르트랑[294]의 《밤의 가스파르Gaspard de la nuit》(여러분도 나도 알고 몇몇 친구들도 아는 이 책을 내가 유명하다고 말한다 할지라도, 충분히 그럴 만하지 않은가?)를 적어도 스무 번쯤 뒤적이다 보니, 그가 근대적 삶을 묘사하거나, 혹은 차라리 기이하게도 그림 같은 고대의 삶을 그리는 데 적용했던 과정과 비슷한 뭔가를 시도해보자는 생각이 머릿속에 떠올랐다.
> '한창 큰 야망을 품었던 시절, 시적이고 음악적이며 리듬도 각운도 없고 충분히 유연하고 충분히 거칠어 영혼의 서정적 움직임에, 몽상의 일렁임에, 의식의 요동침에 적응할 수 있는 그런 산문의 기적을 꿈꾸어보지 않은 자, 그 누가 있

겠는가?'²⁹⁵

　이 산문시집에 실린 시들이 《밤의 가스파르》와 전혀 다르다고 말할 필요는 없다. 다른 이라면 잘했다고 스스로 으쓱할지도 모르지만, 보들레르는 단지 하기로 계획한 바만 성취하는 것을 시인의 가장 큰 **명예**로 생각하는 사람인지라 깊은 모욕감을 느낄 뿐일 이 **사고**事故를 발설하는 즉시 자신이 그것을 감당하지 못하리라는 사실을 작업을 시작하자마자 알아챘다.²⁹⁶

　사람들은 보들레르가 항상 의지로써 영감을 이끌고 예술에 일종의 확실한 수학을 도입한다고 주장했다고 본다. 그는 쓰려고 마음먹은 것―그것이 지금의 경우처럼 독창적이고 힘 있는 작품이건 아니건―과는 다른 작품이 나왔다며 자책했다.

　고백건대 우리 프랑스의 시어는 새로운 유파가 그것을 유연하게 만들고 다루기 쉽게 만들려고 부단히 애는 쓰지만, 친숙하건 사치스럽건 간에 특히 근대적 삶의 주제들을 다룰 때는 조금 드물거나 자세하며 자잘한 부분까지는 건드리지 않는 것이 사실이다. 프랑스 운문은 옛날처럼 고유 명사를 두려워하고 에둘러서 표현하는 어법을 즐기지는 않지만, 그 자체의 구조로 말미암아 어떤 의미가 담긴 특성의 표현을 거부한다. 그리고 그런 표현조차 편협한 틀 속에 집어넣길 고집한다면, 순식간에 글이 매우 딱

딱하고 울퉁불퉁하고 읽기 괴롭게 되어버린다. 그러므로《산문시집》은 이러한 무능을 매우 적절히 보충해주며, 캉탱 마치스[297]의 그림 〈황금의 무게를 재는 사람들〉[298]에 나오는 저울보다 더 한쪽으로 기울기 쉬운 저울에 올려서, 사용하기 전에 단어 한마디 한마디를 던지기에 앞서—왜냐하면 거기에는 기준, 무게, 균형이 있어야 하니까—보들레르는 자기 재능의 소중하고 섬세하며 기이한 면을 십분 부각시킨 것이다. 그는 표현할 수 없는 것들을 좀 더 가까이서 포착할 수 있었고, 소리와 색깔, 아라베스크[299] 무늬나 음절의 주제를 닮은 생각들 사이로 도망치듯 둥둥 떠다니는 미묘한 여러 변화를 글로 나타낼 수 있었다. 이 형식은 비단 물리적 자연의 경우에만 잘 적용되는 것은 아니다. 영혼의 가장 은밀한 움직임, 변덕스러운 우울, 신경증 환자들의 환각이 곁들여진 우울증의 경우에도 그러하다.《악의 꽃》의 저자는 거기서 놀라운 효과를 끌어냈고, 때로는 언어가 몽상의 투명한 거즈를 통해 또 때로는 머나먼 푸른 틈새 속에 폐허가 된 탑, 나무 한 다발, 산 정상 한 봉우리의 윤곽을 또렷이 드러내는 햇빛 한 줄기처럼 자신에 대한 묘사를 완전히 거부하는 듯하고 지금까지 동사로 **축소된** 적이 없는 듯한 대상들을 갑작스레 또렷이 보여주기에 이르는 것을 보고 사람들은 깜짝 놀란다. 이것이 보들레르가 성취한 가장 큰 영광은 아니겠으나, 여러 영광 중 하나쯤은 될 것이다. 일련의 사물들과 감각들, 위대한 명명자인 아담조차 명명하지 않은 효과를 문체의 가능성 속에 집어넣었다는 것 말이다. 문인이라면 이 이상 아름다운 칭호를 지닐 야심을 품을 수 없을 것이며,《산문시집》을 지은 보들레르는 논란의 여지 없이 그런 칭호를 받아 마땅하다.

아주 길게 쓰지 않는다면, 독자로 하여금 시 작품 자체를 직접 읽게 하여 마치 뱀의 등뼈에 있는 척추처럼 이어지는 그림, 메달, 부조, 작은 동상, 에나멜, 파스텔화, 카메오 같은 것들을 실제로 보고 판단하고 이 작품들을 제대로 알게 하기란 매우 어렵다. 그런데 그렇게 하는 편이 훨씬 낫다. 반지들처럼 첩첩이 겹쳐 있는 그 뼈들 중 어떤 것 하나를 제거해도 남은 부분은 다시 여전히 생생하게 붙으며, 뼈 하나하나가 저마다의 특별한 혼을 지니고 도달할 수 없는 이상을 향해 경련하듯 배배 꼬이니 말이다.

이미 너무 길어진 이 글을 가능한 한 간결하게 끝맺어야겠다. 만약 이 글을 더 길게 늘인다면 이 글에서 그 재능을 필자가 설명하는 저자이자 친구 보들레르의 모습을 가리는 셈이 될 테고, 이것저것 더 토를 달았다간 작품 자체가 숨 막히는 것이 될 터이니 말이다. 필자의 생각으로는 그 밀도나 집중도, 깊이, 우아함으로 보나, 보들레르가 본보기처럼 스스로에게 제시했던《밤의 가스파르》가 지닌 귀여운 환상성으로 보나, 아주 빼어난 산문시 몇 편의 제목을 인용하기만 해야겠다. 이 시집에 같이 실렸지만 그 어조나 구성이 각기 다른 시 50편 중 특히 주목할 만한 시로는 〈과자Le Gâteau〉, 〈2인용 침실La Chambre double〉, 〈군중Les Foules〉, 〈과부들Les Veuves〉, 〈늙은 곡예사Le Vieux saltimbanque〉, 〈머리카락 속의 대뇌 반구Une hémisphère dans une chevelure〉, 〈여행에의 초대L'Invitation au voyage〉, 〈아름다운 도로테아La Belle Dorothée〉, 〈영웅적 죽음Une mort héroïque〉, 〈티르수스Le Thyrse(디오니소스의 지팡이)〉 〈정부情婦들의 초상화Portraits de maîtresses〉, 〈그림 그리고 싶은 욕망Le Désir de peindre〉, 〈빼어난 종자의 말Un cheval de race〉, 특히 〈달의 선행Les Bienfaits de la lune〉[300]을 필자는 꼽는데, 특히 마지막 시는 영국 화가 밀레이[301]가 그린 〈성녀 아녜스[302]의 밤샘〉에서 완전히 간과한 점—인광을 뿌린 듯 푸르스름한 빛과 무지갯빛으로 어룽대는 자개 같은 회색빛이 번득이고 간간이 자벌레나방 같은 은빛 입자들만 파득파득 날아다니는 빛줄기들이 관통하는, 안개 자욱한 침실로 별들이 내려오는 장면—을 시인이 마술적 환상으로 잘 표현한 수작秀作이다. 달이 구름 계단 꼭대기에서 잠든 아이의 요람 위를 굽어보며 그 생생하고 환한 빛과 밝은 독을 아이에게 온통 뿌려준다. 창백하고 예쁘장한 이 얼굴에다 달은 그 기이한 선행을 쏟아붓는다. 마치 요정인 대모처럼. 그리고 아이의 귀에 대고 속삭인다.

너는 영원히 내 입맞춤의 영향을 받으리라. 너는 내 방식으로 아름다울 것이다. 너는 내가 사랑하고 나를 사랑하는 것들―물, 구름, 정적, 밤, 무한한 초록빛 바다, 즉 형체가 없으면서도 갖가지 형체를 지닌 물, 네가 있지 않을 장소, 네가 알지 못할 연인, 괴물 같은 꽃들, 의지를 흔들어놓는 향기들, 피아노 위에 까무러치듯 앉아 여자들처럼 목쉬었으면서도 달콤한 음성으로 신음하는 고양이―을 사랑하게 될 것이다.[303]

이 감미로운 시와 비슷한 것이라고는 필자가 아는 한 이태백[304]의 시, 쥐디트 발테르[305]가 프랑스어로 아주 잘 번역한 그 시밖에 없다. 그 시에서 중국의 태후는 달밤에 금강석 섞인 옥 계단 위로 하얀 비단 치마 주름을 사르락사르락 끌면서 달빛 사이로 거닌다. 달과 그 신비로운 매력을 이 정도로 이해하는 것은 아마도 정신이 좀 이상한 사람[306]뿐일 것이다.

베버[307]의 음악을 들으면 우리는 우선은 자석에 끌리듯 끌리면서 잠이 솔솔 온다는 느낌이 들고, 현실 생활과는 훌쩍 떨어진 일종의 평온함을 느끼며, 그다음엔 멀리서 기이한 음이 울려와 불안해서 귀를 쫑긋 세우게 되는 듯한 느낌이 든다. 이 음은 마치 초자연적인 세계의 한숨과도 같고, 눈에 안 보이는 정령들의 음성이 서로 부르는 것과도 같다.[308] 오베론[309]은 방금 뿔피리를 불기 시작했고 그러면 마법의 숲이 열리면서 끝없이 푸르스름한 오솔길들이 벋어 있고 셰익스피어가 〈한여름 밤의 꿈A Midsummer Night's Dream〉에서 묘사한 환상적 존재들이 모두 그 길을 가득 채우며, 티타니아[310] 자신도 은빛 기체로 지은 투명한 드레스를 입고 그 모습을 드러낸다.[311]

보들레르의 《산문시집》을 읽으면 종종 이런 유형의 느낌이 생겨난다. 기이하게 선택되고 배치된 한 문장, 한 단어―유일한 문장이요, 유일한 단어―는 우리 마음속에, 이젠 잊혔지만 다정한 형상들로 이뤄진 미지의 세계를 환기시키며, 머나먼 전생의 추억들을 다시 불러일으키고, 현실은 제쳐놓고 이미 스러진 생각들로 이루어진 신비로운 합창 소리가 주변에 퍼져가는 듯한 예감이 들게 한다.[312] 다른 문장들도 볼길하면서 부드럽기에, 마치 입 밖에 털어놓지 않은 고통과 회복할 수 없는 절망을 위해 음악이 가만가만 속삭여주는 것 같다. 그러나 조심해야 한다. 왜냐하면 독일 발라드(담시譚詩) 속에 등장하는, 스트라스부르의 부대에 주둔하던 가여운 스위스 용병, 즉 라인 강을 헤엄쳐 건넜다가 잡혀서 "알프스 산맥의 뿔피리가 울리는 소리를 너무 많이 들었다"는 죄목으로 총살당한 병사에게 소 칠 때 부르는 목가가 향수를 불

러 일으키듯이, 보들레르의 이 문장들도 독자 여러분에게 향수를 불러일으킬 테니 말이다.[313]

1868년 2월 20일
테오필 고티에

주

1　고티에는 둘의 첫 만남을 1849년 피모당 호텔로 기억하고, 보들레르는 이를 기억하지 못하는 듯 자기가 고티에 집을 찾아간 날로 생각한다. 1849년의 이 만남을 보들레르는 기억하지 못하거나 '해시시 클럽' — 이 클럽 창설은 1844년이며 몇 년 후 문인과 예술가들이 호기심으로 드나들었다 — 모임에 갔던 일을 기억에서 누락했다. 고티에는 연도를 명시했지만, 보들레르의 글을 보면 고티에를 처음 만난 연도를 밝히지 않았다. 《보들레르와 들라크루아Baudelaire et Delacroix》를 쓴 아르망 모스Armand Moss에 따르면 고티에가 피모당 호텔 부근에 살았던 시기는 1845년 이후였다고 한다. 1845년에 보들레르와 고티에는 확실히 교분이 있었다.

2　이때 '호텔'은 숙소인 호텔이 아니라 유명 건물을 뜻한다. 프랑스어로 호텔은 큰 건물을 가리키기도 한다. 피모당 호텔은 로죙 공작이 살았던 건물이어서 일명 '호텔 드 로죙'으로도 불리며, 파리 4구 생루이섬에 있는 건물이다.

3　페르낭 부아사르(Fernand Boissard, 1813-1866). 19세기 프랑스의 화가이자 음악가. 부유한 약사의 아들로 직업 화가라기보다는 개명한 예술 애호가였다. 보들레르는 처음에 이 친구를 호의적으로 평가했으나 나중에 미술평을 쓸 때는 좀 달라진다. 생전에는 이름이 꽤 알려졌으며, 〈해시시 피우는 사람들의 클럽〉이라는 글을 남겼다.

4　이 건물에 제1대 로죙 공삭(본명은 앙투안 농파르 드 코몽(Antoine Nompar de Caumont, 1632-1723), 프랑스의 군인이자 궁정 인사. '유럽에서 가장 위대한 상속녀'라 불린 안 마리 루이즈 도를레앙, 즉 루이 14세의 사촌인 몽팡시에 공작부인이 유일하게 사랑한 사람이었다)이 산 적 있다. 로죙 공작은 군인이자 백작이었던 앙리 농파르 드 코몽의 아들로 로에가론Lot-et-Garonne주에 있는 로죙 태생이다. 그는 여자를 좋아하여 많은 여인을 유혹했다.

5　스헤퍼르(Ary Scheffer, 1795-1858). 네덜란드 출신의 프랑스 낭만주의 화가. 보들레르는 그를 별로 좋아하지 않은 반면, 고티에는 그를 '당대의 가

장 시적인 화가'라고 높이 평가했다.

6   폴 들라로슈(Paul Delaroche, 1797-1856). 프랑스의 역사화가. 보들레르는 이 화가를 대놓고 싫어했고 고티에도 그에게 호의적이지 않았다. 들라로슈는 다게레오 타입 사진을 처음 접하고 "오늘부로 회화는 죽었다"라는 말을 남겼다.

7   본명은 조제핀 블로슈(Josephine Bloch, 1822-1891), 마릭스Maryx는 가명이다. 스헤퍼르, 들라로슈, 부아사르 등 여러 화가의 모델이었고, 1845년에 부아사르와 이곳에서 동거했다고 한다.

8   클레생제(Auguste Clésinger, 1814-1883). 프랑스의 조각가이자 화가.

9   클레생제는 뱀에 물려 쾌락과 닮은 고통의 절정에서 경련하는 이 여인의 육체를 새긴 조각품을 만들어 1847년 미전에 출품했고 이 작품은 화제를 불러일으켰다.

10 1862년까지 보들레르의 연인이자 그에게 영감을 준 여인이었던 마담 사바티에. 즉 아폴로니 사바티에Apollonie Sabatier(본명 아글라에 조제핀 사바티에Aglaé Joséphine Savatier, 1822-1890)를 가리킨다. 고티에는 사교계 여성이자 화가인 그녀와 오랜 시간 우정을 나누는 사이였다.

11 7월 혁명 이후의 세대를 말한다.

12 로런스 스턴(Lawrence Sterne, 1713-1768). 재기 넘치던 영국의 유머 작가. 보들레르는 그를 매우 좋아했다.

13 테오도르 드 방빌(Théodore de Banville, 1823-1891). 프랑스의 시인이자 작가. 위고, 보들레르, 고티에의 친구였다.

14 드 방빌이 파리의 유명 인사들을 골라 그들의 면모에 대해 쓴 글.

15 에밀 드루아(Émile Deroy, 1820-1846). 프랑스의 화가. 들라크루아의 제자였고, 드 방빌, 보들레르 등의 초상화를 그렸다.

16 보들레르의 초상화로는 1843년이나 1844년에 에밀 드루아가 그린 것 말고도 1847년 쿠르베가 그린 것, 1848년 자기 자신이 그린 것(나중에 브라

크몽이 수채화로 다시 그림), 1855년 쿠르베가 그린 〈화가의 작업실〉 중 세부 '독서하는 보들레르'가 있다.

17   고티에는 여기서 보들레르의 시를 잘못 인용했다. 산문시집 《파리의 우울》에서 〈머리카락 속의 대뇌 반구〉에 나오는 원시는 "내 영혼은 향기 위를 떠도네, 남들의 영혼이 음악 위를 떠돌 듯"으로 되어 있다.

18   발자크(Honoré de Balzac, 1799-1850). 프랑스 사실주의 소설의 대가.

19   파가니니(Niccolò Paganini, 1782-1840). 이탈리아의 바이올리니스트이자 기타리스트이자 작곡가.

20   아킬레우스와 안티노우스 둘 다 그리스 신화 속 인물. 아킬레우스는 고대 트로이 전쟁에서 혁혁한 공을 세운 장군이고, 안티노우스는 로마 황제 하드리아누스의 총신이었는데 죽은 후 신격화된 인물이다.

21   나이 든 고티에는 여기서, 자기도 훗날 그렇게 묘사될 것을 저어했던 듯하다.

22   알프레드 드 뮈세(Alfred de Musset, 1810-1857). 프랑스의 극작가, 시인이자 소설가.

23   그리스·로마 신화에 나오는 태양의 신 아폴론. 항상 수염이 없고 운동 잘 하는 젊은이의 모습으로 묘사된다. '포이보스'는 아폴론의 이름 앞에 붙어서 '활활 불타는' '빛나는' 등의 뜻으로 쓰이는 수식어다.

24   이 메달은 1831년에 폐기되었다.

25   보들레르는 1841년 인도양으로 떠나는 배에 승선하여 모리셔스섬과 부르봉섬(레위니옹섬의 옛 이름)에 기항했다가 이듬해에 프랑스로 돌아온다. 막상 인도 여행을 한 기간은 얼마 되지 않는다. 보들레르는 자기가 인도 여행을 오래 했다는, 심지어 외국에서 태어났다는 전설 같은 거짓말을 기꺼이 유지하려 했다. 그런데 여기 등장하는 섬들은 마다가스카르 동쪽에 위치하므로 보들레르는 사실상 인도 여행이 아닌 인도양 여행을 한 셈이다.

26 조제프 프뤼돔Joseph Prudhomme. 19세기 파리의 부르주아를 희화화한 캐릭터. 배우이자 화가였던 앙리 모니에Henry Monnier가 그림으로 그리고 직접 연기하여 창조한 인물이다. 1830년에 펜화 〈대중의 장면들〉에 처음 등장했고, 모니에의 연극 〈조제프 프뤼돔 씨의 영욕〉(1852), 삽화집 《조제프 프뤼돔 씨의 기억》(1857)과 《산적 두목 프뤼돔 씨》(1860)에 등장했다.

27 브러멀(George Bryan 'Beau' Brummell, 1778-1840). 당시 영국의 대표적 멋쟁이였던 섭정 왕자(훗날의 조지 4세)의 친구.

28 르쉬외르(Eustache Lesueur, 1616-1655). 프랑스의 바로크 스타일 화가. 고전주의 프랑스 회화를 확립한 사람 가운데 한 명.

29 푸생(Nicolas Poussin, 1594-1665). 바로크 양식으로 그림을 그린 프랑스의 대표적인 화가. 로마에서 거의 일생을 보내며 프랑스나 이탈리아의 소수 수집가를 위해 종교나 신화를 주제로 한 그림을 그렸다.

30 그리스 신화에 등장하는 반인반수의 존재. 주로 디오니소스 신이나 님프를 따라다닌다.

31 고티에의 오기. 여기선 'sérancolin'이라고 썼는데 사실은 'sarrancolin'이다. 'sarrancolin'은 회색 바탕의 피레네산 대리석.

32 르브룅(François Lebrun, 1619-1690). 특히 루브르에 있는 '알렉산드리아 전투'를 담은 그림들로 유명한 화가. 그중에 스타일은 아름답지만 색감은 차가운 〈포루스의 패배〉도 있다.

33 우드리(Jean-Baptiste Oudry, 1686-1755). 프랑스의 화가이자 동판화가. 특히 사냥개나 동물을 그린 그림으로 유명했다.

34 데포르트(Alexandre-François Desportes, 1661-1743). 특히 개를 비롯해 동물과 사냥 그림을 잘 그렸던 프랑스의 화가.

35 루벤스(Peter Paul Rubens, 1577-1640). 플랑드르 출신 바로크 화가.

36 매독을 말한다.

37 부아사르는 1835년 미전에 〈모스크바에서의 퇴각 일화〉라는 그림을 출품해 화가로 데뷔했다. 여기서 고티에는 이 그림의 제목을 '러시아에서의 퇴각 일화'라고 약간 잘못 썼다.

38 보통 4행시 2연과 3행시 2연으로 구성된 정형시.

39 칼로(Jacques Callot, 1592-1635). 프랑스 로렌 지방 출신의 화가이자 판화가. 가장 유명한 작품은 〈전쟁의 참상〉이라는 수채화 연작 열여덟 편이다. 이 그림에는 당시 유럽에서 벌어진 '30년 전쟁'의 참상이 묘사되어 있다.

40 이는 고티에의 오기이며, 원래 스페인어는 'agudeza'다.

41 마약을 흡입한 상태를 뜻한다.

42 장 구종(Jean Goujon, 1510-1567경). 16세기 프랑스의 대표적인 조각가이자 건축가.

43 제르맹 필롱(Germain Pilon, 1528-1590). 장 구종과 더불어 프랑스 르네상스 시대의 중요한 조각가 가운데 한 사람.

44 벤베누토 첼리니(Benvenuto Cellini, 1501-1571). 이탈리아 르네상스 시대의 화가이자 금속 세공인, 메달 제작자, 조각가이자 작가로, 금속 세공의 기법과 정확성을 조각에도 적용했다.

45 장 푀셰르Jean Feuchères. 이 철자는 고티에의 표기이고 원래 이름은 장자크 푀셰르(Jean-Jacques Feuchères, 1807-1852). 프랑스의 조각가이자 메달 제작자이며, 조각가 장피에르 코르토(Jean-Pierre Cortot, 1787-1843)의 제자였다. 보들레르가 그의 처세술을 비난했던 데 반해 고티에는 그에게 상당히 관대했던 것 같다.

46 앞에서 언급했듯이 이 여인은 마담 사바티에를 가리킨다. 이 집 근처인 센 강변 베튄 강둑에 수영 강습소가 있었고, 마담 사바티에는 친구들을 만나기 전에 거기서 수영 강습을 받곤 했다.

47 그리스 신화에서, 강이나 샘물에 사는 님프들.

48 보카치오(Giovanni Boccaccio, 1313-1375). 이탈리아의 작가이자 시인. 페트라르카와 서신을 교환한 일화와 르네상스 인본주의자로 유명한 인물.

49 여기서 고티에는 이 책에 실린, 보들레르가 쓴 〈테오필 고티에〉 2절의 첫머리를 그대로 베껴 쓴다. 고티에의 기억은 이렇다.

50 이 책에 실린 보들레르의 글, 〈테오필 고티에〉를 말한다.

51 고티에에게 바친 헌사 내용은 〈옮긴이의 말〉을 볼 것.

52 고티에가 생각하는 것은 1860년대의 보들레르 모습이다.

53 오트푀유 거리 13번지의 이 집은 나중에 없어지고 아셰트 서점이 들어섰다.

54 콩도르세(Nicolas de Condorcet, 1743-1794). 프랑스의 철학자이자 수학자이며 정치학자.

55 카바니스(Pierre Cabanis, 1757-1808). 프랑스의 생리학자, 프리메이슨주의자이자 유물론을 펼친 철학자.

56 조제프프랑수아 보들레르(Joseph-François Baudelaire, 1759-1827). 시인 샤를 보들레르의 생부. 환속한 사제였다가 개인 교사였다가 상원에서 일하는 공무원이었으며, 그림도 그렸다.

57 보들레르 자신은 이런 전설이 도는 것을 좋아한 것 같다. 실제로 그는 1839년에 루이르그랑 고등학교에서 퇴학당했기 때문이다. 학생 시절의 보들레르는 신동은 아니었지만 불량 학생도 아니었고 상도 곧잘 타는, 비교적 착한 학생이었던 것 같다.

58 보들레르의 《악의 꽃》에 수록된 시 〈축복〉 참조.

59 그리스 신화에서 바다의 신. 특히 호메로스가 《오디세이아》에서 '바다의 노인'으로 그를 언급했는데, 포세이돈의 물개 떼를 지키는 역할을 하고 예언과 변신의 능력이 있다.

60 베르길리우스(Publius Vergilius Maro, 기원전 70-기원전 19). 로마 공화정

말기와 아우구스티누스 황제 시대 초기에 살았던 시인. 대표작 〈아이네이스〉로 잘 알려져 있다.

61 단테(Dante Alighieri, 1265경-1321). 이탈리아 피렌체 공국의 시인이자 작가, 정치가.

62 발자크 소설 《인간극》의 등장인물들.

63 고티에는 발자크에 대한 글도 썼다.

64 원제는 〈라 퓌셀 혹은 해방된 프랑스, 영웅시 La Pucelle, ou la France délivrée, poème héroïque〉(1656).

65 샤플랭(Jean Chapelain, 1595-1674). 프랑스의 시인이자 평론가.

66 고티에는 이 농담을 여러 해 뒤 샤플랭에 대해 쓴 글에서 다시 한다.

67 실제로 보들레르는 마다가스카르에는 안 갔던 것으로 판명된다. "아마……" 이하는 고티에의 짐작일 뿐 사실과 부합하지는 않는다.

68 인도 서해안 남부 지역을 일컬어 오랫동안 사용된 지명.

69 보들레르 일생의 연인이었던 흑인 혼혈 미녀 잔 뒤발 Jeanne Duval을 가리킨다. 보들레르의 시 〈말라바르의 여인에게〉도 참조할 것.

70 여행에서 돌아온 1842년, 보들레르는 만 21세로 법정 성년이 되자 아버지의 유산을 요구하여 받았고 25개월 만에 유산의 절반을 탕진한다. 이에 놀란 어머니의 요청으로 그는 1844년 법원으로부터 금치산자 선고를 받았고 그 이후 매월 일정한 금액을 수령하게 된다.

71 보들레르는 1842년에 성년이 되었고 처음에는 파리의 생루이섬에 있는 아파트에서 독립해 살다가 바렌 거리로 옮겼다. 그다음 1843년에 호텔 피모당(15번지), 그 뒤에 같은 길 17번지로 이사했다.

72 생트뵈브(Charles Sainte-Beuve, 1804-1869). 프랑스의 문학 비평가이자 시인, 소설가.

73 라플란드 주민 사모예드인이 사는 오두막집.

74 여기서 말하는 그림은 귀도 레니(Guido Reni, 1575-1642)가 그린 로마 로스필리오니 궁의 〈여명〉이라는 프레스코화다.

75 라신(Jean Racine, 1639-1699). 프랑스 고전주의 극작가이자 시인.

76 키케로(Marcus Tullius Cicero, 기원전 106-기원전 43). 로마의 정치인이자 라틴어로 글을 쓴 문인.

77 아풀레이우스(Lucius Apuleius, 123경-170 이후). 북아프리카 태생의 작가이자 웅변가, 플라톤주의 철학자.

78 페트로니우스(Gaius Petronius Arbiter, ?-?). 로마 시대 작가. 현대까지 전해진 원고에 따르면 《사티리콘》의 저자인 듯하다.

79 유베날리스Decimus Junius Juvenalis. 1세기 말에서 2세기 초에 살았던 라틴어 풍자시인.

80 성 아우구스티누스(Sanctus Aurelius Augustinus Hipponensis, 354-430). 북아프리카 태생의 로마 철학자이자 신학자. 서방 가톨릭교회의 교부 중 한 사람.

81 테르툴리아누스(Quintus Septimius Florens Tertullianus, 150/160-220 이후). 카르타고(현재 튀니지) 태생이며 라틴어로 글을 쓴 작가. 로마화한 베르베르족 가문에서 태어나 2세기 말에 기독교로 개종하고 매우 뛰어난 신학자가 되었다.

82 고티에도 같은 이유로 출신 고등학교 교사들로부터 '종종 야만주의, 아프리카 위주'라는 딱지가 붙었다고 회상한다.

83 《악의 꽃》 초판의 53번째 시. 1857년판과 1866년판에 붙은 부제는 '어느 박식하고 신앙심 깊은 모자 제조자를 위해 지은 시'다.

84 브리죄(Auguste Brizeux, 1803-1858). 프랑스 브르타뉴 출신으로 브르타뉴에 관한 시를 쓴 낭만주의 시인.

85 《악의 꽃》 초판에서 라틴어 시에 이어 토를 단 부분이 나오는데, 고티에는 이 글에서 그 부분을 그대로 가져다 썼다. 구두점만 조금 다르고 인용문은

똑같다.

86   카툴루스(Gaius Valerius Catullus, 기원전 84경-기원전 54경). 로마 공화국 말기의 시인.

87   에드거 포(Edgar Allan Poe, 1809-1849). 미국의 시인이자 소설가, 평론가, 극작가이자 편집자. 미국 낭만주의의 중심인물 중 한 명.

88   마키아벨리(Niccoló Machiavelli, 1469-1527). 이탈리아 르네상스 시대의 인본주의 사상가, 철학자, 정치·역사·전쟁 이론가.

89   이 인용문은 보들레르가 번역한 《기묘한 이야기들》의 서문으로 쓰인 것인데 고티에가 인용한 부분이 완전히 정확한 것은 아니다.

90   보들레르는 1857년 《악의 꽃》 출판으로 빚어진 유명한 재판에서 벌금형을 선고받았다.

91   부유한 남성 노인을 살해하는 데 사용된 독약. 비소가 포함된 이 미백 화장품으로 젊은 부인이 얼굴을 치장하면 늙은 남편은 비소 중독으로 사망에 이른다. 17세기 로마, 나폴리, 페루자 등지에서 600명이 넘는 희생자를 낸 끝에 약을 제공한 사람이 체포되어 사형되었다.

92   하인리히 하이네(Heinrich Heine, 1797-1856). 19세기의 대표적인 독일 시인.

93   렘브란트(Rembrandt van Rijn, 1606/1607-1669). 네덜란드의 화가. 특히 바로크 회화 및 17세기 네덜란드 회화파를 대표하는 화가 중 한 사람.

94   벨라스케스(Diego Velázquez, 1599-1660). 스페인의 대표적 화가로, 바로크 화풍의 그림을 그렸으며 보편적 회화 자체의 거장이라 할 인물.

95   〈맥베스〉에 나오는 대사. 고티에는 끔찍한 것을 이렇게 생각했다. 고티에에 따르면 추함이란 기괴한 것, 공상적인 것, 환상적인 것에 의해 구원받는다.

96   둘 다 빅토르 위고에게 헌정된 이 시들은 위고에게 쓴 편지 한 통과 함께 1859년 〈라 르뷔 콩탕포렌La Revue contemporaine〉에 실렸다.

97 에게해의 도데카네즈 제도에 속하는 그리스의 섬으로, 로마 시대에 유배지로 쓰인 곳.

98 여기서 요한은 〈요한계시록〉을 쓴 요한으로, 로마 도미티아누스 황제 때 벌어진 기독교 박해 때문에 그리스의 파트모스섬에 유배 가 있었다.

99 다음에 나오는 인용문은 이 책에 실린, 보들레르의 〈테오필 고티에〉에서 가져온 것이다.

100 그리스 신화에서 문학, 과학, 예술에 영감을 주는 여신.

101 구약성서의 〈에스델서〉와 〈에즈라서〉에 나오는 페르시아의 왕. 보통 크세르크세스 1세와 동일시된다.

102 구약성서 〈에스델서〉의 주인공으로, 아수에루스 왕의 왕비.

103 보들레르는 자연보다 인공을 더 좋아했다. 고티에 역시 미술평들을 보면 그러했다.

104 주 17 참조. 〈머리카락 속의 대뇌 반구〉라는 산문시에 나오는 구절이다.

105 고티에도 부인 말고는 연극배우나 무희에게 끌렸다. 극적인 의상을 즐겨 입은 마담 사바티에는 '여자 대장님(La Presidente)'이라고 불리며 고티에와 오랫동안 가깝게 지냈다.

106 로페 데 베가(Lope de Vega, 1562-1635). 스페인의 극작가이자 시인으로, 스페인 황금 세기인 17세기의 주요 작가 중 한 사람.

107 《악의 꽃》은 1857년에 압수되었다. 발표 금지된 시 여섯 편은 〈레스보스〉, 〈벌 받은 여인들〉, 〈레테〉, 〈너무 쾌활한 여인에게〉, 〈보석〉, 〈뱀파이어의 변신〉이다.

108 엘라가발루스(Elagabalus, 121-180). 마르쿠스 아우렐리우스 안토니누스라고도 불린다. 로마 전성기의 황제이자 스토아 철학자.

109 이 시의 마지막 구절은 다음과 같다.

"우리 악덕의 파렴치한 우리 속에

더 못생기고 더 심술궂고 더 추악한 것이 하나 있어
비록 큰 동작을 하거나 큰 소리를 지르지는 않아도
땅을 기꺼이 산산조각 내고
하품 한 번에 세상을 다 집어삼킬 것 같다.

그건 권태! 눈에는 뜻하지 않은 눈물이 가득한 채
그는 우카를 한 대 피우며 사형대를 꿈꾼다.
이 까다로운 괴물을 그대는 잘 아노니, 독자여
— 위선적인 독자여, 나의 동류여, 나의 형제여!"

110 고티에는 이 작품의 모작을 이렇게 지었다.

"— 아! 나는 또아리 튼 독사 전체를 감추려고 뭔들 아래로 밀어 넣지 않으랴.
이런 미망을 키우느니 차라리!"

111 〈태양〉의 마지막 구절은 이렇다. 고티에도 이 시를 모방해 시를 썼다.

"태양이 시인처럼 도시에 내려오면
가장 비천한 것들의 운명도 귀하게 바꾸고
소리 없이 하인도 없이
모든 병원과 궁궐에 왕처럼 스며드네."

112 마튀랭 레니에(Mathurin Régnier, 1573-1613). 프랑스의 풍자 작가

113 스베덴보리(Emanuel Swedenborg, 1688-1772). 스웨덴의 과학자이자 철학자이자 신학자. 내생에 대한 책 《천국과 지옥》으로 잘 알려져 있다.

114 〈고양〉에 이어지는 시가 〈교감Correspondance〉이다. 많은 사람들이 주석을 단 시다. 고티에는 젊은 시절부터 초자연적 과학에 관심이 많아 스베덴보리의 영향을 받은 작품도 썼고 관련 글도 많이 읽었다. 보들레르에 관한 이 글을 쓰기 전에 고티에는 하늘과 땅의 교감에 열정적이고 지속적인 관심을 보여주는 소설도 썼다. 호프만의 글도 많이 읽었고 발자크가 이끌던 일간지에 호프만에 대한 비평도 썼다. 고티에는 또한 시를 쓸 때 공감각을 활용했고 보들레르처럼 교감에 대해서도 썼다. 보들레르는 고티에

가 타고난 문체의 재주에다 '교감의 지성까지' 합해졌다고 말했다.

115 이탈리아의 보르자 가문에는 아마도 정적이 지어냈을 을씨년스러운 소문이 따라다녔다. 형제끼리 독살하고 근친상간을 범한다는 소문이었다. 이 소문으로 보르자 가문은 중세 말 데카당스의 상징이 된다.

116 엑실리Exili. 본명 니콜로 질(Nicolò Gilles, ?-?). 생몰 연도를 비롯해 일생에 관해 알려진 사항은 거의 없으나, 17세기 이탈리아의 연금술사로 교황 인노첸시오 10세의 사돈인 올림피아 마이달키니의 독살에 관여했다고 전해진다. 그 일로, 화학에 취미가 있던 스웨덴 여왕 크리스티나의 총애를 받았다. 파리에서는 독살 사건에 연루되어 바스티유 감옥에 수감되었다. 고댕 드 생트크루아Godin de Sainte-Croix에게 독이 든 미약 제조법을 알려주었다는 죄목이었다.

117 반노차Rosa Vannozza. 본명은 반노차 데이 카타네이(Vannozza dei Cattanei, 1442-1518). 스페인 하티바 태생으로, 후에 교황 알렉산데르 6세가 된 로드리고 데 보르자 추기경의 정부였던 여성. 이 추기경과의 사이에 다섯 자녀를 두었는데 그중 체사레 보르자와 루크레치아 보르자가 있다. 둘 다 아버지만큼 대단한 범죄자였다.

118 알렉산데르 6세(Alexander VI, 1431-1503). 스페인 사람으로 원래 이름은 로드리고 데 보르자Rodrigo de Borja. 1492년부터 죽을 때까지 교황이었는데, 르네상스 시대 교황들 중 가장 논란이 된 인물이다. 정부를 두고 자녀도 여럿 낳았음을 스스로 인정했기 때문이다.

119 고티에가 쓴 글 〈시의 쓸모〉에서도 같은 어조가 발견된다.

120 여기서도 고티에는 〈교감〉이라는 시를 암시한다.

121 〈Sed non satiata〉라는 라틴어 제목의 시. 고티에는 여기서 '무희'가 파리에 찾아온 일을 이야기한다.

122 시 〈전생〉 참조.

"거기서 나는 조용한 관능 속에 살며
창공 한가운데, 향기로 흠씬 물든

> 벗은 노예들과 물결과 광휘를 보았다.
>
> 그 냄새에 내 이마는 종려 잎으로 시원해졌고
> 그 유일한 시중이란, 나를 나른하게 하던
> 고통스런 비밀을 더 깊게 해주는 것뿐이었다."

123 보들레르가 쓴 〈병甁〉이라는 시도 있다.

124 향초와 진통 효과가 있는 약초를 담가 만든 식초.

125 특히 시 〈향수〉, 〈저녁의 화음〉, 〈병〉, 〈고양이〉, 〈머리카락〉이 그러하고, 《악의 꽃》의 거의 모든 시에는 냄새가 배어 있다고 할 수 있다.

126 시 〈고양이〉(내 뇌 속엔 고양이가 돌아다닌다, 운운), 〈고양이〉(내 아름다운 고양이야 이리 온, 운운), 〈고양이들〉 등 고양이를 좋아했고 고양이에 대한 글도 쓴 고티에게 이 시들은 와닿았을 것이다.

127 폴 베로네즈(Paul Véronèse, 1528-1588). 본명 파올로 칼리아리Paolo Caliari. '베로나 사람(베로네즈) 폴'로 잘 알려진 베네치아의 화가.

128 그리스 신화에서 어둠이나 암흑을 의인화한 신.

129 역사상 실재하는 인물인 요한 게오르크 파우스트(Johann Georg Faust, 1480경-1540)를 바탕으로 한 독일 고전 전설의 주인공. 괴테도 그를 주인공으로 한 소설을 썼다.

130 고티에는 그의 시 〈알베르튀스〉에서 고양이를 그렸다. 시에서 고양이는 낮에는 청년이 되고 밤에는 다시 고양이가 된다. 또 보들레르는 포의 단편 〈검은 고양이〉를 자기가 쓴 글에서 언급한다.

131 피에르 라클로(Pierre Laclos, 1741-1803)의 《위험한 관계Les Liaisons dangereuses》에 나오는 등장인물로, 대단한 미인이며 모사꾼이자 오만하고 방자한 성격이다. 보들레르는 친구 라클로가 기획한 《위험한 관계》에 서문을 쓰려고 생각했던 것 같다.

132 아마도 보들레르의 연인 잔 뒤발을 가리키는 듯하다. 테오도르 드 방빌은 그녀에 대해 이렇게 말했다. "얼굴은 갈색이고 순수하고 멋지며 머리칼을

풀어 헤치고 있는 여자. 여왕 같고 사나운 우아함으로 가득 차 있는 행동거지는 신적이면서도 짐승 같은 데가 있었다."

133 《악의 꽃》 안에 〈베아트리스〉라는 시가 있다. 보들레르가 사랑하는 여인에게 이 이름을 붙인 것은 아이러니 기법인 듯하다. 고티에도 작품 속에서 베아트릭스를 한 번 언급했지만 그는 주로 '키메라'나 '동정녀'나 '소녀', '천사'를 언급한다.

134 라이지어는 보들레르가 번역한 포의 소설 〈라이지어〉의 여주인공이다.

135 보들레르가 번역한 에드거 포의 〈모렐라〉의 여주인공이다.

136 포가 쓴 〈모노스와 우나 사이의 대화〉에 나오는 여주인공.

137 포가 1842년에 발표한 단편의 제목이자 주인공 이름. 화자와 이상적으로 열렬히 사랑하는 인물이다.

138 《세라피타Séraphîta》는 발자크가 1834년에 발표한 소설로, 남성성과 여성성의 공존이라는 주제를 다룬다. 즉, 세라피타와 세라피투스는 자웅동체다. 발자크 소설이 대부분 사실주의 소설인 반면, 이 작품은 환상 소설이라 할 만하며 초자연적 세계로 뛰어들어 철학적 주제를 다룬다. 고티에가 쓴 〈발자크〉 참조.

139 게인즈버러(Thomas Gainsborough, 1727-1788). 영국의 초상화가이자 풍경화가.

140 제라르 도우(Gérard Dow, 1613-1675). 네덜란드 이름은 헤릿 다우Gerrit Dow(Dou)다. 네덜란드 황금시대의 화가. 트롱프뢰유 기법을 써서 촛불이 밝혀진 밤의 정경을 그린 그림으로 유명하다.

141 바라나시와 하이데라바드 둘 다 인도의 도시.

142 그리스 신화에서 어린이인 신. 이집트 신 호루스의 그리스적 변용.

143 〈포도주의 혼〉, 〈살인자의 술〉, 〈외로운 자의 술〉, 〈연인들의 술〉이 그런 예다.

144 로마 신화에서 술의 신. 그리스 신화의 디오니소스.

145 호가스(William Hogarth, 1697-1764). 사회를 풍자하는 그림을 많이 그린 영국 화가. 고티에는 1892년 호가스에 대해 긴 연구 글을 썼다. 보들레르는 〈외국의 희화화가들〉의 초두에서 이 화가에 대해 썼다.

146 고티에가 여기서 지칭하는 시는 〈넝마주이의 술〉이다.

147 '저항'에 들어가는 세 번째이자 마지막 시인 이 작품은 '죽음'에 바쳐진 시 여섯 편에 앞서 나온다.

148 돈 후안Don Juan. 돈 조반니Don Giovanni로도 불리는, 허구의 전설적인 바람둥이. 돈 후안(동 주앙) 이야기를 최초로 글로 쓴 극작가는 스페인의 티르소 데 몰리나Tirso de Molina이며, 그 후 많은 문학 작품과 오페라 등에 등장했다.

149 들라크루아의 그림 두 점 〈돈 후안의 난파〉와 〈단테의 배〉에서 영감을 받아 쓴 시다.

150 안티스테네스(Antisthenes, 기원전 444경-365경). 고대 그리스의 철학자로, 견유학파의 창시자.

151 그리스 신화에서, 지옥행 배를 젓는 사공.

152 몰리에르의 희곡 〈동 주앙〉에 등장하는 인물.

153 위의 희곡 〈동 주앙〉에 나오는 동 주앙의 하인.

154 위의 희곡 〈동 주앙〉에서 동 주앙에게서 버림받은 여인.

155 동양인이 말하는 절대적 휴식.

156 이탈리아의 도시 시에나를 대표하는 지붕 색깔 같은 적갈색.

157 피터르 브뤼헐(Pieter Bruegel, 1525-1569). 네덜란드 브라반트 공국의 화가이자 동판화가. 고티에는 《루브르 박물관 애호가의 방문 가이드》라는 저서에서 이렇게 썼다. "우리는 브뤼헐의 왕조, 즉 웃기는 브뤼헐, 벨벳같이 부드러운 브뤼헐, 지옥의 브뤼헐, 독창적이고 특이한 이 화가를 모를 수밖

에 없다. 이 중 벨벳 같은 브뤼헐이 아스라이 이상적인 창공으로 스러지는 그 풍경화로 가장 잘 알려져 있다."

158 이 시는 콩스탕탱 기스에게 헌정된 것이지만 그의 작품과는 조금도 닮지 않았다.

159 '마르틴Martynn'은 고티에의 오기다. 실제로는 영국 화가 존 마틴(John Martin, 1789-1854)을 가리킨다. 마틴은 헥섬 부근에서 태어난, 불같은 기질과 비범한 상상력을 지닌 화가였다. 그의 작품 〈망각의 물을 찾는 사다크〉 등은 발표 당시 깊은 인상을 남겼다. 이 화가는 성경에 나오는 거대한 주제를 표현하는 데에도 능해서, 환상 속의 바벨탑을 재현한 바 있다. 고티에는 멜로드라마를 좋아해서 마틴의 재능에 서린 웅변적인 면을 좋아했다.

160 고티에는 보들레르가 쓴 이 글에 대해 1821년에 글을 쓴 적 있다.

161 시리아 사막 다마스쿠스와 유프라테스 사이에 있는 옛 도시. 고대와 기원후 2세기까지 있었던 나라 팔미레나의 수도. 팔미르는 아랍어 이름이고 그리스어로는 팔미라라고 불린다. 메소포타미아와 지중해 연안을 잇는 무역로 상에 있었고 화려한 건물들과 기둥들, 아케이드식 거리와 기념비적 문들이 있는 부유한 도시였다. 지금은 폐허로 남아 있다.

162 멕시코 치아파스주의 폐허가 된 도시 이름. 순례지로, 과거에는 아름다운 건물이 들어서 있던 마야족 도시였다.

163 빅토르 위고(Victor Hugo, 1802-1885). 프랑스 낭만주의 시인, 소설가, 극작가. 보들레르의 동시대인이며 가장 위대한 프랑스 작가 중 한 사람으로 꼽힌다.

164 파리의 대표적인 공동묘지.

165 현재는 코랑탱 셀통Corentin Celton 역이 된 파리 지하철역의 옛 이름. 19세기 초기에 이 이름을 가진 호스피스 병원이 있던 곳이라 이런 이름이 붙었다. 메나주 호스피스는 남녀 노인들이 들어갈 수 있는 양로원이었다. 1544년에 세워진 이곳은 1863년까지 파리의 세브르 거리에 있었다.

166 본명은 안 드 랑클로(Anne de l'Enclos, 1620-1706). 프랑스의 저자이자 자유 여성이자 자유사상가이자 예술의 후원자였던 미녀.

167 샤토브리앙(François-René de Chateaubriand, 1768-1848). 프랑스의 작가이자 정치가, 외교관, 사학자. 프랑스 낭만주의 문학의 창시자.

168 조르주 상드(George Sand, 1804-1876). 본명은 아망틴 뤼실 오로르 뒤팽 Amantine Lucile Aurore Dupin. 프랑스의 소설가. 여성 해방 운동의 선구적 인물로 시인 뮈세와 음악가 쇼팽의 연인이기도 했다. 여기에 나열된 인물 모두가 17-19세기 프랑스 문인들이다.

169 이폴리트 텐(Hippolyte Taine, 1828-1893). 프랑스의 철학자이자 사학자.

170 포프(Alexander Pope, 1688-1744). 영국의 시인. 독학으로 시를 공부해 고전주의 시인으로 대성했다.

171 부알로(Nicolas Boileau, 1636-1711). 프랑스의 시인, 번역가, 비평가.

172 기욤 기조(Guillaume Guizot, 1833-1892). 19세기 후반 프랑스의 수필가이자 번역가. 문학 선생, 고위 공무원.

173 한 행이 12음절로 이루어진 정형시. 12세기 프랑스 궁정 문학 작품 〈알렉상드르 이야기Roman d'Alexandre〉에서 처음 사용되었고, 알렉상드랭이라는 명칭은 여기에서 비롯한다. 17세기 프랑스에서 연극이나 시 작품의 주류 운문 형식이었다.

174 '샤를 보들레르'의 첫 글자.

175 이 책에 실린, 보들레르가 쓴 〈테오필 고티에〉에서 인용.

176 페트라르카(Francesco Petrarca, 1304-1374). 이탈리아 르네상스 시대의 학자이자 시인. 초기 인본주의자 가운데 한 명.

177 다 필리카야da Filicaja. 고대 로마 시대 피렌체 쪽에서 이어진 토스카나의 귀족 가문 성이다. 17-18세기에 활동한 시인 빈첸초 다 필리카야가 유명하다.

178 롱사르(Pierre de Ronsard, 1524-1585). 16세기 프랑스의 대표적 시인.

179 뒤 벨레(Joachim Du Bellay, 1522-1560). 프랑스의 시인으로, 롱사르와 만나면서 '칠성파 시인'을 결성했다.

180 1553년에 결성되어 1556년에 이 이름을 갖게 된 시인들의 모임으로, 플레야드파라고도 부른다. 롱사르, 뒤 벨레, 조델, 드 티야르, 펠르티에 뒤 망, 드 라 페뤼즈, 드 바이프 등으로 이루어졌다.

181 기욤 콜레테(Guillaume Colletet, 1598-1659). 프랑스의 시인이자 에세이 작가.

182 메나르(François Maynard, 1582-1646). 툴루즈 태생으로 이곳에서 거의 일생을 보낸 프랑스의 시인.

183 마지막에 절로 된 운문을 갖다 붙인 시. 특히 소네트의 경우를 일컫는다.

184 각 행의 첫 글자를 붙이면 그 시의 주요 단어나 작가의 이름이 되는 시.

185 각 행의 중간 글자를 아래로 연결하면 특정한 어구가 되게 쓴 시.

186 라바누스 마우루스(Rabanus Maurus, 780경-856). 베네딕트 수사이자 신학자로 말년에 독일 마인츠의 대주교가 된다. 시도 많이 썼다.

187 안토니오 다 템포(Antonio da Tempo, 12세기 말-1339). 14세기 초의 언어로 시를 썼고 파도바 그룹에 속했던 이탈리아 시인.

188 여섯 개의 6음절 운이 나오고 마지막 단어들이 같으나, 또 다른 기준에 의해 배치되는 6행시.

189 페르디낭 드 그라몽(Ferdinand de Gramont, 1815-1897). 자기가 지은 소네트와 40편가량의 시를 모아 《과거의 노래들》(1830-1848)이라는 책을 냈다. 그는 특히 섹스틴과 테르진, 스탠스 등을 구사했다.

190 롱펠로(Henry Longfellow, 1807-1882). 미국의 시인이자 교육자. 보들레르는 그의 작품을 몇 편 번역했다.

191 보마르셰(Pierre-Augustin Caron de Beaumarchais, 1732-1799). 프랑스의

문인이자 극작가, 음악가, 사업가. 특히 작가로서 잘 알려져 있다.

192   9-13세기로 추정되는 중세 스칸디나비아의 민중시인들. 복수형이다. 주로 종교의 신비와 영웅의 모험에 대한 시를 읊었다.

193   스탕달Stendhal. 본명은 마리 앙리 벨(Marie Henri Beyle, 1783-1842)로, 19세기 프랑스의 거장 소설가.

194   이는 스탕달의 《라신과 셰익스피어》를 암시하는 고티에의 객설이다. 스탕달은 이 책에서 극에서는 시를 피해야 한다고 주장하며 시를 단죄했다.

195   보들레르의 시 〈축복〉, 〈머리카락〉 등 참조.

196   호라티우스의 작품에 나오는 인물. 격한 독설과 주술을 퍼붓는 고대 로마의 여자 마술사.

197   이 문장은 보들레르의 시 〈사후의 회한〉과 고티에의 시 〈죽음의 극〉을 환기시킨다.

198   이 모든 묘사에서 고티에는 《악의 꽃》을 읽은 소감에다 자신의 상상도 섞는다.

199   그리스 신화에 등장하는 미인. '스파르타의 헬레네'라고도 하며 세상에서 제일가는 미인으로 알려져 있다. 스파르타의 메넬라오스 왕과 결혼했으나, 파리스의 심판에서 아프로디테 여신이 헬레네를 파리스와 결혼시키겠다고 한 뒤, 왕비의 시위를 버리고 파리스와 함께 도망침으로써 트로이 전쟁의 원인 제공자가 된다. 제우스와 레다의 딸이라고 알려져 있다.

200   고티에가 말하는 프레스코화란 1848년 혁명 후 팡테옹의 내부 장식에 쓰인 슈나바르의 프레스코화다.

201   보들레르는 "1846년이나 1847년에 에드거 포가 쓴 글의 몇몇 부분을 알게 되었고" 거기서 "야릇한 공감"을 느꼈다. 그는 "파리에 사는 미국인들과 꾸준히 연락하면서 그들에게서 포가 만든 신문들을 빌렸다." 고티에는 "에드거 포를 프랑스 독자들에게 소개함으로써 보들레르는 우리 프랑스인들이 좋아하고 즐기는 건반에 한 음을 추가한 셈이다"라고 말했다. 그

때부터 17년간 포 작품의 번역과 각색이 이어졌다.

202   고티에는 여기서 1867년 보들레르가 서문에서 한 말 — 이 말도 1852년 보들레르 자신이 한 말을 그대로 베낀 것인데 — 을 옮긴다.

203   고티에는 보들레르의 다른 문장 — 이 또한 보들레르가 한 말인데 — 을 인용한다. "그가 볼티모어에서 뉴욕까지, 뉴욕에서 필라델피아까지, 필라델피아에서 보스턴까지, 보스턴에서 리치먼드까지 끊임없이 끌고 다닌 것은 헤매는 복합적 존재였고 궤도를 이탈한 행성이었다."

204   보들레르는 1856년에 쓴 《기묘한 이야기들》 서문에서 이렇게 쓴다. "문학의 가장 위대한 영웅 중 하나요, 〈검은 고양이〉에서 이 틀에 박힌 '알코올 중독에 비할 수 있는 병이 어디 있으랴!'라는 말을 쓴 천재였던 사람이 이렇게 사라졌다." 〈검은 고양이〉를 번역해 소개할 때도 그는 "알코올 중독에 비할 수 있는 병이 어디 있으랴!"라는 말을 썼다.

205   보들레르는 위에서 말한 서문에서 이렇게 쓴다. "이 죽음은 거의 자살에 가깝다. 오래전부터 준비해온 자살."

206   포는 1849년, 40세에 세상을 떴다. 보들레르는 1852년에 이렇게 썼다. "아침이 되자, 경찰이 기절한 그를 땅바닥에서 들어 올렸다. 그에게 돈도 친구도 주소도 없었기에 그들은 그를 병원으로 데려갔다. 그리고 병원 침대에서 〈검은 고양이〉와 〈유레카〉의 작가는 죽었다." 보들레르는 또 이렇게 썼다. "사람들이 이름조차 모르는 이 시신 위에는 서류도 돈도 없었다. 그래서 병원으로 싣고 갔다. 병원에서 1849년 10월 7일 일요일 저녁 37세로, 이미 뇌를 한두 차례 침범한 이 무서운 방문자인 섬망증으로 포는 죽었다."

207   보들레르가 번역한 포의 단편 소설들은 1854년부터 1855년까지 한 잡지에 발표되었다. 《기묘한 이야기들》 번역본은 1856년에 처음 발매되었다. 《새로운 기묘한 이야기들》은 1857년에 나왔고, 1858년에는 《아서 고든 핌의 모험》이 나왔다. 1865년에는 《진지하면서 괴기한 이야기들》이 나왔다. 〈유레카〉에 대해서 보들레르는 이렇게 썼다. "미국적 분위기로 숨 막힐 듯하지만 그(포)는 첫머리에 이렇게 썼다. '이 책을 유일한 현실과 마찬

가지로 꿈을 믿는 사람들에게 바친다!' 그러니까 이는 감탄할 만한 이의 異意 제기였다."

208 포의 소설 속에 등장하는 탐정.

209 윌리엄 르그랑은 〈황금 풍뎅이〉의 주인공. 그는 오랜 추리 끝에 황금 풍뎅이 옆에서 발견된 양피지 조각에 적힌 글자를 판독해내고 그리하여 전설적인 보물을 찾아낸다. 이 보물은 유명한 해적인 키드 선장이 미국 해안의 을씨년스럽고 고독한, 커다란 튤립 근처에 묻어둔 것이다.

210 본명은 클로드조제프 자케. 외무부 문서 보관소 직원. 그는 페라귀스가 자기 딸에게 보낸 암호 편지를 해독하는데, 이 편지는 파리의 환전소 직원 쥘 데마레가 그에게 가져온 것이다. 이들은 모두 발자크의 《인간극》에 실린 〈페라귀스〉의 등장인물들이다.

211 발자크가 지은 〈페라귀스〉, 〈랑제 공작부인〉, 〈황금빛 눈의 소녀〉, 이 세 편을 묶은 소설의 제목.

212 이 단편 소설은 1852년과 1855년에 번역, 발표되었고 나중에 《새로운 기묘한 이야기들》로 1867년에 출간되었다.

213 앤 래드클리프(Anne Radcliffe, 1764-1823). 영국의 고딕 소설가.

214 루이스(Matthew Lewis, 1775-1818). 영국의 고딕 소설가.

215 매튜린(Charles R. Maturin, 1782-1824). 아일랜드 출신으로 아일랜드 교회에서 안수 받은 개신교 성직자이자 작가. 고딕식 괴기한 희곡과 소설을 썼다. 1820년에 발표되고 프랑스어로 번역된 〈방랑자 멜모스〉를 비롯해 탐정 소설과 풍자 소설도 많이 썼다. 1859-1860년에 보들레르는 매튜린 목사의 희곡을 번역하고 싶어 했다.

216 노르웨이 로포텐 군도 일대에서 발생하는 일련의 조수 난기류 내지 와류 체계로 모스크스트라우멘(노르웨이어: Moskstraumen, 뉘노르스크: Moskenesstraumen)으로 불린다. 네덜란드어로 '갈아 넣다'라는 뜻의 말렌 malen과 '흐름'이라는 뜻의 스트롬stroom이 결합된 마엘스트롬maelstrom 이라는 말로도 알려져 있으며, 1841년 에드거 포가 〈마엘스트롬으로의

낙하A Descent into the Maelström〉라는 단편 소설을 쓰면서 영어에도 이 낱말이 도입되었다.

217 이 단편의 번역은 《기묘한 이야기들》에 들어가기 전에, 1854년 한 잡지에 〈죽었거나 살았거나, 발데마르 씨 사건〉이라는 제목으로 수록되었다.

218 이 단편은 1855년 한 잡지에 발표되었으며 나중에 《새로운 기묘한 이야기들》 속에 포함되었다.

219 들라크루아(Eugène Delacroix, 1798-1863). 프랑스의 화가. 1824년 미전에 당선된 이래 역사 속 일화나 문학 이야기, 동시대의 사건에서 영감을 받아 그린 작품들로 주목받았다. 보들레르가 등댓불로 삼은 화가.

220 보들레르는 《에드거 포, 그의 생애와 작품들》이라는 책도 썼다.

221 고티에는 여기서 '절정에 달했다'는 뜻의 '파록시스트paroxyste'라는 단어를 새로 지어내서 썼다.

222 고티에는 들라크루아의 재능을 미술평으로도 쉬지 않고 찬양했다.

223 보들레르는 정치적 사건들과 샹플뢰리, 뒤랑티, 뒤퐁, 쿠르베 같은 친구들 때문에 사실주의 쪽으로 끌린 것 같다. 사실주의에 기울어진 것은 그가 1846-1848년에 인본주의 사상을 가졌던 것과 궤를 같이한다. 보들레르는 샹플뢰리, 투뱅과 함께 1848년 사회주의적이고 기독교적인 일간지 〈대중의 구원〉을 창간했다. 이 신문 제2호(마지막 호이기도 한데)에는 쿠르베가 그린 삽화가 실려 있다. 보들레르는 쿠르베를 1847년에 알게 되었다. 이 해에 쿠르베는 보들레르의 초상을 그리기도 했다. 하지만 보들레르는 조제프 드 메스트르와 포의 영향으로 1855년경에 사실주의와 거리를 두게 된다. 보들레르는 사실주의가 그의 작품 활동에 위협이 된다고 느꼈고, 아닌 게 아니라 사실주의는 비도덕적인 것과 연루된다 하여 비판을 받았다. 〈레알리즘〉지는 1837년에 예술에서 발휘되는 상상력에 맞서 투쟁을 벌였고, 당시 에드거 포에 빠져 있던 보들레르는 천상과 지상의 교감에 심취해 있었다. 그래서 그는 사실주의의 주장을 받아들일 수 없었다. 사실주의란 조야한 것이라고만 생각했기 때문이다. 그는 사실주의라는 문예 사조는 분석가에게 던지는 모욕이며 천박한 것을 의미하는 모호한 말이라

고 보았다. 이는 새로운 창작 기법이 아니라 부차적인 것을 상세히 묘사하는 것일 뿐이라고 생각했던 것이다. 자신이 좋아했던 들라크루아가 사실주의의 기치를 든 것도 잘못이었다고 생각했다.

고티에는 1840년에 '문학적 사진'을 내겠다는 야망을 품고 있었지만 1842년부터는 사실주의에 대해 의구심을 표명했다. 고티에는 사실에 집착하는 화가의 행태에 충격을 받았으나 그 시도를 단죄하지는 않는다. 이때 화가가 추구하는 미란 '사실주의적' 미이며 고티에는 이 추구를 인정한다. 1847년에야 고티에는 자기 견해를 정확히 밝힌다. 고티에에 따르면 예술가의 목표는 대상이 어떤 것이든 그 아름다움을 선양하는 것이다. 예술가 안에는 주관적 아름다움의 이상인 '소우주'가 있어서 예술가는 자연에서 필요한 기호들을 채택해 자연을 표현한다는 것이다. 그러니 순수한 사실주의란 존재하지 않는다.

224 프랑스 두Doubs 지방의 한 마을. 쿠르베Courbet의 고향이자 이 화가의 그림 〈오르낭의 학살〉의 배경이기도 한 곳.

225 팡탱라투르(Henri Fantin-Latour, 1836-1904). 프랑스의 사실주의 화가이자 동판화가.

226 1863-1864년에 팡탱라투르가 그린 유명한 그림 〈들라크루아에게 바치는 경의〉를 말한다.

227 보들레르는 사실주의에 격렬히 반대하는 메모를 종이에 적어놓곤 했다. 거기서 그가 사실주의에 혐오감을 갖고 있었다는 사실을 알 수 있다. 한편 쿠르베에 대한 평가는 더욱더 좋아진다. 쿠르베는 미전에 그림 출품을 거절당해 가건물에서 따로 전시해야 했다. 보들레르는 둘 사이에 의견 차이는 있지만 쿠르베 편을 들어주어야겠다고 느끼게 된다. 이때 전시된 그림 중에는 보들레르도 등장하는 그림 〈작업장, 사실적 알레고리〉도 있다. 이 그림에서 보들레르는 시인의 알레고리이며 자신에게 영감을 주는 여인인 잔 뒤발과 함께 있다. 보들레르의 요청으로 그의 얼굴은 지워졌다.
보들레르는 어느 지면에서 앵그르와 쿠르베를 비교한다. "앵그르는 전통과 라파엘로식 미의 개념을 살리려고 영웅적인 희생을 한다. 쿠르베는 외부의 즉각적인 자연을 살리려고 그런 희생을 한다. 둘 다 상상력과 싸우느라 서로 다른 동기에 굴복한다. 그리고 서로 반대되는 두 가지 광신주의에 의해 같은 희생으로 이끌린다." 고티에도 이와 비슷한 표현을 한다. 14년 후에도 고티에는 생각이 같다. 고티에는 쿠르베를 칭찬하지 않는다.

228 쿠르베는 특히 초기에는 풍만한 여인들을 자주 그렸다. 〈베누스와 프시케〉라는 그림을 생각하면 된다.

229 시 〈거구의 여인들〉, 〈우울과 이상〉, 〈이상〉 참조.
미켈란젤로의 〈밤〉에 대해 고티에는 이렇게 썼다. "〈밤〉은 두 다리 사이에 부엉이가 끼어 있다는 것 말고는 밤 같은 요소가 전혀 없는 그림인데, 한 여인이 팔꿈치를 반쯤 괴고 누워 있고 배와 옆구리를 대담하게 꼰 채 두 허벅지를 붙이고 있어 그 앞에서는 아무리 봐도 속을 모르겠고 아무리 광기 어린 당대의 예술가라도 멈칫 물러설 것만 같다."

230 미켈란젤로(Michelangelo Buonarroti, 1475-1564). 이탈리아 피렌체의 르네상스 절정기의 조각가이자 화가, 건축가, 시인, 도시 계획가.

231 중세부터 15-16세기에 학문과 예술을 크게 후원하여 피렌체에서 르네상스 시대가 열리는 데 결정적 역할을 한 유력 가문.

232 콩스탕탱 기스(Constantin Guys, 1802-1892). 네덜란드 태생이고, 주로 영국과 프랑스 신문에 그림을 게재한 프랑스 화가. 보들레르가 기스를 알게 된 것은 1859년이며, 고티에는 이보다 훨씬 전에 그를 알게 된 듯하다. 기스는 신비에 싸인 인물이다. 익명성을 원해 그에 관해 알려진 바가 별로 없다. 나다르가 찍은 사진과 마네가 그린 초상화가 있다. 기스를 다룬 책으로 《보들레르의 현대 생활의 화가》(보들레르 지음, 박기현 옮김, 인문서재, 2013)가 출간되어 있다.

233 마르슬랭Émile Marcelin. 본명은 에밀 플라나(Émile Planat, 1829-1887). 마르슬랭이라는 이름으로 알려진 프랑스 회화화가이자 삽화가, 동판화가. 〈파리 생활〉이라는 잡지를 창간하고 편집을 책임졌다.

234 폴 아돌(Paul Hadol, 1835-1875). 프랑스의 삽화가이자 캐리커처 화가.

235 모랭(Alexandre-Edmond Morin, 1824-1882). 프랑스의 수채화가이자 판화가, 동판화가. 샹플뢰리의 책 《고양이들》에 삽화를 그렸는데, 거기에 보들레르가 고양이 한 마리를 데리고 있는 모습이 들어 있다.

236 크라프티Crafty. 본명은 빅토르 외젠 제뤼제(Victor Eugène Géruzez, 1840-1906). 프랑스의 문인이자 유머화 작가. 특히 말과 사냥에 관한 삽화를 잘 그렸다.

237 19세기에 영국 런던에 있었던 공연장. 'Argyll room'으로도 표기한다. 영국 런던의 리젠트 가와 리틀 아가일 가에 있었던 공연장으로, 1806년에 처음 문을 열었다가 1818년 리젠트 가를 디자인하면서 개축했다. 1830년에 불탔으나 다시 지어졌고 나중엔 상점들이 들어찼다. 런던의 필하모닉 소사이어티도 여기에 있었다.

238 외젠 쉬(Eugène Sue, 1804-1857). 프랑스의 소설가로 연재소설을 프랑스에 대중화했다. 대표작은 《파리의 수수께끼들》과 《방황하는 유대인》이다. 풍속 소설의 대가로 사회주의와 가까웠으며 당대엔 종교계로부터 크게 비판받았다. 고티에는 외젠 쉬에 대해 많은 글을 썼다.

239 1842년에 창간되어 2003년까지 발간된 영국의 잡지.

240 그리스 헬레니즘 시대 말기(기원전 약130-100)의 유명한 조상으로, 그리스 신화에서 미의 여신 아프로디테를 표현한 것으로 보이는 작품. '비너스'는 아프로디테의 영어 명칭인데 이 이름으로 작품명이 널리 알려져 있어서 프랑스어 명칭 대신 영어 명칭을 썼다.

241 마네(Édouard Manet, 1832-1883). 19세기 말 프랑스의 대표적 화가로, 근대 회화의 선구자. 보들레르는 1862년부터 마네의 친구였지만 그에 대해서는 어느 정도 감탄하는 마음을 보였다.

242 이 작품은 1860년에 출간되었다. 보들레르는 이미 한 잡지에 〈포도주와 해시시에 대하여〉라는 글을 기고한 적 있었다.

243 보들레르는 아편을 많이 흡입했는데, 대부분은 잦은 통증을 달래기 위해서였다.

244 고티에는 보들레르 자신이 1860년 플로베르에게 쓴 편지에서 한 말에 동의할 수밖에 없었다. 《인공 낙원》에서 악의 정신을 너무 강조했다는 플로베르의 반박에 보들레르는 "자기 바깥에서 어떤 나쁜 힘이 개입한다는 가정 없이는 인간의 돌발적인 행동이나 생각을 이해할 수 없다는 느낌이 머릿속을 떠나지 않았다"라고 고백한다.

245 고티에는 이렇게 생각하지만 보들레르의 생각은 좀 다르며, 보들레르가 쓴 글에는 그가 환각제와 흥분제를 사용한 방법이 묘사되어 있다.

246 '해시시 피우는 사람들의 클럽'을 말한다. 부아사르의 글은 포함되어 있지 않지만, 피모당 호텔에 모이던 문인들의 글을 모은 《해시시 클럽》(조은섭 옮김, 싸이북스, 2005)에서 당시 분위기를 엿볼 수 있다.

247 해시시에 꿀, 피스타치오나 아몬드 가루, 기름진 반죽, 칸나의 진을 섞어 잼같이 만든 것.

248 1829년에 파리에서 창간된 월간지. 문학과 문화를 주로 다루었다.

249 발자크 동명 소설의 주인공.

250 해시시를 말한다.

251 보들레르는 〈해시시의 시〉에서 해시시 제조법을 자세히 밝힌다. 고티에도 〈해시시 피우는 사람들의 클럽〉에서 이에 대해 썼으나, 해시시 제조법이 보들레르만큼 상세하지는 않다.

252 태평양 남쪽에 있는 프랑스령 폴리네시아의 한 섬.

253 지칫과에 속하는 여러해살이풀. 독특한 향기가 나며, 대량으로 재배해 공업용 향수를 얻는다.

254 아스파라거스 과의 식물로, 향기가 강하다.

255 주로 가죽이나 집기에 향내를 풍기게 하기 위해 사용되는 향수.

256 열대 지방에서 자라는 향초의 하나. 광곽향廣藿香이라고도 부른다.

257 에드거 포의 〈라이지어〉에서 옛 수도원에 있는 레이디 로웨나 트레바니

언의 침실 묘사를 볼 것.

258 '공기의 정령'을 가리킨다. 파라셀수스는 이를 공기의 요소라고 말했다.

259 이슬람교도의 규방.

260 아랍어로 쓰인 작자 미상의 페르시아와 인도 민담집. 많은 이야기로 이뤄져 있다.

261 《천일야화》 중 〈젊은 왕 이야기〉에 나오는 이야기다.

262 〈해시시의 시〉에서 인용. 이 문단의 첫 문장 "해시시에 …… 이렇게 덧붙인다"는 고티에가 추가한 것이다.

263 같은 글에서 인용. "습관이 붙으면 머지않아 모든 것이 필연성으로 변하고 만다."

264 라파엘로(Raffaello Sanzio, 1483-1520). 이탈리아 르네상스 시대의 화가이자 건축가.

265 만테냐(Andrea Mantegna, 1431?-1506). 이탈리아 르네상스 시대의 화가.

266 위에서 언급한 글에서 인용.

267 드퀸시(Thomas de Quincey, 1785-1859). 영국의 작가. 1821년 〈런던 매거진〉에 발표한 《어느 영국인 아편쟁이의 고백》(1822)은 그의 출세작이다.

268 이 제목으로 한국어 번역본이 출간되어 있다(김석희 옮김, 시공사, 2010).

269 '아편쟁이' 혹은 '해시시 흡입자'라는 뜻으로, 발자크가 종종 작품에서 쓴 단어.

270 페이디아스(Pheidias, 기원전 490경-기원전 430경). 그리스 고전주의 초기의 조각가.

271 프락시텔레스(Praxiteles, 기원전 400경-기원전 326경). 고대 그리스 시대의 가장 유명한 조각가.

272 메소포타미아의 고대 도시.

273 이란 북부 중앙에 위치한 고대 도시. '백 개의 문이 있는'이라는 뜻이며, 아랍어로 샅다르바제Saddarvazeh라 불린다.

274 《어느 영국인 아편쟁이의 고백》에서.

275 위의 책에서.

276 그리스 신화에서 아가멤논 왕과 클리타임네스트라의 아들이자 이피게네이아와 엘렉트라의 막내 동생.

277 아버지의 복수를 위해 어머니 클리타임네스트라를 죽이는 오레스테스의 누이. 엘렉트라 콤플렉스의 기원이 된 신화적 인물.

278 고티에는 드퀸시의 책 결말을 얘기하는 이 대목에서, 보들레르가 인용한 《어느 영국인 아편쟁이의 고백》의 몇 구절을 패러디한다.

279 리비우스(Titus Livius, 기원전 59-기원후 17). 이탈리아 파도바 태생의 고대 로마 역사 전문 사학자.

280 '로마의 집정관'이라는 뜻의 라틴어.

281 드캉Alexandre Decamps. 프랑스 낭만주의를 대표하는 화가 가운데 한 명. 본명은 알렉상드르가브리엘 드캉(Alexandre-Gabriel Decamps, 1803-1860). 고티에는 화가 드캉의 동양 친화적인 면을 좋아했고 드캉이 죽는 순간에도 그의 곁을 지켰다. 〈심브레 전투〉라는 그림은 1834년 미전에 전시되었던 것인데 이듬해에 고티에에게 선물로 주었다.

282 가이우스 마리우스(Gaius Marius, 기원전 159-기원전 86). 정치 생활을 하는 동안 일곱 번이나 집정관으로 선출되었고 로마 군대를 개혁한 인물.

283 "1818년에 그 말레이시아 사람은 잔인하게 그를 괴롭혔다. 그는 참을 수 없는 방문객이었다. 말레이시아는 공간적·시간적으로 여러 개가 되었다. 말레이시아는 그 절과 그 종교처럼 엄숙하고 괴물 같고 복잡한 아시아, 고대 아시아 그 자체가 되었다."

284 드퀸시의 글을 보들레르가 인용했는데, 그것을 고티에가 줄였다. 인용문은 몇 군데를 빼고는 정확하다. 드퀸시는 '존재' 대신 '인간'이라는 말을 썼다.

285 그리스 신화에 나오는 세 명의 '운명의 여신'.

286 고티에는 여기서 보들레르가 쓴 말을 거의 그대로 인용했다.

287 《어느 영국인 아편쟁이의 고백》에서.

288 보들레르는 1864년 4월부터 1866년 7월까지 브뤼셀에 체류했다.

289 벨기에에서 쓴 메모는 아슬리노Aslineau가 《보들레르》라는 책을 내는 데 썼고 1952년 전집에 수록되었다.

290 파리의 일간지들은 보들레르의 건강 이야기를 하기 시작했고, 어떤 신문들은 서슴지 않고 보들레르가 입원해 있고 위독하다는 소식을 실었다. "보들레르는 3월에 벨기에의 나뮈르를 여행했다. 생루 성당을 다시 찾아보려 하고 있는데 '그는 갑자기 어지러워 비틀거렸고 계단에 엎어졌다.' 친구들이 그를 일으켰다. 그는 두려워하는 것 같지 않았고 발이 미끄러진 거라고 주장했다. 사람들은 그의 말을 믿는 척했지만, 그다음 날 아침 일어나니 정신적으로 문제 있는 상태를 보였다. …… 곧 …… 실어증이 선고되었다."

291 1866년 7월 4일, 보들레르는 파리의 뒤발 박사가 운영하는 치료소에 입원했다. 이틀 전 그를 벨기에에서 데려온 사람은 그의 어머니와 부유한 화상이자 그의 친구인 아서 스티븐스였다.

292 산문시집 《파리의 우울》은 1869년 미셸레비 출판사에서 처음 출간되었다.

293 아르센 우세(Arsène Houssaye, 1814-1896). 프랑스의 소설가이자 시인.

294 알루아시위스 베르트랑Aloysius Bertrand. 본명은 루이 자크 나폴레옹 베르트랑(Louis Jacques Napoléon Bertrand, 1807-1841). 프랑스의 낭만주의 시인이자 극작가이자 언론인. 프랑스 문학에 산문시를 도입한 것으로 유명하며, 상징주의 운동의 선구자로 통한다. 그의 걸작은 1842년 출판된

산문시 모음 《밤의 가스파르》다. 모리스 라벨은 이 시집에 실린 시 중 세 편을 골라 1908년에 같은 이름의 피아노 조곡을 작곡했다.

295 고티에는 이 산문시집 서문의 가운데 토막을 인용한다. 이 부분 앞에는 한 문단이 나오고 이 뒤에는 두 문단이 나온다.

296 《파리의 우울》을 쓰는 데에는 베르트랑의 《밤의 가스파르》보다는 에드거 포가 더 큰 역할을 한 것 같다. 고티에가 여기서 요약한 것은 아르센 우세에게 바치는 헌사의 마지막 문단이다.

297 캉탱 마치스(Quentin Matsys, 1466-1530). 플랑드르 지방 출신의 화가로, 플랑드르 원시파의 마지막 위대한 화가이자 안트베르펜 유파의 선구자 중 한 사람.

298 이 그림은 1514년에 그려진 것이며 루브르 박물관에 전시되어 있다. 고티에는 종종 이 그림을 인용한다.

299 아랍의 건축이나 문자 미술에 쓰이는 장식이나 일종의 곡선.

300 〈과자〉, 〈2인용 침실〉은 1862년에, 〈군중〉, 〈과부들〉, 〈늙은 곡예사〉는 1861년에, 〈머리카락 속의 대뇌 반구〉와 〈여행에의 초대〉는 1857년에 발표되었다. 〈아름다운 도로테아〉와 〈영웅적 죽음〉, 〈티르수스〉는 1863년에, 〈정부들의 초상화〉는 1867년에, 〈그림 그리고 싶은 욕망〉은 1863년에, 〈빼어난 종자의 말〉은 1864년에, 〈달의 선행〉은 1863년에 발표되었다.

301 밀레이(John Everett Millais, 1829-1896). 영국의 라파엘전파 화가이자 삽화가. 〈오필리아〉가 가장 잘 알려진 작품이다. 고티에는 1855년 만국박람회에 출품한 이 화가를 좋아했다. 여기서 고티에가 언급한 그림은 〈성녀 아녜스의 밤샘〉이다.

302 성녀 아녜스(Sancta Agnes, 290-303). 4세기 로마에서 활동한 기독교 순교자.

303 《파리의 우울》 중 〈달의 선행〉. 고티에는 이 산문시의 일부분을 정확히 인용한다. 이 한 가지 차이만 있다. 보들레르는 '의지를 흔들어놓는 향기들'

이 아니라 '미치게 하는 향수'라고 썼다.

304 이백(李白, 701-762). 중국의 시인. 자는 태백太白, 호는 청련거사青蓮居士. 두보와 함께 중국 역사상 가장 위대한 시인으로 꼽히며 두보는 '시성詩聖', 그는 '시선詩仙'이라 불린다.

305 쥐디트 발테르(Judith Walter, 1845-1917). 고티에의 맏딸. 본명은 쥐디트 고티에이고, 발테르는 필명이다. 이 필명으로 쥐디트 고티에는 번역을 했다. 이백의 시도 프랑스어로 번역했으며, 번역서는 1867년에 나왔다.

306 프랑스어로 미치광이를 칭하는 말은 달과 관련 있는 'lunatique'이다.

307 베버(Carl Maria von Weber, 1786-1826). 독일 낭만주의 작곡가, 지휘자, 피아니스트, 기타 연주자, 음악 평론가. 19세기 예술가들, 특히 바그너에게 큰 영향을 끼쳤다. 보들레르는 이렇게 썼다. "베버의 음악, 그리고 훗날 베토벤의 음악은 바그너의 정신에 저항할 수 없는 힘으로 영향을 미쳤다." 고티에는 장시 〈알베르튀스〉에서도 베버를 언급한다. 《리하르트 바그너》(샤를 보들레르 지음, 이충훈 옮김, 포노, 2019) 참조.

308 보들레르의 시 〈등대〉 참조.

"들라크루아 … […]
슬픔의 하늘 아래 이상한 팡파레가
베버 음악의 틀어막은 한숨처럼 나오는 화가."

309 중세 및 르네상스 문학에 나오는 요정들의 왕. 셰익스피어의 희곡 〈한여름 밤의 꿈〉에 나온 오베론이 가장 잘 알려져 있다.

310 〈한여름 밤의 꿈〉에 나오는 요정들의 여왕. 오베론과 한 패거리(부부 사이)다.

311 고티에는 아마도 베버의 독일 오페라 〈오베론〉을 생각하는 듯하다. 이 오페라는 런던에서 1826년 4월에 초연되었다. 베버가 죽기 두 달 전이었다. 〈오베론〉은 우옹 드 보르도Huon de Bordeaux가 각색했다.

312 이 문장은 네르발의 문장 같다. 고티에는 아마도 네르발의 시 〈바토〉를

생각한 듯하다.

"끝없는 벌판에서 녹색인 건 아무것도 없었다.
아주 오래된 나무들이 심어진 공원뿐.

난 철책 너머를 오래오래 바라보았다.
그건 바토의 입맛에 맞는 공원이었다.
가느다란 느릅나무, 검은 주목, 녹색 소사나무.

바라보며 나는 이것을 깨달았다.
내가 필생의 꿈에 가까이 있다는 걸.
내 행복이 그 안에 갇혀 있다는 걸."

아니면 네르발의 다른 시 〈추억 속의 성〉을 읽어보자.

"난 잔해들을 헤치고 걸어나간다.
하나의 세계가 온통 파묻혀 있는 곳.
어둑한 빛의 신비 속으로
망각의 고성소를 지나서."

313 여기서 독일 발라드란 클레멘스 브렌타노Clemens Brentano의 시집 《요술 뿔피리》(1806)에 수록된 시 〈스위스 사람〉을 말한다.

테오필 고티에

Théophile Gautier

Charles Baudelaire

2

샤를 보들레르

샤를 보들레르 씨에게

오트빌 하우스,[1] 1859년 10월 6일

보들레르 씨, 당신이 쓰신 테오필 고티에에 대한 글은 생각을 강하게 촉발시키는 글이었습니다. 사람으로 하여금 생각을 하게 하는 것은 보기 드문 미덕이지요. 이건 오로지 엘리트만이 가진 천부적 재능입니다. 당신과 나 사이에 몇 가지 이견이 있을 거라고 예상한대도 그건 잘못된 예측이 아닐 겁니다. 나는 당신의 철학을 전부 이해하며(왜냐하면 시인이라면 다 그렇듯이 당신 안엔 철학자가 한 명 들어 있으니까요), 이해하는 이상으로 당신의 철학을 인정합니다. 그렇지만 나도 내 철학을 가지고 있습니다. 나는 한 번도 '예술을 위한 예술'을 말한 적이 없습니다. 항상 '발전을 위한 예술'을 이야기했습니다. 이 두 가지가 결국은 같은 뜻이지요. 그런데 당신의 정신은 너무도 명철하다 보니, 그 차이를 느낀 모양이로군요. 진격, 앞으로! '발전'이 하는 말은 이것입니다.

이건 '예술'이 내지르는 함성이기도 합니다. '시'에 쓰인 모든 동사가 여기 다 있습니다. 이상입니다.

당신은 제게 헌정하신—그 점은 감사합니다—〈일곱 노인〉과 〈자그마한 할머니들〉 같은 감동적인 시를 쓸 때 어떻게 하십니까? 무엇을 하십니까? 걷지요. 앞으로 나아갑니다. 예술의 하늘에 뭔지 모를 죽음의 빛을 쏘아 보냅니다. 새로운 전율을 창조하는 겁니다.

예술은 완성시킬 수 있는 것이 아니라고 나는 말한 바 있으며, 누구보다도 그 점을 믿습니다. 그러므로 나는 사실을 압니다. 내가 알기로 아이스킬로스,[2] 페이디아스를 능가할 사람은 없습니다. 그러나 그들과 어깨를 나란히 하려면 '예술'의 지평을 높여 더 멀리 걸어가야 합니다. 시인 혼자 갈 수는 없고, 인류도 이동해야 합니다. 인류의 발자국은 그러니까 '예술' 자체의 발자국입니다—그러니 발전에 영광 있기를!

내가 지금 고통스럽고 언제든 죽을 준비가 되어 있는 것도 발전을 위해서입니다.

테오필 고티에는 위대한 시인이며, 당신은 마치 고티에가 발전의 동생이라도 되는 양 그를 칭송합니다. 그런데 실상 발전의 동생은 바로 당신입니다. 보들레르 씨, 당신은 고귀한 정신과 너그러운 마음을 가지고 계십니다. 당신은 심오한 것들, 종종 평온

한 것들을 글로 썼습니다. 당신은 아름다움을 사랑하는 분입니다. 내 손을 잡아주십시오.

빅토르 위고

그리고 박해 말인데요, 그건 위대한 겁니다. 용기를 내십시오!

1

비록 여태껏 어떤 할머니에게도 물을 마시라고 줘본 적은 없지만, 우리는 페로[3] 동화 속에 나오는 아가씨나 마찬가지 입장이다. 입을 열기만 하면 곧장 거기서 금화, 다이아몬드, 루비, 진주가 떨어져 내린다. 좀 더 색다르게 변용을 가하기 위해서라면 가끔은 두꺼비, 살모사, 붉은 생쥐도 토해내고 싶지만, 이는 우리 능력 밖의 일이다.
―테오필 고티에, 《변덕과 갈지자 행보 Caprices et zigzags》에서[4]

감탄보다 더 난감한 감정은 없다. 적절히 표현하기 어렵다는 점에서 감탄은 사랑과도 비슷하다. 기막힌 감정의 필요에 충분히 부응할 만큼 색깔이 강하거나 미묘한 표현을 어디서 찾을까? "인간을 존중한다는 것은 모든 면에서 큰 재앙이다"라고 우연히 내 눈에 띈 철학 책에 쓰여 있었다. 그러나 인간을 존중하되 고귀하게 생각하지 않는다는 데에서 내가 당혹스러워지기 시작한다면 믿겠는가? 이렇게 당혹스러운 것은 오직 주어진 주제에 대해 충분히 고귀한 방식으로 말하지 않았기 때문이다.

집필하기 쉬운 전기가 있다. 예를 들면 그 인생에 사건과 모험이 아주 많은 사람의 전기가 그러하다. 이 경우, 전기 작가가 할 일은 그저 그 일들이 일어난 날짜를 기입하고 서로 헷갈리지 않게 구분하는 것뿐이다. 그러나 이렇게 하면 전기에 다채로운 맛이 없어지기에, 작가는 작아져서 그저 자료나 모으는 사람으로 전락하고 만다. 작가가 가진 것이라곤 그저 정신적 무한함뿐이다. 반면 아무리 극적인 모험도 그 뇌 뚜껑 밑에서 소리 없이 이루어지는 인물의 전기는 이와 완전히 다른 차원의 문학적 작업이다. 이러저러한 별은 이러저러한 기능을 가지고 태어났으며, 이러한 인물도 마찬가지다. 누구나 예정된 자신의 역할을 훌륭히, 겸손하게 수행한다. 과연 누가 태양의 전기를 쓸 생각을 할 수 있을까? 만약 있다면, 그 전기는 태양이라는 천체가 세상에 출현한 이래 단조로움과 빛과 위대함으로 가득 찬 이야기가 될 것이다.

나는 내가 규정할 수도 분석할 수도 없는 하나의 **고정 관념**[5]의 역사를 간략히 써야만 했기에, 엄밀히 말해 테오필 고티에가 1814년 타르브Tarbes에서 태어났음을 독자들에게 알릴 것인지 여부는 중요하지 않다. 다행히도 오래전부터 나는 그의 친구였는데, 실은 **뛰어난** 어린이들이 받을 줄 모르는 경우가 많거나, 숙명적으로 각인받은 추하고 어리숙한 숱한 아이들과 공유할 수밖에 없었던 어린 시절의 상을 통해서든, 중학교에 가서 받은 좋은 성적을 통해서든, 고티에가 어려서 앞으로 재능 있을 징조를 미리 보여주었는지 아닌지 나는 전혀 모른다. 이런 소소한 것들에 대해 나는 정말이지 아무것도 모른다. 테오필 고티에 자신도 아마 이 이상 아는 바는 없을 것이며, 설혹 우연히 그가 기억한다 하더라도 이 고교 시절의 잡동사니 서류를 남들이 들추어대는 꼴을 보면 틀림없이 썩 유쾌하지는 않을 것이다. 참된 문인의 당당하고 흠 없는 자세를 그보다 더 멀리까지 밀고 나간 사람은 없었으며, 대중을 위한답시고, '미'를 사랑하는 영혼을 구축한답시고, 이뤄지지도 않고 준비되지도 않고 아직 익지도 않은 모든 일을 까발리는 것을 그보다 더 싫어한 사람도 없다. 그에게서 **회고록**을 절대 기대하지 말라. **속이야기도 추억담도**, 지고한 기능이 아닌 그 무엇도 기대하지 말라.[6]

내가 어떤 **고정 관념**을 피력할 때 느끼는 기쁨을 더해주는 요소가 하나 있다. 그것은 모르는 사람에 대해 마침내 나 하고 싶은 대로, 아주 편안히 이야기하는 것이다. 역사가 사람들이 옳다고 믿는 바를 아랑곳하지 않는다거나 정의가 뒤늦게 찾아온다는 사실에 대해 곰곰이 생각해본 사람이라면, 누구나 테오필 고티에에게 붙인 '미지의'라는 말이 무슨 뜻인지 잘 이해할 것이다.

그가 연재하는 소설에 대한 소문이 파리와 지방에 몇 년째 파다했다. 문단의 온갖 일에 호기심을 보이는 수많은 독자가 지난주에 상연된 연극 작품에 대해 고티에가 내린 판단[7]을 애타게 기다리고 있다는 것은 의심할 바 없는 사실이다. 그가 쓴 미전 작품평들, 그렇게도 태평하고 티 없이 순수하며 당당한 평론들이 제 눈으로 직접 판단하고 느낄 줄 모르는 모든 추방된 자를 위한 신탁이라는 점은 더욱더 논란의 여지가 없는 사실이다. 이 모든 다양한 대중에게 테오필 고티에는 누구와도 비교할 수 없는 인물, 없어서는 안 될 평론가이면서도 여전히 미지의 인물로 남아 있다. 나는 내가 생각한 바를 설명하고 싶다.

나는 독자가 어느 **부르주아**의 살롱에 들어앉아 저녁 식사를 한 후 집주인과 그 집 **안주인**, **딸들**과 함께 식후 커피를 마시고 있다고 가정해본다. 작가가 이렇게 짜증날 만큼 어느 집에 자주 드나드는 것을 삼가듯이 펜으로 글에 그대로 옮기기를 자제해야 할, 가증스럽고 우스꽝스러운 그 은어들! 오래지 않아 좌중은 음악 얘기를 하고, 아마 그림 얘기도 할 테고, 문학 얘기는 반드시 할 것이다. 테오필 고티에도 때가 되면 아마 좌중의 입길에 오를 것이다. 그러나 그에게 뻔한 화관("얼마나 재기 넘치는 사람인지 몰라! 그가 글을 잘 쓴다는 것과 **그 글이 물 흐르듯 '잘 읽힌다는 것'**[8]은 얼마나 재미있는 사실인가!" 등등)을 씌우고 나서는 아마도 명상을 직업으로 삼지 않은 사람들에겐 맑은 물이 미의 가장 뚜렷한 상징이겠듯이 물 흐르듯 글 잘 쓰는, 알려진 작가들 모두에게 누구라 할 것 없이 **잘 읽히는 '문체'**상을 준다. 만일 사람들이 고티에의 주요 장점, 논란의 여지가 없고 더욱 눈부신 그의 장점을 빠뜨렸다고, 즉 그가 위대한 시인이라고 말하는 것을 잊었다고 그 자리에 있는 사람들에게 알린다면, 모든 이의 얼굴에 깜짝 놀라는 표정이 역력한 걸 보게 될 것이다. 그 무리에서 가장 섬세하다는 사람은, 리듬과 각운이 중요하다는 사실을 미처 모르고 이렇게 말할 것이다. "아마 그 사람 문체가 아주 시적인가 보군요." 거기 모인 모든 이가 월요일에 연재되는 그의 소설은 읽었겠지만, 수년 전부터 그의 장시 《알베르튀스 Albertus》나 《죽음의 극 La Comédie de la mort》, 《스페인 Espagna》 같은 작품[9]을 일부러 사서 본 사람은 아무도 없을 것이다. 프랑스인으로서 고백하기 참 괴로운 일이지만, 만약 모든 물의를 침착하게 지켜볼 만큼 높은 자리에 있는 작가에 대해 내가 말하지 않는다면, 이런 비정상적인 일을 대중에게 숨기는 게 될 것이다. 하지만 실상은 그렇다. 책은 그래도 쇄를 거듭했으며, 수월하게 유통되었다. 그 책들은 지금 어디로 갔단 말인가? 프랑스에서 가장 순수한 '미'의 그 감탄스러운 표본들은 어느 장롱 속에 파묻혀 있는가? **연대기 작가님**들의 지리학을 흉내 내어 말하자면, 생제르맹 구역[10]이나 쇼세당탱 구역"에서 멀리 떨어진 어떤 아리송한 지역에 그 책들이 있는지는 모르겠다. 문인이나 몽상가 기질이 약간 있는 예술가로서 그 기억 속에 이 경탄스러운 것들이 쟁여져 있거나 장식되어 있지 않고 사교계 인사들 명단이나 들어 있다면, 바로 **명상**이나 **화음**으로 도취하거나 짐짓 도취한 척하는 그런 사람들이 사실은 쾌락과 미라는 이 새로운 보물이 뭔지도 모르는 자들임을 나는 잘 알고 있다.

프랑스인의 심성을 가진 자에겐 아주 혹독한 고백이겠지만, 사실을 확실히 말하는 것만으로는 부족하고 그것을 설명하려고 노력해야 한다. 라마르틴[12]과 빅토르 위고 같은 사람들이, 테오필 고티에가 확실히 유명 인사가 되고 있던 시대에, 이미 마비되어 가고 있던 사람보다는 뮤즈의 놀이[13]에 좀 더 호기심 많던 대중의 관심을 더 오래 끌었다는 것은 사실이다. 그때부터 이 대중이라는 사람들은 정신의 쾌락에 할애된 시간의 적법한 지분을 차츰차츰 줄여갔다. 그러나 이런 설명만으로는 부족하다. 왜냐하면 이 연구의 대상이 된 고티에라는 시인을 제외하면, 대중이 작품 속에서 공들여 건져내는 거라곤 일종의 정치적 딱지나 현재 품은 열정의 본성에 들어맞는 양념으로 **장식된**(혹은 더럽혀진) 시인들이 아니고 다른 시인들뿐임을 나는 알아챘기 때문이다. 그런 시인은 〈콩코르드 광장의 기둥을 찬양하는 송가〉, 〈개선문을 찬양하는 송가)¹⁴는 알아도 빅토르 위고의 신비롭고 그늘지고 더없이 매력 있는 부분은 모른다. 그는 7월 혁명 직후의 나날을 다룬 오귀스트 바르비에¹⁵의 풍자시는 종종 낭송했지만, 고티에와 함께 **딱한** 이탈리아 때문에 눈물을 흘린 적은 없으며, 그를 따라 북부 라자르의 고향¹⁶으로 여행간 적도 없다.

그런데 테오필 고티에가 자기 작품에 뿌리는 양념, 예술 애호가들이 볼 때 더할 나위 없이 잘 골랐으며 가장 화끈한 소금이 섞인 이 양념은 대중의 궁전에는 (거의) 아무런 영향도 미치지 못한다. 아주 인기 있으려면, 자기가 인기 있을 만한 자격이 있다는 데 스스로 동의해야 하지 않겠는가? 다시 말해 은밀한 작은 구석, 얼룩이 배어 나오는 미미한 부분으로라도 어느 정도는 스스로 상스러움을 내보여야 하는 것 아닌가? 문학에서나 도덕에서나, 섬세하다는 것에는 영광만큼이나 위험도 따르는 법이다. 귀족 계급에 속하면 자연히 고립되게 마련이다.

솔직히 고백하건대, 나는 그런 것을 매우 한심하고 사악하게 보는 부류는 아니며, 가여운 **속물들**에게 맞서서 분개하여 이를 지나치게 멀리까지 끌고 가지는 않았을 것이다. 차별하는 것, 반대하는 것, 심지어 정의를 부르짖는 것까지도 어느 정도 스스로 **속물이 되는 것** 아닌가? 대중을 모욕하는 것이 스스로 나쁜 사람이 되는 일임을 순간순간 우리는 잊곤 한다. 아주 높이 올라서서 보면, 숙명적으로 일어나는 일 모두가 우리에겐 정의처럼 보인다. 그러니 반대로 주변을 외롭게 하는 이 귀족주의를, 그것이 당연히 받을 만한 존경을 한껏 담아서 열심히 찬양하자. 게다가 이런 능력이 어느 세기에 발휘되는지에 따라 때로는 높게도 때로는 낮게도 평가받는다는 것을, 그리고 세월이 지남에 따라 얼마든지 훌륭하게 반격할 여지가 있다는 것을 우리는 본다. 정의에 어긋나는 짓이, 인간에게 비교할 수 없을 만큼 짐승 세계에서 훨씬 더 많이 자행되고 있기는 하지만, 우리 인간은 아주 이상한 짓도 다 할 수가 있다. 테오필 고티에는 **과대평가된 명성**을 누리고 있다고, 일전에 어느 정치적인 작가가 말하지 않던가!

2

전 세계가 샤토브리앙, 빅토르 위고, 발자크를 가진 우리 프랑스인을 부러워하듯, 우주가 부러워할 만한 이 작가와 첫 대면을 했던 일이 지금 기억난다. 나는 당시에 없던 두 친구를 대신하여 작은 시집 한 권을 전해주려고 고티에의 집에 갔다. 그를 보니, 지금처럼 싹싹하지는 않았지만 하늘하늘한 의상을 입고 있었고, 그때 이미 당당하며 편안하고 우아한 모습이었다. 나를 처음 맞아주었을 때, 사람이 메마른 구석이 전혀 없어서 놀랐다. 지위상 찾아오는 손님을 두려워하는 것이 습관이 된 사람들에게서는 설혹 그런 점이 보이더라도 능히 용서해줄 수 있었을 텐데 말이다. 이처럼 그가 손님을 맞이하는 방식의 특징을 묘사하기 위해 나는 기꺼이 '사람 좋음'이라는 말을 쓰련다. 비록 그가 아주 평범하게 보인 것은 아니었지만 말이다. 그는 단순하면서도 점잖고 융통성이 있었다. 일종의 기질을 표현하기 위해 **아시아적**이라든지 **동양적**과 같은 그럴듯한 형용사를 붙여, 라신식 요리법에 따라 양념을 치거나 풍미를 돋운 상태로 제시해야 이 경우에 도움이 될 터였다. 우리 둘 사이의 대화(나이보다는 재능으로 나를 훌쩍 능가하는 유명인과의 첫 대화라니, 엄숙한 일!)로 말할 것 같으면, 그것도 내 정신의 바탕에 맞춰 잘 이루어졌다. 그의 고상한 얼굴은 내가 시집 한 권을 손에 들고 있는 걸 보더니 멋진 미소로 환해졌다. 그는 어찌 보면 아이처럼 탐욕스럽게 한쪽 팔을 내밀었다. 왜냐하면 이 사람, 모든 걸 표현할 줄 알며 그 누구보다도 심드렁할 권리가 있는 이 사람이 얼마나 호기심에 쉽게 후끈 달아올라 나의 에고가 아닌 부분까지 파악하던지, 그것 참 신기한 일이었으니까. 그는 시집을 재빨리 넘겨보더니 이 시를 쓴 시인들이 너무 자주 **자유분방한** 소네트, 그러니까 정통파가 아니고 일부러 4음절 각운의 규칙에서 해방되어 자유롭게 지은 소네트를 쓴다고 말했다.[17] 그런 다음 희한하게도 믿지 못하겠다는 눈초리로 마치 시험이라도 하듯이, 사전 읽기를 좋아하느냐고 내게 물었다. 그는 무슨 말이든 다 이렇게 한다는 듯 아주 태연하게, 혹시 내가 아닌 다른 사람이었다면 정말로 알고 싶어서 묻는 걸로 받아들였을 만한 어조로, 여행 책을 읽는 것이 소설 읽는 것보다 좋으냐고 물었다. 다행히 나는 아주 어렸을 때 어휘에 광적으로 몰입하는 취미에 빠졌었고, 내 대답이 좋게 받아들여졌다는 걸 알았다. 그는 "**모든 걸 다 말할 줄은 몰랐던 작가**, 너무도 기이하고 미묘하여 사람들이 짐작하길 달의 암석처럼 어느 날 공중에서 뚝 떨어진 것처럼 뜻밖의 면이 있다고 하는, 착상이 허를 찌르며 치고 들어오는 작가, **그 착상에 살을 입힐 소재가 없는 작가는 작가가 아니었다**"라는 말을 덧붙였는데, 이는 다름 아니라 사전에 대한 얘기였다. 이어서 우리는 위생이니, 문인들이 신체를 어떻게 관리해야 하는지, 의무적으로 신경 써야 할 절도節度는 어떤 것인지와 같은 얘기를 나누었다. 이 문제의 예를 들기 위해 그가 자기 주제(예술과 시적 능력을 존중한다는 증거가 되는 절도라는 주제)를 다루는 방법으로써 무용수들과 경주용 말의 생활을 비교하는 얘기를 몇 가지 했고, 우리 몸을 신이 거하는 신전으로서 존중해야 한다는 데 대해 경건한 책들은 어떤 얘기를 하는지 생각해보라는 말을 한 것 같다. 우리는 또 19세기의 오만, 그리고 발전이라는 광기에 대해서도 이야기를 나누었다. 그때부터 그가 출간한 책들 속에서 나는 몇 가지 공식을 재발견했는데, 그 공식들은 그의 의견을 요약하는 데 도움이 되었다. 이를테면 이런 것이다. "개명한 사람이라면 절대로 만들지 말아야 할 세 가지가 있다. 꽃병, 무기, 갑옷이 그것이다." 여기서 관건은 아름다움이지 쓸모가 아니라는 점은 말할 필요도 없다. 나는 그가 우스꽝스러운 사람과 괴기한 것을 표현함으로써 놀라운 힘을 드러냈다고 힘주어 말했다. 그러나 이 칭찬을 받고 그는 순진하게도 내심 자기는 성령과 웃음, 신의 창조물을 변형시키는 웃음이 끔찍이도 싫다며 이렇게 말했다. "시인은 가끔 현자가 과음하듯이 재치를 발휘하여 어리석은 자들에게 그 자신도 그들과 다를 바 없음을 증명할 수도 있네. 하지만 꼭 그래야만 하는 것은 아니지." 그가 털어놓은 의견에 깜짝 놀랄지도 모르는 사람들은, 그의 정신이 '미'를 비추는 범세계적 거울이어서 거기에 결과석으로 중세와 르네상스 시대가 아주 적법하게 또 아주 훌륭하게 비치듯이, 고티에 애호가들 중에 그의 정신적 방의 진정한 열쇠를 갖고 있지 않은 이들이 놀라서 까무러칠 정도로 그가 아주 일찍부터 열심히, 그리스와 고대의 '미'를 두루 섭렵했다는 사실을 주목하지 못한 것이다. 이 대상을, 그리스의 미가 충만하게 낭만적으로 발휘된 상태를 강력히 옹호한 《드 모팽 양Mademoiselle de Maupin》[18]이라는 소설에서 검토해보시라.

이 모든 말을 할 때 그는 명료하고 결연하게, 그러나 방만한 자세나 학자연하는 태도 없이, 아주 섬세하게, 그러나 너무 본론만 말하진 않으면서 해냈다. 대화하면서 그가 이렇게 술술 말을 잘하는 것을 듣자니 나는 현 세기와 그 난폭한 아무 말과는 매우 멀리 떨어진 시대인 고대의 명철함을, 동양에서 불어오는 바람의 한쪽 날개에 친근하게 실려온 뭔지 모를 소크라테스의 메아리 같은 것을 꿈꾸지 않을 수 없었다. 그런 고귀함과 부드러움에 매료된 채, 말하자면 신체적 힘이 그(정신적 힘의) 상징 역할을 하여 참된 주의·주장을 **예증하고** 새로운 논리로 확인해주듯이, 이 정신적 힘에 굴복한 상태로 나는 그의 앞에서 물러났다.

 이 같은 청년 시절의 작은 축제 이후로, 색색가지 깃털로 장식된 몇 해가 날개를 흔들어 탐욕스런 하늘로 날아갔던가! 그러나 지금 이 순간에도 그 생각을 하면 가슴 뭉클해지는 것을 금할 수 없다. 그러니 이 글 초입에 이 유명한 인물과의 친분을 허물없이 언급했던 나에 대해 건방지고 좀 졸부 같은 언행을 보였다고 생각할 수도 있는 사람들에게 이 만남은 아주 좋은 핑계가 된다. 그러나 고티에와 함께 날개를 편 사람이 있다면, 그건 고티에가 그래도 좋다고 허용함으로써 그러기를 원했기 때문임을 알아야 한다. 그는 순진하게도 부드럽고 친근한 아버지 노릇을 기꺼이 도맡았다. 이 또한 고대의 이름난 인물들과 닮은 점이다. 고대의 인물들은 젊은이들과의 모임을 좋아했고, 풍성하게 우거진 녹음 속이나 강변, 그 영혼처럼 고귀하고 단출한 건물 아래를 거닐며 젊은이들과 알찬 대화를 나누었다.

이 초상을 필자의 글로 친숙하게 그려보았지만, 당연히 그가 새겨진 판화를 보면 글의 부족한 부분이 보충될 것이다. 게다가 테오필 고티에는 여러 모임에서 보통 예술과 연극에 관련된 역할을 맡았기에 누구보다도 대중에게 잘 알려진 파리의 인물 가운데 한 사람이 되었다. 그의 길고 굽슬거리는 머리칼, 고귀하면서도 느릿한 몸가짐, 고양이처럼 몽상에 흠뻑 빠진 눈길을 다 아는 사람이 많다.

3

자기 조국의 영광을 열렬히 바라는 프랑스 문인이라면 누구나 위기가 많았던 이 시대, 낭만주의 문학이 한창 피어나던 이 시대를 바라볼 때 자부심과 회한을 느끼지 않을 수 없을 것이다. 항상 힘이 넘치지만 마치 수평선에 누워 있는 듯한 샤토브리앙은 평원의 이러한 움직임을 덤덤하게 지켜보는 아토스[19] 같아 보였다. 빅토르 위고, 생트뵈브, 알프레드 드 비니[20] 등은 코르네유[21] 이후 죽어버린 프랑스 시를 부활시켰다. 앙드레 셰니에[22]는 루이 15세식으로 말랑말랑한 예스러움을 가진 탓에 충분히 강인한 혁신적 인물이 되지 못했고,[23] 알프레드 드 뮈세는 여성스러운 데다 특별히 내세우는 주의도 없어서, 어느 시대에나 존재할 수 있을 것 같으며 늘 우아함을 발산하는 게으름뱅이에 지나지 않았으니 말이다. 알렉상드르 뒤마[24]는 붓 한번 휘두를 때마다 격렬한 극적 줄거리를 만들어냈고, 작품을 쓸 때는 능숙하게 논밭에 물 대는 자 같은 솜씨를 발휘하여 화산의 분출을 적절히 조절했다. 이 시대의 문인들은 얼마나 열정적이고, 얼마나 호기심이 강하며, 얼마나 대중을 후끈 달구었던가! **오, 가려진 찬란함이여! 오, 지평선 뒤로 져버린 태양이여!** 그러다 근대의 문학 사조에서 두 번째 단계가 생겨 발자크, 즉 진정한 발자크, 오귀스트 바르비에, 테오필 고티에 같은 사람들이 배출된다. 테오필 고티에는 《드 모팽 양》 출간 후에야 결정적으로 눈에 띄는 작가가 되었지만, 그의 첫 시집이 용감하게도 한창 혁명[25] 중이던 1830년에 출간되었다는 데 우리는 주목해야 한다. 내 생각에, 1832년[26]이 되어서야 《알베르튀스》가 나오면서 이 시집에 실렸던 시들에 몇몇 시가 추가되었다. 그때까지는 아무리 생생하고 풍부했다 할지라도 문학의 새로운 활기가 고티에에게 부족한 요소, 아니 적어도 드물게 보이는 요소가 한 가지 있었음을―예를 들어 《파리의 노트르담Notre-Dame de

Paris》[27]을 쓴 빅토르 위고가 많고도 폭넓은 글들을 썼다는 점에서 긍정적으로 타의 추종을 불허했듯이—고백해야겠는데, 그것은 웃음과 괴기스러움이다. 《젊은 프랑스Les Jeunes France》[28]는 머지않아 부족했던 문학 유파가 또 하나 생겼음을 입증했다. 많은 사람들의 눈에 이 작품이 아무리 가볍게 보일지라도, 그 작품에는 큰 장점들이 들어 있다. **악마 같은 아름다움**, 즉 젊음의 매혹적인 우아함과 과감성 말고도 거기엔 웃음, 그것도 최선의 웃음이 담겨 있다. 그건 누가 보아도 속임수로 가득한 이 시대에 한 작가가 비웃음이 난무하는 한복판에 자리 잡고는 정신을 똑바로 차리고 있었다는 증거다. 그는 강력한 양식을 지니고 있었던 덕분에 당시 풍미하던 모작模作과 종교에 흔들리지 않을 수 있었던 것이다. 한 가지 미묘한 변화를 더한다면, 즐거움이 풍성하게 넘쳐나는 이 맥을 이은 것은 《악마의 눈물Une larme du diable》이었다는 점이다. 소설 《드 모팽 양》으로 고티에가 차지한 위치는 한결 잘 규정되었다. 이 소설이 마치 유치한 열정에 부응하기라도 한다는 듯이, 다른 소설과 구분되는 유식한 형식보다는 그 주제 때문에 매력적이라고 말한 사람이 많았다. 소설 속 몇몇 인물이 열정이 넘쳐나야만 이렇게 그 인물들을 곳곳에 배치시킬 수 있다. 이는 마치 먹는 모든 음식에 향을 내기 위해 넣는 육두구와도 같다. 문체도 훌륭할 뿐 아니라, 반듯하고 연마된, 순수하고 활짝 피어난 아름다움을 지닌 이 책의 출간은 그야말로 하나의 사건이었다. 그때부터 이 책의 저자를 각별히 알아보고 싶어 했던 발자크는 고티에를 그렇게 보았다. 그저 아름다운 문체뿐만 아니라 특별한 문체를 갖추는 것은 《당나귀 가죽La Peau de chagrin》과 《절대의 추구 La Recherche de l'absolu》를 쓴 작가 발자크의 제일가는 야망까지는 아니더라도 매우 큰 야망 가운데 하나이긴 했다. 비록 무겁고 문장이 자꾸 겹치기는 하지만, 발자크는 언제나 더없이 섬세하고 까다로운 감별사였다. 소설 《드 모팽 양》이 문학계에 등장하면서, 그 정교하고 부가적인 특징에 의해 예술에서 반드시 빠져서는 안 될 기능들이 무엇인지를 가장 잘 입증한 예인 딜레탕티슴이 나타난 것이다. 이 소설, 이 짧은 이야기, 이 그림, 화가의 고집으로 계속되는 이 몽상, '미'에 바치는 이 일종의 찬가는 무엇보다도 예술 작품을 낳는 조건이라는 이 커다란 결과, 즉 오직 '미'만을 섬기는 사랑, 다시 말해 옛날에는 아주 잘 알려져 있던 **고정 관념**이었다.

내가 이 주제에 대해 할 말은(나는 아주 짧게 말할 생각인데) 이전 시대에는 아주 잘 알려져 있던 것이다. 그 다음 시대에 와서 이 말들은 가려지고 결정적으로 잊혔다. 문학 비평에 이상한 이단이 스며들어 온 것이다. 나도 모를 어떤 무거운 구름이 제네바, 보스턴 아니면 지옥에서 몰려들어, 미학의 아름다운 햇빛을 중간에서 가렸다. '미'와 '진실'과 '선善'을 따로 나눌 수 없다는 그 유명한 주장[29]은 근대의 소위 철학합네 하는 쪽의 사람들이 만들어낸 것이다(이는 광기를 정의하면서 자기들끼리 쓰는 전문 용어만 말하는 식의, 이상한 전염이다!). 정신적 연구에는 여러 대상이 있기에 그들에게는 늘 적절한 기능이 필요하다. 다시 말해 어떤 대상은 단 한 가지 기능만을 요구하지만, 때로는 모든 기능을 요하기도 한다는 말이다. 모든 기능을 요하는 경우는 아주 드물거나 일정한 수 혹은 똑같은 정도에 그친다. 게다가 대상이 좀 더 많은 기능을 요할수록 덜 고귀하고 덜 순수하며 더 복합적이고 이것저것 잡동사니로 섞인 내용물이 포함된다. '진실'은 과학의 기본이자 목표 노릇을 한다. 과학은 특히 순수한 지성을 요한다. 여기서 문체의 순수함은 얼마든지 환영이지만, 문체의 미는 사치스러운 요소로 간주될 수도 있다. '선'은 도덕적 탐구의 기본이자 목표다. '미'는 유일한 야망이며, 취향이 지닌 단 하나의 목적이다. 비록 '진실'이 역사의 목적이기는 하지만, 역사의 뮤즈도 있어서, 역사가에게 필요한 장점이 뮤즈의 것임을 표현한다. 장편소설은 다소 정도 차는 있지만 일부분이 때로는 '진실'에, 때로는 '미'에 할애된 이런 복합적인 장르 중 하나다. 《드 모팽 양》에서는 '미'의 몫이 지나치다. 그런데 저자는 그렇게 쓸 권리가 있다. 이 소설의 목표는 풍속을 표현하고자 함이 아니고 한 시대의 열정을 표현하고자 함도 아니다. 유일한 열정, 아주 특별하고 보편적이면서 영원한, 말하자면 그 충동으로 이 소설 전권이 시와 같은 침대 속으로 달리는, 그러면서도 시와 절대로 혼동되지는 않는—소설에는 리듬과 각운이라는 두 가지 요소가 없으니까 말이다—그런 열정을 표현한다. 이런 목표, 이런 목적, 이런 야망, 이는 사랑의 격정성이 아닌 그 '아름다움' 그리고 사랑과 등가인 대상들의 아름다움, 또 '아름다움'이 만들어낸 열중(열정과는 아주 다른)을 적절한 문체로 자아에 담아 표현하는 것이다. 이는 정말이지, 오류의 방식에 길들지 않은 정신의 소유자에겐 장르와 기능을 완전히 헷갈리는 것만큼이나 엄청나게 놀라운 일이다. 서로 다른 직업에 서로 다른 도구가 필요하듯이, 정신적 탐구의 대상이 서로 다르면 각기 그에 맞는 기능이 필요하다. 내가 미리 말해두건대, 때로는 자기 자신의 글을 인용하는 것도 허용되는데, 이는 특히 자기 글을 스스로 길게 설명하는 것을 피하기 위함이다. 다시 말하면 다음과 같다.

또 하나의 이단이 있다. …… 그것은 종교의 이단보다 좀 더 끈질기게 살아남는 오류다. 말하자면 **가르침의 이단**인데, 여기에는 불가피한 결과물로서 **정념**의 이단, **진실**의 이단, **도덕**의 이단이 포함된다. 시의 목적이란 어떤 가르침이라고,

시가 때로는 양심을 강화하고 때로는 풍속을 완벽하게 만들어주고, 때로는 뭔가 쓸모 있는 것을 보여줘야 한다고 생각하는 사람들이 많다. …… 자기 자신 속으로 조금만 내려가 보거나 자기 마음에게 물어보거나 열렬히 심취했던 추억을 상기해본다면, 시의 목적이란 오로지 시 그 자체일 뿐일 것이다. 다른 목적은 있을 수 없으며, 오직 시를 쓴다는 즐거움 때문에만 쓰인 시보다 더 위대하고 고귀하며 시라는 이름에 걸맞은 시는 없을 것이다.

시가 풍속을 고상하게 만들어주지 않는다고 말하려는 것이 아니다. 사람들이 이 말뜻을 잘 이해했으면 한다. 시의 최종 결과가 천박한 이해 이상으로 사람을 고양시키지 않는다는 소리를 하려는 것도 아니다. 만약 그런 소리를 한다면, 그건 정말 말도 안 되는 얘기일 것이다. 단언컨대 만약 시인이 어떤 도덕적 목표를 좇았다면, 그 시인의 시적 힘은 줄어든 셈이며 그의 작품은 좋지 않을 거라고 예단할 수 있다. 시는 과학이나 도덕과 같을 수 없으며, 만일 그렇다면 사멸하거나 쇠락할 것이다. 시는 '진실'을 목표로 삼지 않으며, 오로지 '그 자신'만을 목표로 삼는다. 시가 '진실'을 보여주는 방식은 다르며, 딴 곳에 있다. '진실'은 노래와는 아무 상관이 없다. 노래는 매력과 멋, 저항할 수 없는 면을 갖고 있어 진실에서 그 권위와 힘을 앗아갈 것이다. 무언가를 입증해 보이려는 기질은 냉정하고 차분하고 무심하여 뮤즈에게서 다이아몬드와 꽃을 빼앗는다. 그러므로 그런 기질은 시적 기질과는 정반대된다.

순수한 지성은 '진실'을 목표로 한다. '안목'은 우리에게 '미'를 보여주고 '도덕의식'은 우리에게 '의무'를 가르쳐준다. 중용 의식은 양극단과 밀접하게 연결되어 있으며 '도덕의식'과는 오직 아주 작은 차이에 의해서만 나뉘는데, 이를 아리스토텔레스는 서슴지 않고 덕 중에서도 아주 미묘하게 작용하는 덕으로 분류했다. 그래서 특히 악덕을 구경하는 취향이 고상한 사람은 그 기형적인 모습, 균형 잡히지 않은 모습에 화가 나는 것이다. 악덕은 정당한 것과 진실한 것을 공격하고, 지성과 양심에 반역한다. 그러나 그것은 마치 화성에 모욕을 가하는 불협화음처럼 더는 특별히 시적인 어떤 정신에만 상처를 입히지는 않을 것이며, 도덕과 도덕적 미를 어기면 무조건 보편적 리듬과 전체적 흐름에 반하는 잘못으로 여기는 것이 특별히 빈축을 살 일은 아니라고 필자는 생각한다.

이 땅과 여기서 벌어지는 구경거리들은 이 감탄스러운 불멸의 '미'를 추구하는 본능 탓에 '천상'의 어떤 통찰이나 '지상'과의 교감이라고 여겨진다. 저 너머에 있는 모든 것, 삶이 가리고 있는 모든 것에 대해 채워지지 않는 갈망을 지닌다는 것이 우리가 불멸의 존재라는 가장 생생한 증거다. 시심에 의해, 동시에 시심을 **통해**, 또 음악에 의해, 음악을 **통해**, 영혼은 무덤 저편에 있는 찬란함을 엿본다. 그리고 절창인 시 한 편을 듣고 눈가에 눈물이 흘러내릴 때, 그 눈물은 무엇을 지나치게 누렸다는 증거가 아니라, 차라리 자극받은 우울, 신경이 간절히 청하는 바, 비록 반과거 속에 망명하고 있을망정 이 땅에 있을 때 즉시, 여기 드러난 천국을 거머쥐고 싶다는 자연의 증언이다.

그러므로 시의 원칙은 엄밀하고 단순하게 말해서 저 위에 있는 미를 향한 인간의 열망이며, 이 원칙은 심취 상태, 넋을 빼앗긴 상태로 나타나는데, 심취 상태란 가슴이 도취한 상태인 정념과는 완선히 독립되어 있으며,[30] 이성이 풀을 뜯어 먹는 초원이라 할 '진실'과도 완전히 무관하다. 왜냐하면 정념이란 **자연스러운 것**, 자연스럽다 못해 순수미의 영역에 어울리지 않는, 남에게 상처 주는 어조를 집어넣지 않을 수 없는 그런 것이기 때문이다. 너무도 친근하고 너무도 격렬하여 시의 초자연적 영역에 살고 있는 순수한 '욕망', 우아한 '우울'과 고귀한 '절망'을 건드리지 않을 수 없는, 그런 것이다.

다른 곳에서 나는 이렇게 말한 바 있다.

> 유용성이라는 발상, 미라는 발상에 그 무엇보다도 적대적인 이 생각이 팽배하고 다른 모든 생각보다 이것이 우위인 나라에서는 완벽한 평론가가 가장 **명예로운** 평론가, 즉 그 성향과 욕망이 대중과 가장 가까운 평론가일 것이다. 생산의 기능과 장르라는 것을 마구 뒤섞어 모든 기능과 장르에 오직 하나의 목표만을 부과하는 사람, 즉 자기 양심을 완벽하게 만들 방도를 시집에서 찾는 사람 말이다.

아닌 게 아니라 몇 년 전부터 글을 정직하게 쓰자는 커다란 광기가 연극, 시, 소설, 비평 분야를 덮쳤다. 이렇게 이 기능, 저 기능이 혼동되는 데서 위선이 무슨 이득을 찾아낼 수 있으며 문학적 무능이 무슨 위안을 얻어낼 수 있는가 하는 질문은 잠시 덮어두련다. 여기서는 단지 오류―이 오류가 이해관계를 떠난 것이라는 가정하에―를 지적하고 분석하기만 하련다. 낭만주의라는 혼란스러운 시대, 열띤 격정의 시대에는 종종 **가슴에서 우러나오는 시**라는 공식을 사용했다! 그리하여 정념에 충분히 권리를 주었다. 말하자면 정념은 반드시 있어야 한다고 보았던 것이다. 얼마나 많은 비상식과 궤변이 프랑스어에 미학의 오류를 강제로 덮어

씌울 수 있는지! 그 가슴에는 정념이 담겨 있지만 또한 헌신과 범죄도 담겨 있다. 오직 시심을 담고 있는 것은 '상상력'뿐이다. 그러나 오늘날 오류는 다르게, 더욱 큰 비율로 확산된다. 예컨대 한 여성이 변호사인 자기 남편에게 열렬히 감사한답시고 이렇게 말하는 식이다.

"오, 시인 같은 사람! 당신을 사랑해요!"

이 말은 감정이 이성의 영역을 침범한 것이다. 이는 말을 적절히, 그 용법에 맞게 할 줄 모르는 여성이나 할 법한 추론이다! 그런데 이 말의 의미는 "당신은 정직한 남자이며, 좋은 남편이에요. **그러니까** 당신은 시인이에요. 그리고 미라는 것을 표현하기 위해 운율 구성과 각운을 구사하는 사람들보다 당신이 훨씬 더 시인이라 할 만해요"라는 뜻이다. 심지어 아내 마음에 들 줄 아는 정직한 남자라면 누구나 더할 나위 없는 시인이라고—이 희귀한 주객선노를 용감하게 계속해보자—단언할 수도 있다. 한 발 더 나아가, 나는 어쩔 수 없는 부르주아인지라, 감탄할 만큼 운문 잘 짓는 사람이 자기 아내에게 홀딱 빠진 정직한 남자보다 시인 기질이 훨씬 덜한 사람이라고 단언한다. 왜냐하면 **모든 시의 바탕이라 할**, 나무랄 데 없이 운문 짓는 재주가 좋은 남편 노릇에는 해로울 테니까 말이다!

그러나 혹시 이런 오류—변호사들은 이런 오류가 매우 마음에 들겠지만—를 범한 예술원 회원[31]이 있다면, 안심하시라. 그들과 비슷한 사람도 많고 그중엔 유명한 이도 많다. 왜냐하면 금세기의 바람에는 광기가 서려 있기 때문이다. 근대의 이성을 재는 기후 측정계가 있다면 거기엔 '광풍 불다'라고 표시될 것이다. 최근 유명하고 두터운 신뢰를 받는 사람들 중 한 명인 어느 작가[32]가 시 자체를 '아름다움'이 아니라 사랑에다—그것도 천박한 집안의, 그리고 간병인의 사랑에다—갖다 놓아 만장일치의 박수를 받는 것을 우리는 보지 않았던가? 그리고 일체의 미를 증오하는 마음으로 "**고전적 조각가 세 사람보다, 양복 재단 잘하는 한 사람이 낫다**"[33]라고 외치며 레몽 륄[34]이 신학자가 된 것은 애써 구애하던 대상인 어느 부인의 유방에 생긴 암을 보고도 물러서지 않았다 하여 신이 그를 빌했기 때문이라고 확언하지 않았던가! "그가 그녀를 진정 사랑했다면 설혹 그녀가 유방을 도려낸 몸이 된다 해도 그의 눈에 얼마나 아름다워 보였겠는가!"라고 그 작가는 덧붙인다. 그러니까 그는 **신학자**가 되었단 말인가! 신학자가 되다니, 그것 참 아주 잘됐다. 바로 그 작가가 전지전능한 그 남편에게 조언하기를, 아내가 **애걸복걸하거나 속죄로 마음 가볍게 해달라고** 할 때는 그녀에게 매질을 하라고 한다. 당당하지도 못하고 열이 펄펄 나고 약해빠진, 인형놀이나 하고 있고 병을 찬양하는 마드리갈[35] 가사나 다듬으며 인류의 더러운 빨랫감 속에 누워 좋다고 뒹구는 늙은이에게 신은 어떤 벌을 내리길 허락할까? 나로서는 한 가지 벌밖에 모르겠다. 그건 깊이, **영원히** 자국을 남기는 고문이다. 우리 조상들, 어떤 상황에서도, 심지어 가장 결정적인 상황에서도 웃을 줄 알았던 이 기력 좋은 영감님들이 지은 노랫말에서 보듯이,

우스꽝스러운 것은
기요틴의 쇠보다도 더 날카로워라.[36]

화가 치솟는 바람에 이야기가 잠시 딴 길로 접어들었는데, 이제 거기서 빠져나와 다시 중요한 주제로 돌아가자. 가슴의 감수성이 시적인 작업에 절대적으로 도움이 되는 것만은 아니다. 감수성이 지나칠 경우, 해로울 수도 있다. 그러나 상상력의 감수성은 성격이 다르다. 그것은 선택하고 판단하고 비교하고, 이것은 피하고 저것은 탐구하는 일을 재빨리 자발적으로 할 줄 안다. 보통 '취향'이라 불리는 이 감수성을 통해 우리는 시의 소재를 선택할 때 악을 피하고 선을 찾는 능력을 이끌어낸다. 가슴의 정직함으로 말하자면, 천박한 예의를 지킨답시고 우리는 모든 사람, **심지어 시인들까지도** 정직함을 지니고 있다고 가정한다. 시인이 자기 작업에 순수하고 올바른 삶이라는 바탕을 마련해줄 필요가 있다고 믿는지 여부는 오직 그 시인의 고해 신부나 재판관들이 관여할 일이다. 그 점에서 시인의 조건은 그와 함께 사는 일반 시민들

모두의 조건과 절대적으로 같다.

내가 문제 제기를 할 때 쓴 표현에서 작가라는 말의 의미를 오직 상상력을 분출하는 작업에만 국한시켰다면, 테오필 고티에는 누구보다도 뼛속까지 작가라는 점을 독자는 알 것이다. 왜냐하면 그는 자기 의무를 꼭 지키는 노예처럼 살기 때문이며, 끊임없이 작가로서의 활동이 필요로 하는 바에만 복종하기 때문이며, '미'에 대한 취향이 그에겐 어떤 **숙명**과도 같은 것이기 때문이며, 자기 의무를 하나의 **고정 관념**처럼 만들었기 때문이다. 반짝이는 상식(내가 여기서 말하는 상식이란 천재의 상식이지 미미한 사람들이 말하는 상식이 아니다)으로, 그는 곧 큰길을 다시 찾았다. 작가란 저마다 자신의 주된 기능이 눈에 띄게 마련이다. 샤토브리앙은 우울과 권태의 고통스러운 영광을 노래했다. 빅토르 위고는 말하자면 키클로페스[37]가 만든 거대한 신화 속의 창조처럼 위대하고 무시무시하고 끝이 없어서, 자연과 그 조화로운 투쟁의 막대한 힘을 표현한다. 발자크 역시 위대하고 무시무시하고 복합적이지만, 그는 한 문명이라는 괴물과 그 모든 투쟁, 야망, 광기를 그려낸다. 고티에는 그저 '미'의 모든 하위 분야에서 가장 적절한 언어로 표현된, 절대적 미를 사랑할 뿐이다. 그리고 중요한 작가들은 거의 모두가 저마다의 세기에서 이른바 그 자리의 주인이거나 선장 같은 존재로서, 그들을 대신하기에 적당한 유사 작가들―비슷하게 글을 쓰는 작가들이라고도 말할 수 있는 사람들―을 그 발밑에 두었음에 주목하자. 그러니 만약 하나의 문명이 사라져갈 때 특별한 유형의 시 한 편이 재발견된다면, 사라진 비슷한 것들이 어땠는지를 이로써 충분히 알 수 있겠으며, 비판적 정신을 가진 사람이라면 세대와 세대를 잇는 사슬을 이로써 공백 없이 재확립할 수 있게 마련이다.[38] 그런데 '미'를 사랑했기에―이 사랑은 무한하고 풍성한 열매를 맺으며 끊임없이 새로워지는 사랑인데―(예컨대 최근의 상트페테르부르크와 네바 강[39]을 《이탈리아Italia》 또는 《트라스 로스 몬테스Tras los montes》[40]와 비교하는 마지막 연재 글을 보자), 테오필 고티에는 **새롭고도 독특한** 장점을 지닌 작가라 할 수 있다. 그에 대해 지금까지는, **대신할 자가 없는** 작가라고 말하겠다.

'미'에 대한 이 열정을 돕기 위해 그가 아주 잘 쓰는 도구에 대해 점잖게 말하자면, 나는 고티에의 문체를 언급하고 싶다. 이런 출처들과 결코 틀림없는 그의 언어에 대한 지식, 신성한 숨으로 한 장 한 장 흔들리긴 하지만 늘 적절한 단어, 유일한 단어를 샘솟게 할 만큼만 살짝 들추어지는 그 훌륭한 사전, 끝으로 특징 하나하나와 터치 하나하나를 자연스러운 자리에 배치하고 그 어떤 미묘한 표현도 놓치지 않는 이 질서 정연함을 나는 즐겨야 할 것이다. 이 놀라운 능력에다 고티에가 천부적으로 지닌, 교감에 뛰어난 끝 간 데 없는 지성과 보편적 상징주의의 지성, 즉 은유로 된 이 레퍼토리를 더했다는 점을 생각하면, 고티에가 끊임없이 지치지도 틀리지도 않고 그가 창조한 대상이 인간의 시선 앞에서 취하는 수수께끼 같은 태도를 이로써 규정할 수 있다는 것이 이해가 된다. 그가 쓰는 단어나 동사 속에는 뭔가 **성스러운 것**이 있어 우리는 아무렇게나 그걸 갖고 놀지 못한다. 언어를 현명하게 다룬다 함은 일종의 환기의 마술을 실천하는 것이다. 그제야 비로소 색채가 깊이 떨리는 음성처럼 말을 한다. 그제야 비로소 기념물들이 우뚝 서서 깊은 공간 위에 부각된다. 그제야 비로소 추함과 악을 표현하는 동식물들이 확실히 눈살을 찌푸려 보인다. 그제야 비로소 향기는 생각과 그에 해당하는 추억을 촉발한다. 그제야 비로소 정념이 언제까지나 유사한 그 언어를 슬며시 속살거리거나 크게 부르짖는다. 테오필 고티에의 문체에는, 사람을 홀리고 놀라게 하며 심오한 수학이 놀이 속에서 발휘하는 기적과도 같은 것을 생각나게 하는 정정당당함이 있다. 나는 아주 젊은 시절, 처음으로 이 시인의 작품들을 맛보았을 때, 알맞은 곳에 적절히 가해진 터치, 그 직설적인 한 방에 전율을 느꼈던 기억이 나고, 그렇게 감탄하다보니 내 안에 일종의 신경증적인 경련이 일던 생각이 난다. 나는 조금씩 완벽함에 익숙해졌고, 마치 떨어질 염려 없는 말에 올라타 마음대로 몽상할 수 있거나 단단한 배에 올라타 나침반이 예측하는 날씨에 도전하는 자처럼, 또 '자연'이 아직 천재였던 시절에 쌓아 올린 훌륭한 풍경들을 여유롭게 감상할 수 있는 자처럼 이 일렁이며 반짝이는, 아름다운 문체의 움직임에 넋을 잃고 빠져들었다. 그리도 소중하게 길러진 이 천부적 재질 덕에 고티에는 종종 (우리 모두가 보았다시피) 신문사 사무실의 흔해빠진 책상 앞에 앉아 평론이든 소설이든, 또 나무랄 데 없이 끝나는 특징을 지닌 무슨 글이든 즉흥적으로 썼으며, 그다음 날이면 그 글은 일필휘지의 아름다운 필치로 인쇄소 식자공들에게 놀라움을 불러일으켰고 같은 즐거움을 독자들에게도 안겨주곤 했다. 이렇게 민첩하게 글을 쓰면 문체와 구성의 문제가 다 해결되는데, 그가 한때 대화 중에 내 앞에서 우연히 했던 말이자 아마도 자신의 지속적 의무로 삼았던 듯한 말, 즉 "설령 착상이 지극히 미묘하고 뜻밖의 것이라 하더라도, 그 착상이 갑자기 허를 찌르듯 찾아오는 그런 사람 모두가 작가는 아니다. 글로 표현할 수 없는 것은 이 세상에 존재하지 않는다"라는 엄격한 금언을 우리는 꿈꾸게 되지 않는가?

4

의도치 않게도 미와 그림 같은 것에 대해 언제까지나 지속적으로 관심을 쏟다보면, 저자는 그의 기질에 맞는 유형의 소설을 쓰지 않을 수가 없을 것이다. 장편 소설과 단편 소설이 지닌 특권은 그것들이 놀라울 정도로 유연하다는 것이다. 장편과 단편은 모든 본성에 다 들어맞으며 모든 주체를 포괄하고, 저마다 나름의 다른 목표를 추구한다. 그 목표란 때로 정념의 탐구이기도 하고, 때로는 진실의 탐구이기도 하다. 어떤 소설은 대중에게 말을 걸고, 또 어떤 소설은 어느 정도 입문한 사람들에게만 말을 건다. 지나간 시대의 삶을 되짚어보는 소설도 있고, 하나뿐인 뇌 속에서 일어나는 소리 없는 극을 다루는 소설도 있다. 시와 역사보다 매우 중요한 자리를 차지하는 소설은 사생아와 같은 장르로, 그 영역이 참으로 무한하다. 많은 사생아가 그렇듯이, 소설은 하는 일마다 성공하는 행운을 가졌다는 점에서 마치 버릇없이 키운 자식과도 같다. 소설은 무한한 자유 외에 다른 불편한 요소들을 견디지 않아도 되며, 다른 위험도 모른다. 더구나 압축적이고 밀도 있게 축약된 단편은 이 제한이라는 것이 제공하는 혜택을 영원히 누린다. 그리고 단편 소설 한 편 읽는 데 드는 시간이 장편 소설 한 편을 소화하는 데 필요한 시간보다 훨씬 적기에, 효과 전

체에서 아무것도 잃는 것이 없다.[41]

시적이고 그림처럼 아름답고 또한 명상적인 테오필 고티에의 정신은 틀림없이 소설이라는 형식을 좋아해서 그것을 어루만지고 그것에 수없이 마음대로 여러 의상을 입혔을 것이다. 그래서 그는 그가 달려든 다양한 종류의 단편 소설에서 십분 성공을 거두었던 것이다. 그는 괴기한 소설과 우스꽝스러운 인물이 등장하는 소설에 매우 능했다. 가끔가다 억눌렸던 쾌활함의 수문을 터뜨리고 이 **고유한** 멋을 간직하는 몽상가의 고독한 즐거움은 무엇보다도 자기 자신의 마음에 들고자 한다. 하지만 그가 가장 높이 올라간 곳, 그가 가장 확실하고도 진지한 재능을 보여준 곳은 뭐니 뭐니 해도 단편 소설인데, 나는 그것을 '시적 단편 소설'이라고 부르련다. 인간 정신을 채워주거나 재미있게 해주는 수많은 장편 소설, 단편 소설 형식 중에서 사람들이 가장 좋아한 것은 풍속 소설이다. 이 소설 장르가 대중에게 가장 잘 맞았다. 파리스[42]가 무엇보다도 파리스라는 제 이름이 불리는 것을 좋아하듯이, 대중은 제 얼굴이 비춰 보이는 거울에서 제 모습을 보고 좋아라 한다. 그러나 풍속 소설이 저자의 타고난 고상한 취향으로써 고양되지 않는다면 그 소설은 밋밋해질 위험성이 다분히 있고—예술의 소재로서 효용성이란 것이 얼마나 고귀한지로 측정될 수 있는 만큼—심지어 완전히 쓸모없어질 수도 있다. 발자크가 소설이라는 이 품위 없는 장르를 감탄스럽고 항상 호기심에 차 있고 종종 지고하기까지 한 장르로 만들었다면, 그건 그가 그의 전 존재를 거기다 쏟아부었기 때문이다. 나는 발자크가 지닌 커다란 영광이 관찰자인 채로 남았다는 데 있다는 사실에 놀란 적이 많다. 나는 늘 발자크의 주된 장점이 선각자, 그것도 열정을 지닌 선각자라고 보았기 때문이다.[43] 그의 소설에 나오는 등장인물은 전부 생의 열렬함을 타고났으며, 그 열렬함 덕분에 발자크 자신도 활기를 띨 수 있었다. 이렇게 발자크의 모든 소설은 그의 꿈처럼 깊이 채색되어 있다. 그의 연작 소설 《인간극 La Comédie humaine》에 나와 움직이는 배우들은 맨 꼭대기 귀족 계급부터 맨 아래 가장 낮은 평민들에 이르기까지 모두 진짜 세상의 극이 보여주는 것보다 삶에 대해 좀 더 모질고, 투쟁할 때는 좀 더 적극적이고 꾀바르며, 불행을 좀 더 잘 참아내고, 누리는 데에는 좀 더 탐욕스러우며, 헌신할 때는 좀 더 천사 같다. 한마디로 발자크가 그려내는 인물 하나하나는, 심지어 문지기조차 천재성이 있다. 모든 사람이 그 입매까지 의지로 꾹꾹 다져진 무기들이다. 그것은 바로 발자크 자신의 모습이다. 그의 정신이 보기에는 바깥세상의 모든 존재가 힘 있게 도드라지며 잔뜩 찌푸린 채로 모습을 드러냈기에 자기 얼굴도 잔뜩 경련을 일으켰던 것이다. 그는 그 인물들의 그림자는 어둡게 표현했고, 그들이 지닌 환한 부분은 밝게 표현했다. 자잘한 것들에 몹시 집착하는 그의 취향은 모든 걸 보고 보여주며 모든 걸 짐작하고 짐작하게 하겠다는 끝 간 데 없는 야망에서 나왔는데, 이 취향 탓에 그는 전체 구도를 보존하기 위해 소설의 주요 선들을 더 힘차게 강조할 수밖에 없었다. 발자크를 생각하면 때로, 물어뜯긴 것 같은 자국에 결코 만족하지 못하고 그림판의 할퀸 자국을 움푹 파인 도랑으로 바꾸어놓던 저 수채화 작가들이 생각난다. 이 타고난 놀라운 성정에서 감탄할 만한 작품들이 나왔다. 그러나 이런 성정이 보통은 발자크의 흠결로 규정된다. 그런데 좋게 말하자면 바로 이것이 발자크의 장점이기도 하다. 그러나 대체 그 말고 다른 누가 있어, 이렇게 좋은 재능을 타고났으며 확실히 순수한, 자잘한 것들을 빛과 자색으로 뒤덮어도 되는 그런 방법들을 작품에 적용할 수 있다고 뽐내겠는가? 누가 이런 일을 할 수 있을까? 그런데 사실을 말하자면, 이렇게 할 수 없는 사람은 큰일을 할 수 없다.

테오필 고티에의 뮤즈는 이보다 좀 더 이상적인 세상에 살고 있다. 어떤 사람은 그 뮤즈가 걱정을 너무 하지 않는다고 생각한다. 말하자면 코클레 씨와 피플레 씨나 투르몽드 씨[44]가 하루를 어떻게 보내는지, 그리고 코클레 부인이 한창 나이일 때 티볼리[45]의 가장 쾌활한 무용수이며 옆집에 살던 집달관이 약국에서 파는 사탕을 바치며 그녀의 환심 사는 것을 달가워하든 말든 고티에의 뮤즈는 개의치 않는다. 이 뮤즈는 이런 알쏭달쏭한 일들로 괴로워하지 않는다. 이 뮤즈는 롱바르 거리[46]보다는 인적 드문 언덕에 사는 데 만족한다. 그는 무시무시하고 반복적인 풍경이나, 단조로운 매력을 발산하는 사람들을 좋아한다. 이오니아[47]의 푸른 강변이나 사막의 눈부신 모래를 좋아한다. 그리고 선택된 향기의 내음이 감도는 화려하게 장식된 아파트에서 기꺼이 살아간다. 고티에의 소설 속 등장인물들은 신, 천사들, 사제, 왕, 연인, 부자, 빈자 등등이다. 그의 뮤즈는 사라진 도시들 되살리기를 좋아하고, 살아난 망자들에게 끊겨버린 열정을 다시 말하게 하기를 즐긴다. 시에서 운율과 각운을 빌려오는 것이 아니라 위풍당당한 예절이나 언어의 함축된 에너지를 빌려온다. 이처럼 이 뮤즈는 지금 이 현실의 평범한 소란을 버리고 좀 더 자유롭게 '미'를 향한 꿈을 좇지만, 이토록 나긋나긋하고 복종적이지 않았다면, 또 삶에 자기가 보고 싶은 모든 것—**눈에 띄지 않고 만져지지 않는다는** 조건—을 부여하는 스승의 딸이 아니었다면, 큰 위험을 무릅쓰게 될 터이다. 결국 시 같은 단편 소설은 점잖음이라는 면에서 은유 빼고 무한한 이점이 있다. 다시 말해 소설 속에서 쓰는 어조도 더 고귀하고 일반적이지만 이 또한 커다란 위험에 부딪히는데, 그 위험이란 현실성이나 그럴 법해 보이는 마술이란 면에서는 손실이 크다는 점이다. 하지만 파라오의 연회, 노예들의 춤,《미라

이야기Le Roman de la momie》[48]에서 등장한 군대의 개선 장면을 누가 기억하지 못하겠는가? 독자의 상상력은 진실 쪽으로 옮겨갔음을 독자 스스로가 느낀다. 그 상상력은 진실을 호흡한다. 또 뮤즈의 마법에 의해 만들어진 두 번째 현실에 도취한다. 나는 그 예를 일부러 고르지는 않았다. 다만 내 기억에 처음 떠오른 것을 예로 들었을 따름이다. 그런 것들이라면 한 스무 가지쯤은 인용할 수 있을 것이다.

능력 있는 거장 고티에의 의지를 확신하면서, 또 그가 직접 썼다는 확신을 가지고 이것저것 작품을 뒤지다 보면, 모든 작품이 하나같이 특징 있고 완결성 있게 눈이나 기억에 와닿아서 어느 한 가지만을 고르기가 어렵다. 그렇지만 나는 단지 말 잘하는 기술의 표본으로서만이 아니라 신비로운 섬세함의 표본으로서도 (왜냐하면 우리의 시인 고티에에게 감정의 폭은 우리가 보통 생각하는 것보나 훨씬 넓게 펼쳐져 있으니) 잘 알려진 〈칸다올레스 왕[49]Le Roi Candaule〉을 기꺼이 추천하겠다. 물론 이보다 더 많이 인용된 주제, 이보다 더 보편적으로 결말이 내다보이는 극적인 이야기를 고르기가 어려웠다. 그러나 참된 작가들은 이런 난관을 좋아한다. 그러므로 모든 장점은 (굳이 언어를 뺀다면) 해석에 있다. 모든 여성이 쉽게 접근할 수 있는 천박하고 닳아빠진 감정이 있다면, 그건 물론 정절이다. 그러나 여기서 정절은 과장된 특성이 있어, 종교와도 비슷하다. 그것은 여성을 그 자체로서 숭배하는 것이다. 그것은 구식이고 아시아적인[50] 정절로, 엄청나게 큰 구세계가 다 그렇게 생각했다. 여자란 그야말로 온실이나 규방, 여자들만 사는 공간에 핀 꽃과 같다. 그것을 입이나 손으로 더럽힐 수 없듯이 세속적인 눈으로도 더럽힐 수 없다. 들여다보는 것은 곧 소유하는 것이다. 칸다올레스는 자기 친구인 기게스[51]에게 아내의 은밀한 아름다움을 보여준다. 그리하여 칸다올레스는 이 일이 죄가 되어 죽음에 이른다. 왕비에게는 이제 기게스가 유일한 남편이다. 하지만 칸다올레스에겐 힘 있는 변명거리가 있지 않은가? 그는 황제처럼 당당하면서도 기이한 감정의 피해자요, 신경질적인 사람이자 예술가로서 비밀을 털어놓을 사람 없이는 이 막대한 행복의 무게를 감당할 수 없다는 사실의 피해 당사자 아닌가? 당연히 그렇다. 역사를 이렇게 해석하는 것, 사실을 낳은 감정을 이렇게 분석하는 것은 플라톤[52]의 우화보다 훨씬 낫다. 플라톤의 우화에서 기게스는 단지 부적을 지닌 양치기일 따름이다. 그 부적의 도움을 받았기에 그는 자기 나라 왕의 배우자인 왕비를 쉽게 유혹할 수 있었다.

여러 겹으로 화장한 이 기이한 뮤즈, 알키비아데스[53]처럼 나긋나긋한 이 세계시민적 뮤즈는 이렇게 다양한 행동거지를 보인다. 때로는 이마에 동양적인 머리띠를 하고, 위대하고 성스러운 태도로 배에 작은 복대를 두르고, 여자의 환심을 사던 세기의 벽난로 장식용 도자기 코끼리에 올라타 때로는 손에 구리 양산을 들고 으스대는, 기분 좋게 취한 시바 여왕[54]처럼. 그러나 특히 이 뮤즈가 좋아하는 것은 내해內海의 향기로운 해변에 서서 그 황금 같은 언변으로 '그리스의 영광과 로마의 위대함'을 우리에게 들려주는 것이다. 그러면 그녀는 정말 '진정한 성지에서 돌아온 진정한 프시케[55]'가 된다!

테오필 고티에는 형식과 그 형식 속의 완벽을 추구하는 이 천부적 취향 덕에 다른 작가들과는 완전히 구분되는 저자이자 비평가가 된다. 아름다운 예술 작품을 보았을 때 상상력이 얼마나 행복한지를 고티에보다 더 잘 표현할 수 있었던 사람은 없다. 설사 그 예술 작품이 별로이고 끔찍하다 해도 말이다. 끔찍한 소재도 예술적으로 표현되면 아름다움이 되며 리듬감과 박자감이 가미된 고통은 정신을 차분한 기쁨으로 채워준다는 것이, 예술이 지닌 놀라운 특권 중 하나다. 비평가로서 테오필 고티에는 미전평과 감탄스러운 여행기를 쓰느라 멋진 아시아인, 멋진 그리스인, 멋진 로마인, 멋진 스페인인, 멋진 플랑드르인, 멋진 네덜란드인, 멋진 영국인의 이름을 알게 되었다. 전 유럽 미술가들의 작품이 파리의 몽테뉴 거리에 엄숙히 모여 마치 일종의 미학적 공의회가 열린 것처럼 되었을 때,[56] 누가 처음으로 입을 열었던가? 그리고 대중 가운데 가장 학식 있다는 사람들도 레이놀즈[57]와 로런스[58]의 몇몇 기억에 의거해서만 판정할 수 있었던 이 영국 수채화 유파에 대해 누가 가장 잘 얘기했던가? 다양하면서도 본질상 새롭다는 레슬리[59]의 장점들을 즉각 파악한 사람이 누구던가?[60] 두 명의 헌트[61]―하나는 자연주의자요, 하나는 라파엘전파前派를 이끈 화가―에 대해, 대담하고 혈기 왕성하며 자신만만한 구성을 보이는 매클리스[62]에 대해, 세심한 시인 밀레이에 대해, 공원의 오후 축제 장면을 즐겨 그렸고 바토[63]처럼 여자의 환심을 잘 사고 클로드[64]처럼 몽상가였던 화가 J. 샬런[65]에 대해, 레이놀즈의 뒤를 이어받은 그랜트[66]에 대해, 〈베네치아의 꿈〉을 그린 화가 후크[67]에 대해, 그림 속 짐승들의 눈이 생각으로 가득 차 있는 랜시어[68]에 대해, 퓨젤리[69]를 꿈꾸게 하고 옛 시대의 인내심으로 범신론적 개념을 그림으로 수놓은 괴짜 화가 페이턴[70]에 대해, 이야기를 그림으로 그린 수채화가 캐터몰[71]에 대해, 그리고 이름이 생각나지 않는, 다른 사람(코커럴이던가 켄들이던가?), 아무튼 종이 위에 코끼리 모양의 기둥을 가진 다리들이 세워져 그 다리 사이로 커다란 돛단배 세 척이 돛을 팽팽히 달고 지나가는 도시들을 세운 몽상적 건축가에 대해 말할 수 있는 사람이 누구던가? 자기의 천재성을 즉각 영국화할 줄 안 사람이 누구던가? 사람을 흘리는 이 신선함과 영국 수채화의 그 아스라한 심오함을 표현하기에 적절한 단어들을 찾아낸 사람이 누구던가? 묘사하거나 설명할 예술적 산물이 있는 곳이면 어디든 그가 있었고, 그는 늘 준비되어 있었다.

모든 젊은이(아름다운 것을 좋아하는 취향을 타고난 사람들)가 그들에게 부족한 보충 교육을 받은 것도 고티에의 수많은 연재 글과 빼어난 여행기 덕분이라고 나는 확신한다. 마치 빅토르 위고 덕에 많은 젊은이가 고고학에 취미를 갖게 됐듯이[72] 테오필 고티에는 그림을 애호하는 마음을 그들에게 심어주었다. 참을성 있게 계속된 이 끊임없는 평론 작업은 처음 보기보다 더 힘들고도 더 칭찬받을 만한 작업이었다. 왜냐하면 프랑스, 즉 프랑스 대중(여기서 몇몇 예술가와 몇몇 작가들만 제외한다면)은 예술가가 아니며, 본래 그렇기 때문이다. 프랑스의 대중은 철학자이며, 도덕주의자, 공학자, 이야기와 일화를 좋아하는 사람들, 그 밖에 뭐든지 다지만, 자발적인 예술가는 결코 아니다. 프랑스 대중은 느낌을 갖거나, 차라리 하나씩 하나씩 분석하여 판단한다. 반면 예술에 좀 더 좋은 조건을 갖춘 다른 민족은 즉시 모든 것을 한꺼번에, 종합적으로 느낀다.

프랑스 대중은 아름다움만 보아야 할 곳에서 진실만을 찾는다. 프랑스인은 화가여야 할 때 문인이 된다. 어느 날 나는 연례 미전에 걸린, 어느 부엌의 실내를 그린 그림 앞에서 당혹해하는 두 병사를 보았다. "아니, 대체 나폴레옹은 어디 있는 거지?" 한 병사가 말했다(전시회 안내서에는 번호가 잘못 매겨져 있었고, 부엌이 있는 그림엔 나폴레옹의 유명한 전투 그림에 붙어야 할 번호가 매겨져 있었던 것이다). "바보야, 그가 돌아올 때에 맞추어 저녁에 먹을 수프 끓이는 게 너는 안 보이냐?"라고 다른 병사가 말했다. 두 사람은 화가에게 만족하고 자신들에게 만족하며 전시장을 나갔다. 이것이 바로 프랑스의 진면목이다. 내가 이 일화를 어느 장군에게 말해주었더니 그 장군은 거기서 프랑스 병사의 놀라운 지성에 감탄했다. 그런 걸 감탄할 게 아니라 그는 '모든 프랑스인의 그림 보는 놀라운 지성'이라고 말했어야 했다! 이 병사들이 바로 문인의 모습이지 뭔가!

5

오호라! 아쉽지만 프랑스는 절대 시인은 아니다, 아니고 말고, 더는 아니다. 우리 모두는 생긴 이대로, 비록 프랑스인들이 가장 덜 국수주의적인 민족이라곤 하지만 함께 둘러앉은 식탁에서, 머나먼 해변에서 프랑스를 수호할 수도 있었다. 그러나 여기, 우리 집에서, 가족끼리는 진실을 말해보자. 프랑스는 시인 체질인 나라가 아니다. 까놓고 말하자면, 심지어 프랑스는 선천적으로 시를 끔찍이 싫어한다.[73] 운문도 짓는 작가들 중에 프랑스인들이 늘 선호하는 사람들은 가장 산문적인 사람들이다. 내 생각엔—뮤즈를 정말로 좋아하는 나를 용서하시라!—이 글을 시작할 때 프랑스에선 '미'가 정치적 양념으로 맛이 돋우어졌을 때에만 쉽게 소화된다고 말한 것이 얼마나 용기가 부족한 짓이었는지! 그와 반대로 말했어야 하는 건데. 양념이 아무리 정치적이더라도 '미'는 소화 불량을 초래하거나 차라리 프랑스의 위장이 즉각 그것을 거부한다. 이는 프랑스가 '미'의 탐구보다는 '진실'의 탐구를 위해 신의 섭리로 창조되었다는 사실에서만 기인하는 것이 아니라, 이상향주의자든 공산주의자든 연금술사든, 뇌를 지닌 사람들 모두가 오직 한 가지 열정, 즉 사회주의 공식에 대한 열정만을 자신에게 허용하는 데에서 기인한다. 여기에서는 각자가 모든 이와 닮고 싶어 한다. 단, 모든 이가 자기와 닮았다는 조건하에서 그렇다. 이 모순적인 독재는 오직 사회적 형식에만 적용되는 투쟁으로 귀결된다. 이는 일반적인 하나의 수준이며 하나의 유사점이다. 거기서 온갖 독창적인 파멸과 억압이 나온다. 그러니 진정한 시인들이 마치 이야기 속에 나오는 이상한 존재들처럼 보이는 것은 비단 문학 차원에서만이 아니다. 인간이 발명해낸 모든 장르에서, 위인은 (여기서) 괴물이라고 말할 수 있다. 반대로 다른 나라에서는, 독창성이 마치 야생 잔디처럼 **빽빽하고도** 풍성하게 생성된다. 다른 나라의 풍습에선 그런 일이 허용되는 것이다.

그러니 프랑스 시인들을 은밀히, 남몰래 사랑하자. 프랑스 아닌 다른 나라에서라면 시인이라고 뽐낼 권리가 있을 것이다. 이웃나라 사람들은 셰익스피어[74]와 괴테[75] 이야기를 한다! 우리 프랑스는 그들에게 답할 수 있다. 우리에겐 빅토르 위고와 테오필 고티에가 있노라고! 테오필 고티에에게 주된 명예를 안겨준 장르[76]에 대해 내가 이보다 더 적게 이야기를 펼친다면 아마도 사람들은 놀라워할 것이다. 물론 내가 여기서 시학과 운율에 대해 완벽하게 강의할 수는 없다. 만약 프랑스어에 어떤 시를 설명하기에 충분히 많고도 미묘한 표현이 존재한다면, 내가 그 표현들을 찾아낼 수 있을까? 독창성과 올바름이 녹아든 몇몇 아름다운 여인들이나 운문이나 매한가지다. 사람들은 그들을 정의하는 것이 아니라, 그저 **사랑한다**. 테오필 고티에는 **한편으로** 샤토브리앙이 창시한 우울의 큰 유파를 이어받았다. 그의 우울은 심지어 좀 더 긍정적이고 육체적인 성격을 띠기까지 했으며, 때로는 고대의 슬픔에 사람을 가두어놓기도 한다. 〈죽음의 극〉이라는 시나 스페인 체류에서 영감을 받아 쓴, 현기증과 허무에 대한 공포가 드러나는 시들이 그렇다. 예를 들어 수르바란[77]과 발데스레알[78]에 대해 쓴 시들을 다시 읽어보라. 우루뉴[79]의 괘종시계 문자판에 쓰인 문장의 감탄스럽고 장황한 설명을 다시 읽어보라. "모두 부상당하고, 마지막에 남은 사람이 죽인다(Vulnerant omnes, ultima necat)."[80] 마지막으로, 〈어둠Ténèbre〉이라 불리는 놀라운 교향곡.[81] "내가 '교향곡'이라고 부르는 이유는 이 시를 읽으면 때로 베토벤이 생각나기 때문이다. 관능적이라고 비난을 받는 이 시인도 때로 침잠하는 경우가 있었다. 그만큼 그의 우울은 보편적 공포 속에서 강렬했다. **다른 한편으로** 그는 자기 시에 새로운 요소를 도입했다. 나는 그것을 눈을 기쁘게 하고 정신을 즐겁게 하는 그림 같은 모든 대상을 통해 예술이 주는 위안이라고 부르겠다. 그는 프랑스 운문으로 하여금 지금까지 말했던 것 이상을 말하게 했다. 그는 빛을 쐬어 부각시키는, 그러면서도 전체의 윤곽이나 일반적 외곽선에 해를 끼치지 않는 수많은 세부 사항을 재미있게 장식할 줄 알았다. 그의 시는 당당하면서도 값진 것이어서, 마치 대단하게 차려입은 궁정의 인물들처럼 훌륭하게 진행된다. 게다가 규칙적인 흐름을 보이는데, 이는 진정한 시가 지닌 특성이다. 그것은 바다에, 즉 죽음과 결말에, 무한에 가까워지며 곤두박질치거나 급격히 끊어지는 길을 피하려는 큰 강물과 같다. 서정시는 날아오르되 항상 늘었다 줄었다 하고 일렁이면서 날아오른다. 서정시는 급격한 것, 분절되는 것은 좋아하지 않으며, 그런 것들은 극이나 풍속 소설에서나 쓰라고 줘버린다. 그 재능을 필자가 이렇게도 열정적으로 아끼는 시인 고티에는 이 큰 문제들을 속속들이 알고 있었고, 체계적으로 또 계속해서 8음보의 시에 알렉상드랭의 당당함을 도입함으로써 그 점을 완벽하게 입증했다(《에나멜과 카메오Émaux et Camées》). 특히 이 작품집에서는 회화와 음악이, 선율의 폭이, 정확하기 그지없는 각운이 규칙적으로 또 대칭적으로 나타나는 자줏빛 홍조가 섞임으로써 얻을 수 있는 결과가 온전히 드러난다.

어떤 것은 조각상을 닮고 또 어떤 것은 꽃을, 또 어떤 것은 보석을 닮았지만 하나같이 중국이나 인도의 색깔보다 더 빛나거나 더 섬세한 색깔을 띠었고 전부 대리석이나 수정으로 만든 물건보다 더 순수하고 더 결정적으로 깎인 맵시를 지닌, 그리고 친절하고 몽상적인 간주곡 몇몇 구절로 이뤄진 소품 연작을 다시 떠올려야 할까? 시를 좋아하는 사람이라면 누구라도 그 시들을 외우고 있을 것이다.

6

나는 테오필 고티에의 작품들이 일으키는 감탄을 말로 표현하려고 또 그렇게 감탄할 만한 이유들을 유추해보려고 애를 썼다(유추하는 데 정말로 성공하긴 했던가?). 심지어 작가들 중에도 어떤 사람들은 나와 생각이 다를 수도 있다. 하지만 아마 머지않아 모두들 이런 생각을 할 것이다. 대중 앞에서는 오늘날 고티에가 그저 후세 앞에 선 매혹적 정신의 소유자일 뿐일지도 모른다. 그러나 훗날 그는 비단 프랑스뿐만 아니라 유럽의 거장 작가들 가운데 한 사람이 될 것이다. 그 빈정거림, 조롱, 결코 속아 넘어가지 않겠다는 단호한 결의를 보노라면, 그는 어느 정도는 프랑스인인 것 같다. 그러나 그가 정말 뼛속까지 프랑스인이라면 그는 시인이 아닐 터이다.

너무나 순수하고 다정한 그의 몸가짐, 남을 잘 돕는 그 성격, 있는 그대로 속을 털어놓아도 될 때, 적대적 속물과 대면하고 있지 않을 때의 솔직함, 모든 의무를 이행할 때 시계처럼 시간을 잘 지키는 그의 습성에 대해 무슨 말을 할 수 있을까? 또 말한들 무엇 하겠는가? 모든 작가가 수많은 기회에 그의 이 고귀한 품성들을 칭찬할 수 있었으리라.

때로 그의 정신이 종교와 정치에 관해서는 공백을 남긴다는 비판도 있다. 내가 마음만 먹는다면 이 부당한 오류를 멋지게 반박할 글을 새로 쓸 수도 있을 것이다. 그리고 내가 이른바 재사才士라는 사람들에게 고티에의 아름다운 지성을 흠뻑 물들일 만큼 질서가 필요하여 그들이 정치와 종교 분야의 온갖 오류에 물들지 않고 충분히 보호될 수 있다고 말한다면, 또 고티에가 어느 누구보다도 자연의 위에서 아래까지, 무한의 모든 단계마다 새겨진 보편적 위계질서에 대한 감각을 지녔다고 한다면, 그들이 내 말을 이해하리라는 것을 나는 안다. 겉보기엔 냉정한 그의 모습을 때때로 언급하는 사람도 있다. 이렇게 비판하는 사람들은 아직도 경박하고 생각이 없는 것이다. 인류애가 있는 사람이라면 누구든지 인간을 사랑한다는 웅변에 동원되는 몇 가지 소재가 딸리는 법이 없고, 반드시 이 유명한 말을 인용하게 마련이다.

"나는 인간이다. 나는 인간에 대한 것은 그 어떤 것도 남의 일로 보지 않는다(Homo sum; nihil humani a me alienum puto)."[82]

이 말에 대해 시인이라면 이렇게 답할 수 있으리라. "나는 '누가 됐든지 사람의 일은 내게 남의 일일 수 없다'라는 수준 높은 의무를 나 자신에게 부과했다. 내 기능은 초인적이다." 그러나 고티에는 자신의 특권을 남용하지 않고도 이렇게 단순하게 대꾸할 수 있을 것이다(너무나 부드럽고 너무나 공감 잘하는 그의 가슴을 잘 아는지라, 나는 그가 이렇게 대꾸할 권리가 있다는 것도 안다). "당신들은 내가 냉정하다고 생각하는데, 당신들의 추함과 야만성을 끊임없이 흔들어놓고 싶어서 내가 겉으로 짐짓 침착한 척하는 것은 못 보는군요. 오, 산문적 인간, 죄 많은 인간들 같으니! 당신들이 무관심이라고 부르는 것은 기실 절망에서 나온 체념에 지나지 않은 것을. 심술궂은 자들과 바보들을 치유 불능이라고 보는 사람은 감동도 아주 드물게만 할 수밖에 없지요. 그러니 내가 시선을 자꾸 무구한 뮤즈 쪽으로만 고집스럽게 돌리는 것은 당신들의 딱한, 미친 꼬락서니와 잔인함을 피하기 위함이라오."

근년 들어 고티에가 누구든 설득하거나 고쳐주고, 때로는 드러나게 약해진 모습을 보이면서 발전이라는 주교와 산업[83]이라는 전능한 부인에게 찬사를 여기저기 퍼붓고 다닌 것은 아마도 바로 이런 절망 탓일 것이다. 이 상황에서 너무 빨리 그를 겉모습대로만 보아서는 안 된다. 그리고 이것이야말로 때로는 **경멸하다 보니 마음이 너무 약해지는 경우**[84]라고 할 수 있다. 그때 비로소 그는 조금만 양보하여(황혼빛으로도 환히 볼 수 있는 사람들이 이런 양보를 좋아한다), 그는 단순히 모든 이와—심지어 산업과 발전, 모든 시의 폭압적인 적들과도—평화롭게 지내고 싶다는 것을 증언함으로써 진정한 자기 생각은 자기 것으로만 간직할 것이다.

고티에는 공직을 맡은 적이 한 번도 없다며 여러 사람이 유감을 표명하는 소리를 나는 들었다. 많은 것들, 특히 미술 차원에서 봤을 때, 그가 공직을 맡았다면 프랑스에 뚜렷이 봉사를 했을 법하다. 그러나 두루 살펴보았을 때 그가 공직을 맡지 않는 게 낫다. 아무리 한 사람의 천재성이 미치는 범위가 넓고 그 선의가 아무리 크다 해도, 공직을 맡게 되면 사람이 어느 정도는 축소되게 마련이다. 이런 점에서 어떤 때는 그의 자유가 느껴지거나 어떤 때는 통찰력이 느껴진다. 나로서는 《죽음의 극》, 〈클레오파트라의 밤Une nuit de Cléopâtre〉, 〈죽은 연인La Morte amoureuse〉, 《트라스 로스 몬테스》, 《이탈리아》, 《변덕과 갈지자 행보》, 그 밖의 수많은 걸작을 쓴 이 저자가 지금까지와 같이 그냥 이대로 남아 있었으면 좋겠다. 그러니까 과거의 가장 뛰어난 거장들과 어깨를 견주는 작가로서, 앞으로 올 사람들의 본보기로서, 무지와 소재에 도취해 있는 이 시대에 점점 더 희귀해지는 금강석처럼, 다시 말해 완벽한 문인으로 남아주길 바란다는 말이다.

주

1   오트빌 하우스는 빅토르 위고가 건지섬에 유배 가서 살았던 집이다. 주소는 영국 건지섬 세인트피터 항 오트빌 거리 38번지다. 1927년 낭만주의 100주년을 맞아 위고의 손자손녀들이 이 집을 프랑스 파리시에 기증했다. 현재는 런던 주재 프랑스 대사관의 명예 영사관이자 위고 박물관으로 쓰이고 있다.

2   아이스킬로스(Aeschylos, 기원전 525/524경-기원전 456/455). 고대 그리스의 비극 작가. 비극의 아버지로 불린다.

3   페로(Charles Perrault, 1628-1703). 《어미 거위 이야기》로 유명한 프랑스의 문인.

4   보들레르는 뒤늦게 다른 삽입구를 여기에 덧붙이고 싶어 했으나, 이미 이 책의 인쇄가 진행되어 바꾸지 못했다. 고티에에 대해 쓴 이 글은 1859년 3월 13일에 〈라르티스트L'Artiste〉지에 발표되었다.

5   이때 '고정 관념'이란 어린 시절에 공부를 잘하면 커서 훌륭한 사람이 된다는 유의 관념을 말한다. 보들레르는 한 잡지에 실린 글에서 이에 주를 달기를, '고정 관념의 힘'이라고 했다. 이로써 그가 택하려 한 생활 수칙이 어땠는지를 알 수 있다.

6   하지만 실제로 고티에는 죽기 얼마 전 《낭만주의의 역사》라는 추억담 모음집을 냈다.

7   고티에는 7월 왕정 시기에 (네르발과 함께 혹은 번갈아) 〈라 프레스〉지에 연극평을 연재했다. 제2제정 때는 〈모니퇴르〉지에 연재했다.

8   보들레르는 조르주 상드의 글에 대해 자신의 시에서 이렇게 말했다. "그녀는 흔히 말하는, 부르주아들이 좋아하는 '잘 읽히는 문체'를 지녔다."

9   고티에가 젊은 시절에 쓴 시들을 말한다. 이 작품들이 훌륭하여 그것들을 읽고 감동한 보들레르가 고티에에게 《악의 꽃》 헌사를 바친 것이다.

10 파리의 역사적인 지역. 오랫동안 상류 귀족층이 즐겨 거주하던 지역으로

	귀족적인 건물이 많다. 현재는 파리 7구의 일부.
11	파리 9구의 한 구역. 그 구역에 쇼세당탱이라는 거리가 있어서 이런 이름이 붙었다. 이탈리앵 대로에서 생트리니테 성당까지를 포함한다.
12	라마르틴(Alphonse de Lamartine, 1790-1869). 프랑스의 작가, 시인, 정치가.
13	시를 말한다.
14	고티에 전집에 있는 '송가들과 발라드들'에 속한다.
15	오귀스트 바르비에(Auguste Barbier, 1805-1882). 프랑스의 시인이자 단편 소설가이자 회고록 작가이자 오페라 작사가, 예술 평론가, 번역가.
16	1833년 오귀스트 바르비에가 쓴 〈라자르〉라는 시에 따르면 라자르의 고향인 영국을 가리킨다.
17	실제로 이때 보들레르가 갖고 갔던 시집 《운문들Les Vers》에는 '자유분방한' 소네트가 많았다.
18	1835년에 나온 고티에의 대표적 소설. 서간체 소설로, 드 모팽 양의 애정 행각을 다루었다. 국내에 번역본이 나와 있다. 《모팽 양》(권유현 옮김, 열림원, 2006).
19	알렉상드르 뒤마의 소설 《삼총사》에 나오는 인물. 삼총사 중 한 명으로 맏형 격인 인물.
20	알프레드 드 비니(Alfred de Vigny, 1797-1863). 프랑스 낭만주의 초기에 리더 역할을 한 시인. 소설가, 극작가이기도 했다.
21	코르네유(Pierre Corneille, 1606-1684). 프랑스의 대표적인 비극 작가.
22	앙드레 셰니에(André Chénier, 1762-1794). 프랑스의 시인. 프랑스 혁명의 피해자였다.
23	보들레르는 다른 편지에서도 앙드레 셰니에에 대해 똑같은 의견을 표출한 바 있다.

24 알렉상드르 뒤마(Alexandre Dumas, 1802-1870). 프랑스의 대하 소설가. 아들인 '소小 뒤마'와 구분하여 '대大 뒤마'로도 불린다. 보들레르는 이 작가가 지닌 생동감에 감탄한다.

25 7월 혁명을 말한다.

26 실제로 《알베르튀스》가 출간된 해는 1833년이다.

27 한국에서는 《노트르담의 꼽추》로 번역되고 알려진 작품.

28 1833년에 출간된 고티에의 콩트집.

29 플라톤주의의 부르주아 판이라 할, 프랑스 사상가 빅토르 쿠쟁(Victor Cousin, 1792-1867)의 주장을 말한다.

30* 열정을 모방하는 것은, '진실'의 추구, 그리고 (어느 정도는) '미'의 추구와 더불어 극적 혼합물을 이루지만, 또한 열정은 '미'의 위계질서에서 극劇을 뒷전으로 돌린다. 어느 정도 차이는 있겠지만 그 범위가 넓은 고귀함의 문제를 내가 이 글에서 다루지 않았다면, 이는 내가 너무 멀리까지는 이끌려 가지 않은 탓이다. 그러나 누구나 그 능력이 모두 똑같다는 가정은 내가 가볍게 다루려 하는 일반 이론에 전혀 해롭지 않다. ― 보들레르

31 희곡 〈가브리엘Gabrielle〉의 저자 에밀 오지에Émile Augier를 말한다.

32 그러기 얼마 전인 1858년에 《사랑》을 출간하여 성공을 거둔 쥘 미슐레(Jules Michelet, 1798-1874)를 말한다. 보들레르는 이 책을 어머니에게 보내면서도 책에 대해 혹평을 했다.

33 어머니에겐 미슐레의 책을 안 읽었다고 했지만 사실 보들레르는 그 후 읽었고, "자연을 느끼고, 재단하고, 뜯어 고치는 양복장이 한 사람보다는 고전 조각가 세 사람이 낫다"라는 문장을 인용하고 12음절 운으로 변형까지 했다. 륄에 관한 일화는 거기서 그대로 가져온 것이다.

34 레몽 륄(Raymond Lulle, 1232-1315). 카탈란어로 라몽 룰, 라틴어로는 라이문두스 룰루스로 불린다. 스페인 마요르카의 철학자이자 시인, 신학자, 선교사, 기독교 신자이자 소설가. 신비주의 작가로서 그의 철학의 원칙은

이슬람교도들을 개종시키려는 계획과 떼어놓고 생각할 수 없다. 그는 기독교인이든 아니든 상대방이 쓰는 언어로 말을 걸어보려 했다. 그래서 설명과 연역을 적절히 쓰고 여러 신학적·철학적 원칙을 조합하여 기독교의 진리를 설득하려 했다. 성 도미니코 수도회의 아퀴나스주의자들의 거센 반발에 부딪혀, 한때 그의 글은 교황청이 정한 금서가 되기도 했다.

35 르네상스와 초기 바로크 시대의 세속적인 성악곡. 보통 무반주에 다성으로 불린다.

36 이 두 행은 누구나 알고 있었지만 그 기원이 무엇인지는 아무도 몰랐던 것 같다. 보들레르는 혁명 시대의 남성적인 시를 좋아했다.

37 그리스·로마 신화에 나오는 키클롭스의 복수형. 원시 거인 종족의 일원으로, 이마 한복판에 눈이 하나씩 달려 있다.

38 보들레르가 이 세상을 하나로 보고 있음을 입증하는 대목이다. 다음 문단에서 교감과 보편적 상징주의에 대한 생각도 이와 마찬가지다.

39 러시아 상트페테르부르크의 중심 수로를 형성하는 강. 〈라르티스트〉지에 고티에에 관한 기사가 실리기를, 보들레르가 기다리고 있을 때 고티에는 러시아에 가 있었다고 한다.

40 스페인의 지명. 고티에는 1843년에 《트라스 로스 몬테스》라는 스페인 여행기를 출간했다.

41 보들레르의 이런 생각은 부분적으로 포의 생각에 힘입은 바 크다. 이런 생각은 그에게 소중했다. 보들레르와 포는 선호하는 것도 같다. 보들레르가 포에게 빚진 것이 있는지는 알 수 없지만 말이다. 둘 다 짧고 새로운 시를 집중의 미학에 순응함으로써 장시와 소설을 뛰어넘는 영역에 가져다 놓았다.

42 그리스 신화의 등장인물. 트로이의 왕자로, 많은 그리스 전설 속에 나온다.

43 선각자(visionaire) 혹은 각자覺者라는 말을 처음 발자크에게 붙인 사람은 필라레트 샬Philarète Chasles이었다. 각자를 관찰자의 반대 개념으로 보

는 이런 생각은 보들레르도 알고 있었다.

44 코클레 씨는 가바르니(폴 가바르니Paul Gavarni라고도 하며 본명은 쉴피스기욤 슈발리에(Sulpice-Guillaume Chevalier, 1804-1866)이다. 프랑스의 화가이자 수채화가, 동판화가인 피에르 가바르니의 아버지이기도 하다)가 창시한 인물로, 보들레르의 산문시집 《파리의 우울》에 암시된다. 코클레 씨는 매일 아침 일곱 시에 일어나고 오후 두 시에 개에게 밥을 주고 다섯 시에는 카드놀이를 하면서 속임수를 쓰고 일곱 시에는 주변 친지들과 악수를 하고 아홉 시에 취침하는 전형적인 부르주아 독신 남자로, 세상에 단 혼자다. 원래 코클레 씨는 오노레 도미에의 〈독신자의 하루〉에 나오는 희화적 인물이기도 하며 앙리 모니에(Henry Monnier, 1799-1877, 프랑스의 희화화가, 삽화가, 극작가, 배우)가 파리의 19세기 부르주아를 희화화한 프뤼돔과 비슷하다.

투르몽드 역시 보들레르 산문시에 암시되는 인물(영어로는 'everyman')이다. 뮤즈는 하루 시간을 어떻게 보내는지에 관심이 없다고 보들레르는 쓴다. 피플레 부부는 외젠 쉬의 인기 연재소설 〈파리의 수수께끼〉에 나오는 수위 부부다.

45 이탈리아 라치오주 로마현에 있는 마을. 로마에서 동북동 쪽으로 30킬로미터 정도 떨어진 곳에 있다.

46 프랑스 파리의 거리. 중세 때는 돈 거래의 중심지였고, 19세기에는 레알 구역에 속한, 아주 시끌벅적한 거리였다.

47 고대 그리스 시대의 명칭. 현재 터키 아나톨리아 지방의 해안 지역.

48 고티에의 소설. 1857년에 〈르 모니퇴르 위니베르셀Le Moniteur universel〉지에 연재되었던 소설. 이듬해에 아셰트에서 출간되었다. 고티에는 보들레르로 하여금 이 소설이 출간될 만한지를 풀레 말라시스 출판사에 물어보게 했다. 국내에 번역본이 출간되어 있다. 《미라 이야기》(김주경 옮김, 주니어파랑새, 2006).

49 기원전 735년부터 기원전 718년까지 재위한 리디아 왕국의 왕.

50 이는 보들레르의 표현으로, 그의 아시아(동양)관이 잘못되었음을 보여준

다. 하지만 19세기 유럽에 아시아는 알려지지 않은 곳이었다.

51 기게스(Gyges, ?-기원전 652). 리디아 왕국의 세 번째 왕조를 창립하여 기원전 716년부터 기원전 678까지 재위한 왕.

52 플라톤(Platon, 기원전 427 혹은 424/423-기원전 348/347). 고대 그리스의 철학자. 서양 철학의 기초를 세운 인물.

53 알키비아데스(Alkibiades, 기원전 450?-기원전 404). 고대 그리스의 정치가이자 웅변가였던 페리클레스의 사촌. 사적인 이익을 추구하다 아테네를 펠로폰네소스 전쟁에서 패하게 만든 원인을 제공한 인물이다.

54 성서와 쿠란에 나오는 인물로, 그녀가 솔로몬 왕을 방문하는 장면은 동양의 전설에서 가장 널리 퍼진 주제 중 하나가 되었다. 그리고 이 구절은 포의 시 〈헬렌에게To Helen〉에서 가져온 것이다.

55 '영혼' 혹은 '삶의 숨결'이라는 뜻으로, 그리스 신화에서 에로스가 사랑을 쏟은 대상.

56 1855년 만국박람회 때를 가리킨다.

57 레이놀즈(Joshua Reynolds, 1723-1792). 18세기 영국의 화가. 초상화를 잘 그린 것으로 유명하다.

58 로렌스(Thomas Lawrence, 1769-1830). 영국의 대표적인 초상화가 중 한 명.

59 레슬리(Charles Robert Leslie, 1794-1859). 빅토리아 시대 영국의 풍경화가.

60 영국 화가들을 열거한 이 부분은 1859년 미전평에서 가져온 것 같다. 거기서 랜시어의 이름만 여기에 인용되지 않았다.

61 영국의 풍경화가 윌리엄 홀먼 헌트(William Holman Hunt, 1827-1910)와 앤드루 헌트(Andrew Hunt, 1791-1861)를 가리킨다.

62 매클리스(Daniel Maclise, 1806-1870). 평생 동안 런던에서 작업한 아일

　　　　랜드 화가 겸 삽화가. 역사화에 뛰어났다.

63　　바토(Antoine Watteau, 1684-1721). 프랑스의 화가. 로코코 양식의 대가.

64　　클로드(Claude Lorrain, 1600경-1682). 대부분의 생애를 이탈리아에서 보낸 프랑스의 풍경화가이자 판화가.

65　　샬런(John James Chalon, 1778-1854). 영국에서 활동한 스위스의 화가.

66　　그랜트(Francis Grant, 1803-1878). 영국의 초상화가.

67　　후크(James Clarke Hook, 1819-1907). 영국의 동판화가이자 화가. 풍경화와 역사화에 뛰어났다.

68　　랜시어 경(Sir Edwin Henry Landseer RA, 1802-1873). 영국의 화가이자 조각가. 영국 로열 아카데미 소속 화가로 1855년에 동물화를 전시했다. 그중 두 점은 빅토리아 여왕 소장품이었고 한 점은 앨버트 공 소장품이었다. 이 점을 보더라도 그의 그림이 얼마나 인기 있었는지를 알 수 있다. 그는 20세기 초까지 동물화가로 유명했다. 가장 잘 알려진 작품은 런던 트래펄가 광장의 사자 조각상. 고티에는 그의 작품에 대한 평론을 썼다.

69　　퓨젤리(Henry Fuseli, 1741-1825). 스위스 태생으로 주로 영국과 이탈리아에서 활동한 화가. 블레이크에게 영향을 미쳤다.

70　　페이턴(Joseph Noel Paton, 1821-1901) 스코틀랜드의 회가이자 조각가. 시인이기도 하여 스코틀랜드의 민담과 켈트족 전설에 깊은 관심과 지식이 있었다.

71　　캐터몰(George Cattermole, 1800-1868). 영국의 수채화가이자 삽화가. 찰스 디킨스의 친구였다.

72　　위고의 대표작 《파리의 노트르담》을 말한다.

73　　《벌거벗은 내 마음Mon cœur mis à nu》에 이런 구절이 있다. "프랑스에서 난 따분하다. 특히 프랑스인 누구나 볼테르를 닮았기에 그렇다." 이때 볼테르란 반反시인이다.

74 셰익스피어(William Shakespeare, 1564-1616). 영국의 대표적 극작가이자 시인.

75 괴테(Johann Wolfgang von Goethe, 1749-1832). 독일의 대표적 시인, 문인이자 정치인.

76 시를 가리킨다.

77 수르바란(Francisco de Zurbaran, 1598-1664). 스페인의 화가. 인상적인 종교화와 정물화로 유명하다.

78 발데스레알(Juan de Nisa Valdès-Léal, 1622-1690). 스페인의 바로크 시대 화가이자 동판화가. 성자와 죽음에 관한 그림이 널리 알려져 있다.

79 프랑스에 속하는 바스크 지방에 있는 한 마을.

80 고티에의 시 〈스페인〉에 나오는 구절.

81 이 음악은 고티에의 시 〈죽음의 극〉에 나온다.

82 로마의 극작가 테렌티우스가 한 말. 그의 극 〈고행자Heauton Timorumenos〉의 첫 부분에 나온다. 고대 그리스 시대에 메난드로스가 쓴 희곡을 각색하여 기원전 163년 로마 시대에 테렌티우스가 다시 썼고. 보들레르 등 근대 작가들도 이 주제로 글을 썼다.

83 보들레르가 공공연히 유보적 태도를 보인 주제는 발전이었음을 알 수 있다. 반면에 고대를 매우 좋아했던 고티에는 당대의 금속 제련술과 철도의 발전에 감탄했다.

84 강조문은 인용인데, 여기서는 보들레르 자신이 쓴 〈해시시의 시〉에서 "그대는 영혼을 그리도 선하게 만드는, 이 지고한 경멸을 지니고 있지 않은가?"라는 구절을 생각해볼 수 있다.

옮긴이의 말

이 책에 실린 샤를 보들레르와 테오필 고티에의 글은 두 '거장'이 서로를 소개한 글이다. 두 거장은 같은 시대에 살았고 서로 친했지만 나이 차도 있었는데(고티에가 열 살 위이고 보들레르가 먼저 세상을 떴다), 둘이 서로 주고받은 칭찬은 무조건적인, 입에 발린 칭찬이 아니라 서로의 작품 세계를 잘 아는 '지음知音'의, 깊은 연구를 거친 칭찬이다. 두 사람은 친구이면서 서로를 진심으로 존경했다.

이 책은 고티에가 술회한 〈샤를 보들레르〉와 보들레르가 술회한 〈테오필 고티에〉를 같이 수록했다. 거기에다 후자를 읽고 빅토르 위고가 보들레르에게 쓴 편지도 함께 실었다. 고티에는 빅토르 위고의 낭만주의 운동이 싹틀 무렵, 이른바 '〈에르나니 Hernani〉 논쟁' 때 위고의 열렬한 옹호자였으며 보들레르 역시 위고를 프랑스가 자랑할 만한 대표적 문인으로 꼽았다.

고티에의 글 〈샤를 보들레르〉는 1868년 미셸 레비 프레르 출판사에서 나온 《보들레르 전집Œuvres complètes de Baudelaire》 1권에 서문으로 실렸다. 고티에는 공들여 쓴 이 긴 글을 먼저 〈뤼니베르 일뤼스트레L'Univers illustré〉라는 잡지에 기고했고, 그 잡지는 1868년 3월 7일, 14일, 21일, 28일, 4월 11일, 18일자에 걸쳐 이 글을 연재했다. 당시 보들레르 전집 기획 위원이었던 샤를 아슬리노Charles Asselineau와 테오도르 드 방빌은 고티에의 연구 글에 조금 덧붙여 이를 《악의 꽃》 제3판 서문으로 실었다. 보들레르의 글 〈테오필 고티에〉는 1859년 3월 13일 〈라르티스트〉지에 처음 발표되었던 글이다.

〈샤를 보들레르〉에서 고티에는 미술에 조예 깊은 사람답게 방빌이 묘사한 (초상에 그려진) 젊은 보들레르와 죽기 전 나이 든 보들레르의 모습을 둘 다 그리며, 맨 처음 만났던 피모당 호텔에서의 보들레르를 추억하면서 글을 시작한다. 그 기억과 함께 모여 앉아 한담을 나누던 '그 매력적이고 한가로운 시간'도 추억한다(회고담이 길어져 이 자리에 같이 모였던 집주인 부아사르에 대한 회고도 하는 등—다른 데로 빠진 것이다—여기서 많은 지면을 할애하느라 정작 보들레르에 대한 얘기는 나중에 시 제목만 대고 마무리한다). 그리고 보들레르가 자기 집에 찾아와 둘이

서 대화를 나눈 일을 길게 언급하는데, 보들레르는 이때를 둘의 첫 만남으로 기억한다(피모당 호텔에서의 만남은 보들레르가 쓴 글에서는 언급되지 않는다). 여하튼 보들레르에 대해 고티에가 쓴 이 글은 보들레르를 심층 탐구한 소중한 기록이 아닐 수 없다.

    그런 다음, 고티에는 보들레르의 전기적 사실을 죽 훑으며 그만의 특성을 언급한다. 어렸을 때부터 드러난 시인으로서의 자질, 그래서 소년 시절 부모가 문인이 되지 못하도록 멀리 항해 보낸 일, 꾸미는 것이 더 자연스러운 사람이었다는 것, 위대한 선배 시인들조차 본받을 마음이 없었다는 것, 여성이나 향기에 대한 취향을 비롯해 인공적인 것을 좋아하는 그의 기질, 또 시에서 운을 중시하는 성향 등을 언급한다. 그러나 보통 때는 정확하고 명료한 말만 구사했다는 것도 보들레르의 특징이었다고 말한다. 보들레르는 자기 시집 제목처럼 '악의 인물'이 아니었음을 고티에는 강조한다. 아마 고티에에게 악과 선의 세계는 명징하게 구분되는 두 세계였던 것 같다. 그리고 보들레르가 상식적이고 단정한 인물이었다는 증언이 꼭 필요하다고 생각했던 듯하다. 고티에의 말을 직접 들어보자.

    "정신의 파렴치함과 물질의 추함에 대해 보들레르보다 더 오만하게 염오를 표한 사람은 없다. 그는 악이란 수학과 규칙에서 벗어나려는 일탈이라며 증오했다. 그리고 완벽한 신사로서, 그는 악을 불편하고 우스꽝스럽고 부르주아적이고 특히 더럽다고 경멸했다. 그가 종종 추악하고 역겹고 병적인 주제를 다룬 것은, 마치 새가 자석에 이끌리듯이 불순한 뱀 아가리로 떨어지게 만드는 일종의 홀림과 공포 탓이었다. 그러나 힘차게 날개를 여러 번 퍼덕여 그는 이 홀림을 떨쳐버리고 정신성이라는 푸르디푸른 영역으로 다시 올라간다."

《악의 꽃》으로 각광받은 시인이 사후에도 악한 인물로 각인될까봐 고티에는 걱정했던 걸까. 평상시 보들레르는 나무랄 데 없이 예의 바르고 말도 바른 말을 썼다고 강조한다. 그리고 고티에는 자신의 예술지상주의를 보들레르도 공유했다고 주장하며 보들레르의 글을 인용한다. '시만을 위한 시'를 편드는 내용이다. 실제로 보들레르는 시만을 위한 시, 다른 어떤 것에도 복무하지 않는 시를 옹호했다. 그리고 고티에는 인공적인 것, 향과 화장한 여인을 좋아했다는 보들레르의 '비非원시적' 취향을 이야기한다. 평상시 입고 다니던 의상은 단정했다는 말도 덧붙이면서. 이는 서두에 보들레르의 용모 묘사에도 나오는 말로, 그는 간소하고 이른바 예술가 스타일이 아닌 단정한 복장을 했다는 것이다. 또한 보들레르는 뜬구름 잡는, 이른바 '영감받은' 시인들을 싫어했고 '의도적으로' 계획하에 매사를 도모했다고 고티에는 말한다. 흔히 보들레르에 대해 갖기 쉬운 선입견을 타파하는 데 고티에의 이런 묘사는 큰 도움을 준다.

고티에는 《악의 꽃》이라는 특이한 시집을 낭만주의 사조에 포함시키는 것에도 반대한다. 그리고 이 시집의 출간 의의며 반응을 얘기하고 나서 《악의 꽃》에 실린 시를 하나하나 언급하고 해설한다.

그런가 하면 보들레르는 《악의 꽃》 헌사를 고티에에게 바쳤다.

> 나무랄 데 없는 시인이자
> 프랑스 문학의 완벽한 마술사인
> 내 아주 소중하고 아주 존경하는
> 스승이자 친구
> 테오필 고티에에게
> 더없이 깊은 겸손의 감정을 담아
> 이 병든 꽃다발을
> 바칩니다.
>
> C. B.

헌사를 문인 중에서도 하필 이 사람에게 바쳤다는 데에서 보들레르와 고티에 사이가 각별했음을 알 수 있다. 이런 고티에의 해설 덕분에 보들레르의 시들을 다시 읽게 된다. 아마 독자도 그러할 것이다. 시를 직접 읽지 않는다면 이런 긴 해설이 무슨 소용이 있겠는가.

《악의 꽃》을 언급하면서 고티에는 보들레르의 독특한 취향, 향기며 고양이, 술을 좋아했던 것, 그가 좋아했던 여인상 등을 이야기한다. 여성에 대해서 말하자면, 보들레르나 에드거 앨런 포가 생각한 여성이 과도하게 이상화된 대상이었음을 숨길 수 없지만, 때는 19세기 아닌가. 여성을 떠받듦도 일종의 여성 혐오라 생각될 때 그 사실을 감안하지 않을 수 없다. 고티에도 여기에 동참하고 이를 찬미하기까지 한다. 〈지옥에 간 동 주앙(돈 후안)〉부터 〈자그마한 할머니들〉까지 《악의 꽃》에 실린 시 분석은 자세히 이어진다. 그다음에는 보들레르가 시의 운율을 중시한 시인이었다는 점이 강조된다. 생트뵈브의 글까지 인용해가며 이를 강조하지만, 독자 대부분이 번역된 시를 주로 읽을 터이므로 직접 느끼기는 힘든 부분이다. 원어로 시를 읽더라도 소리 내어 낭송하지 않으면 잘 느낄 수 없다. 이 대목을 통해 정형시인으로서 이들이 예술 작품으로서 시의 형식미를 얼마나 중시했는지를 알 수 있다. 시의 구성 문제에서 문체 문제로 넘어가면서 고티에는 "《악의 꽃》은 보들레르가 썼던 시적 왕관 중에서도 가장 아름다운 화관"이라고 결론 내린다.

《악의 꽃》얘기를 하고 나서 고티에는 에드거 포 얘기를 한다. "무엇보다도 그의 이름을 널리 알린 것은 에드거 포의 작품을 프랑스어로 번역한 일"이라면서. 보들레르의 포 번역을 매우 큰 업적으로 꼽은 것이다.

그다음엔 미술평 얘기가 이어지는데, 보들레르는 "예전보다는 덜 분화된 각종 예술 분야가 서로서로 인접하여 왕왕 넘나들기까지 하던 이 시대의 시인 대부분이 그랬듯이, 그림에 대해 취미와 감각과 안목이 있었다." 고티에 자신도 바로 그랬다. 화가 들라크루아에 대한 보들레르의 생각을 밝히고, 보들레르가 특이한 데 관심이 많아 콩스탕탱 기스의 독특한 그림을 좋아했다는 것, 그리고 보들레르를 쉽사리 사실주의 유파에 넣지 말아야 한다는 주장도 한다. 실제로 고티에와 보들레르는 당시에 미술 평론가로도 크게 활약했다.

고티에는 보들레르의 포 번역과 미술평에 이어 나중엔《인공 낙원》까지 설명하며, 거기에서 보들레르가 억울하게 받은 오해를 해명한다. 고티에의 목적은 어찌 보면 상식인으로서 건전한 보들레르 생전의 모습을 부각시키는 일이었던 것 같다. 보들레르가 생시에 중독성 물질을 남용했고 그것이 죽음의 원인이 되었을 거라는 세간의 추측에 대해, 오랜 시간을 함께 보냈고 '해시시 피우는 사람들의 클럽'에 함께한 경험까지 있는 고티에의 증언은 중요하다. 비록 보들레르 편을 드느라 그의 죽음이 과로에 의한 것임을 강조하며 보들레르가 평소 마약을 상용했다는 사실을 굳이 감추긴 하지만 말이다.

고티에는 보들레르 말년(보들레르는 쉰 살을 채우지 못했다)도 잘 알고 묘사한다. 마약 부분에 관해서는 《해시시 클럽》(148쪽 주 246 참조)이라는 책이 국내에 소개된 적 있다. 중독 상태를 구체적으로 묘사하고 자신의 경험을 털어놓은 것으로 봐서는 아주 솔직하게 쓴 것 같다.

아편 이야기에 이어, 끝으로 '산문시집'으로 넘어가 그 시집에 실린 시들 이야기로 이 글은 끝난다. 산문시에 대해서는 대부분 제목만 열거한다. 아마도 지면이 부족했으리라. 고티에는 "아주 빼어난 산문시 몇 편의 제목을 인용하기만 해야겠다"라고 말하지만, 여기서 산문시집 《파리의 우울》 전체를 상찬한다. 처음에 너무 이것저것 길게 얘기하다 보니 산문시에 대해선 한 편 한 편 다 얘기할 수 없었던 것 같다. 그래도 〈달의 선행〉 같은 시는 구체적으로 길게 이야기한다. 그리고 산문시를 베버의 음악에 비교하며 이 긴 글을 마무리한다.

이 글들은 19세기에 쓰여 호흡이 길고 문체가 지금과 달라서 좀 어려울 수는 있겠으나, 이 두 작가를 이해하는 데는 더없이 중요하다. 고티에가 쓴 글 가운데 이 글을 수작으로 꼽는 이들이 많다. 고티에와 보들레르 둘은 직접 만났고 서로에게 호감을 지니고 있었던 작가들인지라 서로의 작품에 대한 평도 훌륭하며, 때로는 지나치다 싶을 정도의 옹호도 있다. 고티에에 대해 보들레르가 쓴 글 또한 그러하다(보들레르에 대한 글이 압도적으로 길다 보니, 이 〈옮긴이의 말〉도 그렇게 되었다).

이제 보들레르가 들려주는 고티에 이야기로 넘어가보자. 글에서 보들레르는 '전기란 과연 무엇인가' 하는 이야기로 시작하여 미술 평론가 고티에(그는 당시 이 직업으로 더 잘 알려져 있었으니까)에 이어 차츰 문학 작품 이야기로 옮겨간다. 그중에서도 소설을 먼저 언급하고, 소설 중에서도 시적 단편을 언급하며 시는 맨 나중에 언급한다. 사실 고티에는 화가 지망생이었을 만큼 그림에 능했고 미술에 일가견을 갖고 있었으며 여러 매체에 미술평도 많이 쓴 평론가였으니 그럴 법도 하다. "고티에는 누구와도 비교할 수 없는 인물, 없어서는 안 될 평론가이면서도 여전히 미지의 인물로 남아 있다"라고 보들레르는 쓴다. 보들레르는 고티에가 귀족적인 작가라서 외롭다고 보고 고티에가 과대평가된 작가라는 평은 정치적인 시각이라고 보는데, 여기서 보들레르가 어느 정도 대중과 거리를 유지했음을 짐작할 수 있다. 진짜 예술가의 세계는 천박한 대중에게 이해받을 만한 것이 아니라고 본

것이다. 예술가를 저주받은 존재라든가, 엘리트, 견자로 보는 관점은 그의 일생 내내 견지된다.

보들레르는 '우주가 부러워할 만한 작가'라고 고티에를 치켜세운다. 19세기는 '오만과 발전이라는 광기'가 휩쓸던 시기였음에 유념하자. 집에 찾아간 자기를 맞아주던 사람 좋은 태도, 간단히 밝힌 프로필('글로 그린 초상'이라고 표현된)로 고티에가 낭만적이고 고대적인(고대를 많이 연구하고, 고대인 같은 풍모도 있는) 인물임을 밝히고 또 미술 평론가답게, 평론을 많이 쓴 고티에가 판화에 나온 모습도 묘사한다. "게다가 테오필 고티에는 여러 모임에서 보통 예술과 연극에 관련된 역할을 맡았기에 누구보다도 대중에게 잘 알려진 파리의 인물 가운데 한 사람이 되었다. 그의 길고 굽슬거리는 머리칼, 고귀하면서도 느릿한 몸가짐, 고양이처럼 몽상에 흠뻑 빠진 눈길을 다 아는 사람이 많다." 그의 외모 묘사도 판화에 새겨진 모습을 빌렸다.

고티에의 작품을 전부터 이미 좋아하던 보들레르에게 고티에와의 첫 만남은 이 유명한 선배의 됨됨이를 확인하는 좋은 기회였던 것 같다. 서양인들은 우리 같은 나이, 서열 개념이 없지만 보들레르는 아주 젊은 시절부터 열 살 위인 고티에의 글을 흠모해왔던 것 같다. 그는 이렇게 말한다. "테오필 고티에는 **새롭고도 독특한 장점을 지닌 작가**라 할 수 있다. 그에 대해 지금까지는, **대**

신할 자가 없는 작가라고 말하겠다."

보들레르는 소설 《드 모팽 양》을 '미에 바치는 찬가'요, '아름다움만을 섬기는 사랑이라는 고정 관념'이라고 상찬했고, 이 소설이 등장하면서 비로소 진정한 딜레탕티슴이 나타났다고 보았다. 그러면서 이 유미적인 소설을 정당화하고 자신의 문학적 지론을 고티에의 지론, 즉 유미주의와도 일치시킨다.

상상력의 분출이라는 면에서 고티에가 누구보다도 '뼛속까지 작가'라고 보들레르는 말한다. 그는 오직 아름다움을 표현하려 할 따름이라는 것이다. 보들레르가 고티에를 시와 소설에서 칭찬하는 부분은 주로 아름다운 형식미와 상상력이다. 즉, 고티에는 소설가로서도 훌륭하지만 그가 좋아한 발자크와는 다르게 본다. 고티에를 일컬을 때는 '신비'나 '섬세'라는 표현이 많이 나온다. 그러면서 보들레르 자신이 뮤즈를 좋아한다는 사실을 실토한다. 시인에게 뮤즈는 물론 중요하겠지만 특히 보들레르가 뮤즈에게 사로잡힌, 시만 아는 시인이었다는 반증이다.

또 보들레르는 고티에의 비정치적인 면에 대해 그럴 수밖에 없었다며 두둔하고, 심지어 고티에가 정치에 무심하다는 점도 감싸준다. 고티에라는 문인은 공직을 마다한 자유로운 사람이며, 바로 그 점이 훌륭하다는 것이다.

"나로서는 《죽음의 극》, 〈클레오파트라의 밤〉, 〈죽은 연인〉,

《트라스 로스 몬테스》,《이탈리아》,《변덕과 갈지자 행보》, 그 밖의 수많은 걸작을 쓴 이 저자(고티에)가 지금까지와 같이 그냥 이대로 남아 있었으면 좋겠다. 그러니까 과거의 가장 뛰어난 거장들과 어깨를 견주는 작가로서, 앞으로 올 사람들의 본보기로서, 무지와 소재에 도취해 있는 이 시대에 점점 더 희귀해지는 금강석처럼, 다시 말해 완벽한 문인으로 남아주길 바란다는 말이다."

이것이 고티에에 대한 보들레르의 총평이다. 다시 말해 보들레르는 고티에를 '완벽한 문인'의 표상으로 본 것이다.

보들레르는 소설가로서 고티에의 재능도 칭찬하지만 그가 시적 단편에 좀 더 잘 맞는다고 말한다. 또 보들레르는 고티에의 소설, 특히 단편 소설을 높이 평가한다.

"그(고티에)가 가장 높이 올라간 곳, 그가 가장 확실하고도 진지한 재능을 보여준 곳은 뭐니 뭐니 해도 단편 소설인데, 나는 그것을 '시적 단편 소설'이라고 부르련다.……

우리 프랑스는 그들에게 답할 수 있다. 우리에겐 빅토르 위고와 테오필 고티에가 있노라고!"

고티에에 관해 보들레르가 쓴 글을 읽고 감동한 문호 빅토르 위고는 그에게 편지까지 썼다. 편지로 짐작건대, 아마도 위고는 '발전을 위한 문학' 쪽으로 그를 끌어들이려 한 것 같다. (이 책에 수록된 글이 쓰인 19세기는 '발전'을 숭앙하는 시대였기에 일부러 '진보'라는 역어 대신 '발전'이라는 말을 썼다. 또한 현대의 정치적 입장은 진보 대 보수로 나뉘기에 그것을 이 시대에 그대로 적용하면 오해가 발생하기 때문이다. 현대에는 발전을 옹호하는 사람들이 꼭 진보는 아니기에 말이다.)

그런데 보들레르가 이토록 칭찬했던 고티에의 단편들은 오늘날 보들레르의 시집 《악의 꽃》만큼 널리 읽히지는 않는다. 그들이 아무리 한 세기를 풍미한 작가였어도 무심한 세월은 보들레르의 말처럼 '날개를 흔들어 날아갔고', 그들은 이제 세상에 없다. 보들레르도 고티에도 100여 년 전 낭만주의 시대 사람으로 지금은 작품과 이름만 남아 있다. 고티에가 후세에 큰 거장이 될 거라고 예언한 보들레르는 사후에 고티에보다 훨씬 잘 알려진 시인이 되었다.

사후의 일은 아무도 모른다. 고티에는 거장으로, 예술지상주의에 양분을 준 문인으로 남았으나, 현재 보들레르에 비해 그 위상이 떨어진다. 첫 대화 땐 보들레르에게 영광이었다. "나이보다는 재능으로 나를 훌쩍 능가하는 유명인과의 첫 대화라니, 엄숙한 일!"이라고 생각하면서 보들레르는 고티에를 처음 만났다(보들레르의 기억으로는 이때가 처음이었다). 생시엔 보들레르보다 고티에가 훨씬 더 유명했으나 이 순서는 사후에 뒤바뀌었다. 이렇게 될 줄은 아마 보들레르 자신도 고티에도 몰랐을 것이다. 생시엔 보들레르가 선배 고티에를 스승으로까지 추앙하고 칭송했으며 같이 모여 해시시를 피우는 등 가까운 사이였으나 죽음으로—보들레르가 40대 후반에 먼저 죽었다. 보들레르보다는 좀 더 상식인이었던 고티에는 예순을 넘길 때까지 살았다—두 사람의 길이 (당시로선) 나뉘었다. 보들레르가 죽은 후 고티에는 아쉬워하며 때 이른 죽음을 추모했고, 이 긴 서문을 썼으며, 보들레르는 고티에 생전에 그를 상찬하는 글을 썼다. 이렇듯 보들레르와 고티에의 작품 세계는 서로의 붓에 의해 자세하고 여실히 묘사되었다. 각자의 작품 말고도 가장 친근한 벗이자 문인에 의해 이런 글이 쓰인다는 것은 서로에게도 큰 영광일 것이다.

낭만 시대의 체취가 가득한 이 예스런 글들이 지금 우리에게 말하는 바는 무엇일까? 작품의 평가마저 그 작품의 가격으로 환산되는 자본주의가 모든 것을 장악한 지금에 비하면, 낭만 시대는 미숙하고 세련되지 못했을망정 다양한 이상이 제각기 고유한 매력의 향기를 내뿜던 시기였다. 독자에겐 두 거장을 가까이서 들여다볼 수 있을 뿐 아니라 19세기의 문화적 지형도를 볼 수 있다는 점에서 자세히 읽고 관련 사항들을 찾아볼수록 흥미로운 글이 아닐 수 없다. 둘이 서로 좋은 평가를 주로 했다지만, 오늘날 질타받고 있는 이른바 '주례사' 비평과는 달리, 쓴 글을 중심으로 수많은 자료에 근거하고 있어 19세기 예술가들이 서로 어떻게 교유했는지를 잘 알 수 있다. 당시와 지금의 다른 점을 감안한다 해도 보들레르와 고티에의 눈으로 본 상대편의 삶과 작품을 통해 21세기를 사는 독자들도 얻는 점이 많을 것이다.

　부족한 번역이나마 이런 점들이 잘 전달되었으면 한다. 문체도 지금과 같지 않고 주도 많이 달아야 해서 무척 번거로웠으나 나름의 보람은 있었다. 번역하면서 또 읽으면서 19세기 프랑스 지성사의 한 페이지를 일별하고 소개할 수 있었으니 말이다. 앞으로 더 많은 보들레르, 고티에 연구서나 번역이 나오는 데 이 책이 도움이 되었으면 한다. 그리고 19세기 유럽 예술과 예술가들에 관심 있는 독자들에게도 이 책이 도움이 되길 바란다. 두 사람 다 19세기 프랑스 작가로만 알려져 있으나, 이를 통해 낭만주의라는 범주에만 넣을 수 없는 각자의 평소 면모와 작품 세계를 더 구체적으로 알 수 있을 것이다. 가장 친한 친구, 그것도 가는 길이 같은 사람이 내린 평가가 그 무엇보다 진정한 평가일 테니 말이다.

　마지막으로, 역자에게 번역을 의뢰해주신 '걷는책'의 최재균 대표님, 그리고 글을 다듬느라 애써주신 편집자 문해순 님의 노고에 감사드린다.

테오필 고티에 연보

1811년 출생
8월 30일 프랑스 남서부 피레네 지역의 타르브Tarbes에서 장피에르 고티에Jean-Pierre Gautier와 다델라이드 코카르d'Adélaïde Cocard 사이에서 태어났다.

1814년 3세
아버지의 전근으로 가족이 파리로 이주.

1822년 11세
1월에 중등학교 루이르그랑Lycée Louis-le-Grand에 기숙 학생으로 입학했다가 건강상의 이유로 그만두고, 10월부터 샤를마뉴 고등학교Collège Charlemagne에서 통학한다. 이 학교에서 평생 친구이자 문학적 동지로서 가까이 지낸 제라르 드 네르발(Gérard de Nerval, 1808-1855)을 만난다.

1829년 18세
샤를마뉴 고등학교에서 학업을 이어가는 동안에도 화가 리울Rioult의 화실을 자주 드나든다. 문학뿐만 아니라도 그림에도 관심이 많아서 진로를 두고 고심했는데, 6월에 제라르 드 네르발과 페트뤼 보렐Petrus Borel의 소개로 빅토르 위고를 만나면서 마침내 작가의 길로 첫발을 디딘다.

1830년 19세
빅토르 위고의 희곡 〈에르나니〉가 초연되는 극장에 특이한 복장으로 등장해 부르주아들에게 저항하고 낭만주의 운동을 지지해 화제를 불러일으킨다.

〈에르나니〉 공연은 고전주의에 맞서는 새로운 움직임이던 낭만주의의 승리를 알리는 상징적 사건으로 문학사에 남는다.

첫 시집 《시Poésies》를 출간한다. 이 시집은 1833년에 《알베르튀스 혹은 영혼과 죄Albertus ou L'âme et le péché》라는 제목으로 재출간된다.

1833년 22세

단편집 《젊은 프랑스》 출간.

1834년 23세

가족의 집에서 나와 카미유 로지에Camille Rogier, 네르발, 아르센 우세의 집에서 멀지 않은 두아에네Doyenné 거리에 자리를 잡는다. 이 거리의 막다른 골목에 있던 우세의 넓은 아파트에서 많은 시인과 화가의 만남이 이루어진다.

1835년 24세

시집 《죽음의 극》 출간.

장편 소설 《드 모팽 양》 출간. 이 소설의 서문에서 고티에는 "진정으로 아름다운 것은 아무 효용이 없는 것뿐이다"라고 '예술을 위한 예술'을 표명하여 논란을 일으킨다.

1836년 25세

〈라 프레스La Press〉지에서 에밀 드 지라르댕Émile de Girardin과 함께 일하기 시작한다.

외제니 포르Eugénie Fort와의 사이에서 아들 테오필 고티에 2세가 태어난다.

1837년 26세
〈라 프레스〉지에서 연극평을 담당하기 시작한다. 이 잡지에 기고한 무수한 문예 비평문은 나중에 다양한 책으로 묶여 나온다. 고티에는 이 잡지뿐만 아니라 여러 매체에 연극, 문학, 미술, 무용, 음악 등 다양한 문예 비평문을 오랫동안 기고하여 생업을 이어나갔다.

1839년 28세
단편집 《악마의 눈물》 출간(〈죽은 연인〉, 〈클레오파트라의 밤〉 수록).

1840년 29세
5월에서 8월까지 스페인 여행.

1841년 30세
발레리나 카를로타 그리지Carlotta Grisi를 위해 발레 〈지젤Giselle, ou Les Wilis〉의 대본을 (공동) 집필한다. 이 발레는 대성공을 거두고 카를로타 그리지와 지젤이라는 캐릭터는 떼려야 뗄 수 없는 이미지가 생겨난다.

1843년 32세
여행기 《트라스 로스 몬테스》 출간(1845년에 《스페인 여행기Le Voyage en Espagne》로 개정).

비평집 《괴짜들Les Grotesques》 출간. 낭만주의 작가들보다 먼저 개인주의를 제창한, 비교적 알려지지 않은 작가들에 대한 책이다.

1844년 33세
카를로타 그리지의 언니인 에르네스타Ernesta와의 관계가 시작된다. 고티에는 에르네스타와 20년 가까이 함께 살았으며 둘 사이에 두 딸 쥐디트Judith와 에스텔Estelle을 두었다(이 두 사람의 관계는 고티에가 평생을 동경했던 카를로타에게 돌아가면서 끝난다).

자크조제프 모로Jacques-Joseph Moreau와 함께 '해시시 클럽'을 만들어 회동을 시작한다. 당대에 활발하게 활동하던 여러 문인이 이 모임에 참여했다.

1845년 34세

여행기 《갈지자Zigzags》 출간(1852년에 《변덕과 갈지자 행보》로 개정).

《단편집Nouvelles》 출간(〈칸다올레스 왕〉 수록).

《시 전집Poésies complètes》 출간(처음에 《스페인》이라는 제목으로 출간되었던 시집의 시들이 재수록됨).

큰딸 쥐디트 출생.

1846년 35세

벨기에, 독일, 네덜란드, 영국, 스페인 여행.

1847년 36세

둘째 딸 에스텔 출생.

1848년 37세

모친 사망.

1849년 38세

영국, 네덜란드, 독일, 스페인에 체류.

1850년 39세
이탈리아 여행.

1852년 41세
시집 《에나멜과 카메오》 출간.

단편집 《호랑이의 가죽La Peau de tigre》 출간.

여행기 《이탈리아Italia》 출간(사후에 《이탈리아 여행Voyage en Italie》으로 개정).

6월에서 8월까지 그리스와 터키 여행.

1853년 42세
여행기 《콘스탄티노플Constantinople》 출간.

1854년 43세
부친이 작고하자 고티에는 두 누나를 부양해야 하는 처지가 된다.

1855년 44세
4월에 〈라 프레스〉지를 그만두고 〈르 모니퇴르 위니베르셀Le Moniteur universel〉지로 옮긴다.

비평집 《유럽의 미술Les Beaux-Arts en Europe》 출간.

네르발 사망(1월 26일).

1856년 45세
〈라르티스트L'Artiste〉지의 편집장이 된다.

1857년 46세

단편 〈아바타르Avatar〉와 〈제타튀라Jettatura〉를 〈르 모니퇴르 위니베르셀〉지에 발표.

가족(에르네스타, 두 딸, 두 누나)과 함께 뇌이쉬르센Neuilly-sur-Seine의 롱샹Longchamp 거리로 이사한다. 거기서 보들레르의 정기적인 방문을 받고 귀스타브 플로베르, 알렉상드르 뒤마(아들), 귀스타브 도레 등 많은 이들과의 만남이 이루어진다.

보들레르가 《악의 꽃》을 출판, 고티에에게 헌사를 바친다.

1858년 47세

장편 소설 《미라 이야기》 출간.

《프랑스 극예술 25년사Histoire de l'art dramatique en France depuis vingt-cinq ans》 출간(1858-1859).

9월에 러시아로 출발(이듬해 3월에 파리로 돌아옴).

1859년 48세

보들레르가 고티에에 대해 쓴 중요한 작품론이 3월에 〈라르티스트〉지에 실리고 그 글이 11월에 소책자로 발간된다.

《오노레 드 발자크Honoré de Balzac》(전기) 출간.

1861년 50세

8-9월에 러시아로 다시 떠남. 12월에 영국과 알제리 여행.

1862년 51세

국립미술학회Société nationale des Beaux-Arts 회장으로 선출된다. 그러나 그

이후 여러 차례 아카데미 프랑세즈 회원에 입후보했으나 번번이 떨어진다.

1863년 52세
장편 소설 《프라카스 대장Le Capitaine Fracasse》 출간.

《단편들과 콩트들Romans et contes》 출간(〈해시시 클럽Le Club des hachichins〉 수록).

《빅토르 위고의 초상Dessins de Victor Hugo》 출간.

1864년 53세
스페인과 스위스 여행.

1867년 56세
《러시아 여행Voyage en Russie》 출간.

《루브르 박물관Musée du Louvre》 출간.

1868년 57세
12월, 마틸드 공작부인이 고티에를 도서관 사서로 추천한다.

1869년 58세
북이탈리아와 이집트 여행.

1870년 59세
아들 테오필 고티에 2세 결혼.

스위스의 카를로타 집에서 지낸다.

1871년 60세

건강이 매우 좋지 않은 상태로 뇌이에 있는 집으로 돌아온다.

1872년 61세

딸 에스텔이 5월에 결혼.

10월 23일, 뇌이의 자택에서 영면.

샤를 보들레르 연보

1821년 출생

4월 9일 파리에서 조제프프랑수아 보들레르Joseph-François Baudelaire와 카롤린뒤파이Caroline-Dufaÿs 사이에서 출생. 조제프프랑수아 보들레르에게는 상처한 전처와의 사이에 아들(클로드알퐁스Claude-Alphonse)이 있었는데, 샤를에게는 형이다.

1827년 6세

친부 사망.

1828년 7세

모친이 자크 오피크Jacques Aupick와 재혼한다(재혼할 당시 이미 높은 계급의 장교였던 오피크는 그 후 장군으로까지 승진하고 외국 대사와 상원 의원을 지냄).

1832년 11세

오피크가 리옹으로 파견 명령을 받자, 부모를 따라 부임지로 온 샤를은 리옹 왕립중학교Collège royal de Lyon에 기숙생으로 입학한다.

1836년 15세

오피크의 전임으로 다시 파리로 돌아와 중등학교인 루이르그랑에 역시 기숙생으로 들어간다. 전국 라틴어 시작詩作 부문 콩쿠르에서 1등상(1836) 및 2등상(1837)을 받고, 장려상도 여러 번 받는다.

1839년 18세

루이르그랑 중등학교에서 사소한 사건이 발단이 되어 퇴학 처분을 받는다. 그 후 개인 교사에게 지도를 받아 대학 입학 자격시험에 합격한다(8월).

1840년 19세

1839년과 1840년 사이, 의부의 뜻에 따라 파리 법과 대학에 정기적으로 등록하며 법과 대학 근처에서 거처하면서 네르발, 발자크 같은 문인들과 교류하기 시작한다.

1841년 20세

사치스럽고 무절제한 생활을 하던 보들레르의 상황이 가족에게 알려지자 가족이 회의를 열어 그의 문제를 의논한다. 이때 보들레르를 방종한 생활에서 벗어나게 하기 위해 인도 여행을 시키기로 결정한다. 보들레르는 6월 9일 보르도에서 캘커타행 배를 탄다. 9월에 폭풍으로 배가 모리셔스섬에 한동안 머물렀는데, 모리셔스섬에서 부르봉섬으로 이동할 때 보들레르는 더는 여행에 동참하지 않기로 결정한다. 그 뒤 11월에 프랑스로 가는 배를 타고 12월에 카프항에 도착한다.

1842년 21세

보르도로 귀환. 예정된 항해를 도중에 포기하고 9개월 만에 돌아온 셈이다.

성년을 맞은 4월 9일, 어릴 때 세상을 떠난 생부의 유산을 상속받고 그 유산을 처분함으로써 막대한 돈을 손에 쥐게 된다. 그 돈으로 보들레르는 최초로 독립생활을 시작한다. 이 시기에 고티에, 방빌 등과 만났으며, 일생의 연인이 되는 잔 뒤발(Jeanne Duval, 1820경-1862경)과의 교제가 시작된 것으로 보인다.

1843년 22세
피모당 호텔에 거처를 정한다. 이때부터 낭비벽으로 빚을 지기 시작한다.
그 후 파리에서 25년 동안 30회 이상 거처를 옮겨 다닌다.

1844년 23세
보들레르가 무절제한 지출로 부채를 얻자, 오피크의 제안으로 가족이
법원에 청원서를 제출하고 9월에 법원에서 보들레르에게 금치산 선고
판결을 내린다. 그리고 그의 재산을 관리하도록 공증인 앙셀Ancelle을
법정 후견인으로 임명한다. 이때부터 보들레르는 평생을 앙셀에게서 매달
생활비를 받아서 쓰게 된다.

1845년 24세
피모당 호텔에서 발자크, 고티에 등과 교유.

1845-1846년 24-25세
《1845년 미전Salon de 1845》과 《1846년 미전》을 익명으로 출간.

1847년 26세
유일한 장편 소설인 《허풍선이La Fanfarlo》 발표.
에드거 앨런 포의 〈검은 고양이〉 번역을 잡지에 게재.

1848년 27세
2월 혁명과 6월의 노동자 폭동에 가담한다.
잔 뒤발 문제로 모친과 불화를 겪는다.

1849년 28세

이미 알던 사이이던 고티에와 지속적으로 사귄다.

10월 7일에 에드거 앨런 포가 볼티모어에서 사망한다.

1850년 29세

알랑송의 인쇄업자 오귀스트 풀레말라시August Poulet-Malassis를 만난다(말라시는 1857년에 《악의 꽃》을 출판한다).

1851년 30세

런던에 에드거 앨런 포의 전집을 주문하고 그의 작품을 본격적으로 번역하기 시작한다. 보들레르는 이후 약 15년에 걸쳐 이 번역 작업에 열중하여 많은 번역서를 출간하고 정성스러운 해설을 곁들이기도 했다.

1851-1852년 30-31세

정치사상가 조제프 드 메스트르Joseph de Maistre에게 심취한다.

1855년 34세

〈라 르뷔 데 되 몽드La Revue des deux mondes〉지가 보들레르의 시 열여덟 편을 '악의 꽃'이라는 제목으로 게재한다.

1857년 36세

4월 28일 의부 사망.

6월 25일 《악의 꽃》 출간(미발표시 52편 포함).

7월 16일 《악의 꽃》 압류.

8월 20일 법원은 《악의 꽃》에 외설과 신성모독죄 혐의를 적용하여

보들레르(300프랑)와 출판주(두 명에게 각각 100프랑)에게 벌금형을
선고하고 여섯 개 시편의 삭제를 명령한다(법정 판결의 명예 회복이
이루어지기까지는 100년이라는 긴 시간이 걸린다. 1949년 8월 31일 프랑스
최고재판소는 1857년의 판결을 파기하고 판결 정지 명령을 내린다).

8월 30일 빅토르 위고가 보들레르에게 편지를 보내 법정에서 선고받은 일을
축하한다.

1858년 37세

처음으로 심각한 지병의 발작이 일어난다.

1859년 38세

《벌거벗은 내 마음(Mon cœur mis à nu)》의 첫 단장들을 쓰기 시작한다.
건강에 치명적 타격을 받는 1866년까지 이 메모 작성은 계속된다.

11월 26일 작가론 《테오필 고티에》 출판. 이 평론에 서문 격으로 빅토르
위고의 편지가 실렸다(이 책 157-159쪽).

《1859년 미전Salon de 1859》 발표. 미학 개론이 여기에 수록된다.

1860년 39세

《인공 낙원》 출간.

1861년 40세

질병의 새로운 증상이 나타난다.

《악의 꽃》 2판 출간(초판의 여섯 편이 삭제되고 새로운 시들이 추가된다).

〈유럽Revue Européenne〉지에 음악 평론 〈파리의 리하르트 바그너와
탄호이저Richard Wagner et Tannhäuser à Paris〉 기고.

프랑스 아카데미 회원에 입후보.

1862년 41세

잠복하고 있던 병의 특이한 징후가 나타난다.

아카데미 회원 후보에 입후보하려던 계획을 포기한다.

이복형 알퐁스 사망.

산문시집 《파리의 우울》에 실릴 시편들을 발표하기 시작(사후인 1869년에 《산문시 혹은 파리의 우울Petits poèmes en prose ou Le Spleen de Paris》이라는 제목으로 출간됨).

1863년 42세

화가 들라크루아가 사망(8월 13일)하자 〈국민여론L'Opinion nationale〉지에 추모 논문 〈들라크루아의 작품과 삶L'Œuvre et la vie d'Eugène Delacroix〉 기고.

풍속화가 콩스탕탱 기스에 관해 연구한다.

1864-1865년 43-44세

1864년 일기 《벌거벗은 내 마음》 발표.

벨기에로 여행 간다. 그곳에서 행한 일련의 강연 실패로 노여움과 곤궁함이 극에 달한다.

산문집 《불쌍한 벨기에여!Pauvre Belgique》 집필.

얼마간의 돈을 구하기 위해 파리에 단기간 체류한 후 브뤼셀로 되돌아간다.

1866년 45세

현기증과 구토가 일어난다.

3월 6일 우측 반신마비.

브뤼셀에서 입원해 있을 때 7월에 모친이 와서 파리로 데려간다.

1867년 46세

8월 31일 오전 열한 시에 영면.

찾아보기

ㄱ

게인즈버러, 토머스 Gainsborough, Thomas — 63, 136

괴테, 요한 볼프강 폰 Goethe, Johann Wolfgang von — 202, 135, 216

구종, 장 Goujon, Jean — 21, 127

그라몽, 페르디낭 드 Gramont, Ferdinand de — 76, 140

그랜트, 프랜시스 Grant, Francis — 198, 215

기게스 Gyges — 196, 214

기스, 콩스탕탱 Guys, Constantin — 89-91, 138, 146, 223, 245

기조, 기욤 Guizot, Guillaume — 71, 139

ㄴ

니농 Ninon (안 드 랑클로 Anne de l'Enclos) — 70, 139

ㄷ

단테, 알리기에리 Dante, Alighieri — 28, 36, 129, 137

데포르트, 알렉상드르프랑수아 Desportes, Alexandre-François — 19, 126

도우, 제라르 Dow, Gérard — 63, 136

뒤 벨레, 조아생 Du Bellay, Joachim — 74, 140

뒤마, 알렉상드르 (아들) Dumas, Alexandre (fils) — 237

뒤마, 알렉상드르 (아버지) Dumas, Alexandre (père) — 174, 210, 211

뒤발, 잔 Duval, Jeanne — 129, 135, 145, 241, 242

드루아, 에밀 Deroy, Émile — 14, 124

드캉, 알렉상드르 Decamps, Alexandre — 108, 150

드퀸시, 토머스 de Quincey, Thomas — 104-110, 112, 149-151

들라로슈, 폴 Delaroche, Paul — 11, 124

들라크루아, 외젠 Delacroix, Eugène — 86-88, 94, 123, 124, 137, 144, 145, 153, 223, 245

ㄹ

라마르틴, 알퐁스 드 Lamartine, Alphonse de — 166, 210

라바누스 마우루스 Rabanus Maurus — 76, 140

라신, 장 Racine, Jean — 35, 130, 141, 169

라파엘로 산치오 Raffaello Sanzio — 103, 145, 149

래드클리프, 앤 Radcliffe, Anne — 85, 143

랜시어 경, 에드윈 헨리 Landseer, Sir Edwin Henry — 198, 214, 215

레니에, 마튀랭 Régnier, Mathurin — 54, 133

레슬리, 찰스 로버트 Leslie, Charles Robert — 198, 214

레이놀즈, 조슈아 Reynolds, Joshua — 198, 214

렘브란트, 판 레인 Rembrandt, van Rijn — 41, 131

로런스, 토머스 Lawrence, Thomas — 14, 124

롱사르, 피에르 드 Ronsard, Pierre de — 74, 140

롱펠로, 헨리 Longfellow, Henry — 76, 140

루벤스, 페테르 파울 Rubens, Peter Paul — 19, 126

루소, 장자크 Rousseau, Jean-Jacques — 70

루이스, 매슈 Lewis, Matthew — 85, 143

륄, 레몽 Lulle, Raymond — 184, 211

르브룅, 프랑수아 Lebrun, François — 19, 126

르쉬외르, 외스타슈 Lesueur, Eustache — 18, 126

리비우스, 티투스 Livius, Titus — 108, 150

ㅁ

마네, 에두아르 Manet, Édouard — 93, 146, 147

마담 사바티에 (아폴로니 사바티에 Apollonie Sabatier) — 124, 127, 132

마르슬랭, 에밀 Marcelin, Émile — 90, 146

마리우스, 가이우스 Marius, Gaius — 109, 150

마릭스 Maryx (조제핀 블로슈 Josephine Bloch) — 11, 22, 124

마치스, 캉탱 Matsys, Quentin — 117, 152

마키아벨리, 니콜로 Machiavelli, Niccoló — 38, 131

마틴 존 Martin, John — 67, 138

만테냐, 안드레아 Mantegna, Andrea — 103, 149

매클리스, 대니얼 Maclise, Daniel — 198, 214

매튜린, 찰스 R. Maturin, Charles R. — 85, 143

메나르, 프랑수아 Maynard, François — 75, 140

모랭, 알렉상드르에드몽 Morin, Alexandre-Edmond — 90, 147

뮈세, 알프레드 드 Musset, Alfred de — 16, 125, 139, 174

미켈란젤로 부오나로티 Michelangelo Buonarroti — 88, 229, 230

밀레이, 존 에버렛 Millais, John Everett — 119, 152, 198

ㅂ

바르비에, 오귀스트 Barbier, Auguste — 167, 174, 210

바이런, 조지 고든 Byron, George Gordon — 108

바토, 앙투안 Watteau, Antoine — 198, 215

반노차, 로사 Vannozza, Rosa — 56, 134

발데스레알, 후안 데 니사 Valdès-Léal, Juan de Nisa — 202, 216

발자크, 오노레 드 Balzac, Honoré de — 15, 28, 63, 93, 97, 98, 125, 129, 133, 136, 143, 148, 149, 168, 174, 176, 186, 191-193, 212, 227, 237, 241, 242

발테르, 쥐디트 Walter, Judith — 120, 153

방빌, 테오도르 드 Banville, Théodore de — 14, 49, 124, 135, 218, 241

베가, 로페 데 Vega, Lope de — 50, 132

베로네즈, 폴 Véronèse, Paul — 59, 135

베르길리우스 마로, 푸블리우스 Vergilius Maro, Publius — 28, 35, 128

베르트랑, 알루아시위스 Bertrand, Aloysius — 115, 151, 152

베버, 카를 마리아 폰 Weber, Carl Maria von — 120, 153, 224

베토벤, 루트비히 판 Beethoven, Ludwig van — 20, 99, 153, 203

벨라스케스, 디에고 Velázquez, Diego — 41, 94

보들레르, 조제프프랑수아 Baudelaire, Joseph-François — 25, 128, 240

보마르셰, 피에르오귀스탱 카롱 드 Beaumarchais, Pierre-Augustin Caron de — 77, 140

보카치오, 조반니 Boccaccio, Giovanni — 22, 128

부아사르, 페르낭 Boissard, Fernand — 11, 19, 21, 123, 124, 127, 148, 218

부알로, 니콜라 Boileau, Nicolas — 71, 72, 74, 139

브러멀, 조지 Brummell, George — 18, 90, 126

브뤼헐, 피터르 Bruegel, Pieter — 67, 137, 138

브리죄, 오귀스트 Brizeux, Auguste — 36, 130

비니, 알프레드 드 Vigny, Alfred de — 173, 210

ㅅ

상드, 조르주 Sand, George — 70, 139, 209

생트뵈브, 샤를 Sainte-Beuve, Charles — 31, 71, 74, 77, 129, 173, 222

생피에르, 베르나르댕 드 Saint-Pierre, Bernardin de — 70

샤토브리앙, 프랑수아르네 드 Chateaubriand, François-René de — 70, 101, 139, 168, 173, 186, 202

샤플랭, 장 Chapelain, Jean — 29, 129

샬런, 존 제임스 Chalon, John James — 198, 215

셰니에, 앙드레 Chénier, André — 174, 210

셰익스피어, 윌리엄 Shakespeare, William — 121, 141, 153, 202, 216

셸리, 퍼시 비시 Shelley, Percy Bysshe — 108

소크라테스 Socrates — 172

수르바란, 프란시스코 데 Zurbaran, Francisco de — 202, 216

쉬, 외젠 Sue, Eugène — 91, 147, 213

스베덴보리, 에마누엘 Swedenborg, Emanuel — 54, 133

스탕달 Stendhal(마리 앙리 벨 Marie Henri Beyle) — 77, 141

스턴, 로런스 Sterne, Lawrence — 14, 124

스헤퍼르, 아리 Scheffer, Ary — 11, 123

ㅇ

아돌, 폴 Hadol, Paul — 90, 146

아우구스투스, 아우렐리우스 Augustinus, Aurelius — 35, 130

아이스킬로스 Aeschylos — 158, 209

아풀레이우스, 루치우스 Apuleius, Lucius — 35, 130

안티스테네스 Antisthenes — 65, 137

알렉산데르 6세 (교황) Alexander VI — 56, 134

알키비아데스 Alkibiades — 196, 214

엑실리 Exili (니콜로 에지디 Nicolò Egidi) — 56, 134

엘라가발루스, 마르쿠스 아우렐리우스 안토니우스 Elagabalus, Marcus Aurelius Antonius — 53, 132

오피크, 자크 Aupick, Jacques — 26, 240, 242

우드리, 장바티스트 Oudry, Jean-Baptiste — 19, 126

우세, 아르센 Houssaye, Arsène — 115, 151, 152, 233

위고, 빅토르 Hugo, Victor — 69, 124, 131, 138, 159, 166-168, 173, 175, 199, 202, 209, 215, 217, 228, 232, 238, 244

유베날리스, 데키우스 유니우스 Juvenalis, Decimus Junius — 35, 130

이백 李白 — 120, 153

ㅊ

첼리니, 벤베누토 Cellini, Benvenuto — 21, 127

ㅋ

카바니스, 피에르 장 조르주 Cabanis, Pierre Jean Georges — 25, 128

카툴루스, 가이우스 발레리우스 Catullus, Gaius Valerius — 36, 131

칼로, 자크 Callot, Jacques — 20, 127

캐터몰, 조지 Cattermole, George — 198, 215

코르네유, 피에르 Corneille, Pierre — 173, 210

콜레테, 기욤 Colletet, Guillaume — 75, 140

콜리지, 새뮤얼 테일러 Coleridge, Samuel Taylor — 108

콩도르세, 니콜라 드 Condorcet, Nicolas de — 25, 128

쿠르베, 귀스타브 Courbet, Gustave — 87, 88, 93, 124, 125, 144-146

크라프티 Crafty (빅토르 외젠 제뤼제 Victor Eugène Géruzez) — 90, 147

클레생제, 오귀스트 Clésinger, Auguste — 11, 124

클로느 Claude (클로드 로랭 Claude Lorrain) — 198, 215

키케로, 마르쿠스 툴리우스 Cicero, Marcus Tullius — 35, 130

ㅌ

테르툴리아누스, 쿠인투스 셉티미우스 플로렌스 Tertullianus, Quintus Septimius Florens — 35, 130

텐, 이폴리트 아돌프 Taine, Hippolyte Adolphe — 71, 139

템포, 안토니오 다 Tempo, Antonio da — 76, 140

ㅍ

파가니니, 니콜로 Paganini, Niccolò — 16, 125

팡탱라투르, 앙리 Fantin-Latour, Henri — 88, 145

페늘롱, 프랑수아 Fenelon, François — 70

페로, 샤를 Perrault, Charles — 161, 209

페이디아스 Pheidias — 106, 149, 158

페이턴, 조지프 노엘 Paton, Joseph Noel — 198, 215

페트라르카, 프란체스코 Petrarca, Francesco — 74, 128, 139

페트로니우스 아르비테르, 가이우스 Petronius Arbiter, Gaius — 35, 130

포, 에드거 앨런 Poe, Edgar Allan — 37, 45, 46, 63, 76, 80-83, 85, 86, 100, 114, 131, 135, 136, 141-144, 148, 152, 212, 214, 222, 223, 242, 243

포프, 알렉산더 Pope, Alexander — 71, 72, 139

푀셰르, 장자크 Feuchères, Jean-Jacques — 21, 127

푸생, 니콜라 Poussin, Nicolas — 18, 126

퓨젤리, 헨리 Fuseli, Henry — 198, 215

프락시텔레스 Praxiteles — 106, 149

플라톤 Platon — 196, 214

플로베르, 귀스타브 Flaubert, Gustave — 148, 237

필롱, 제르맹 Pilon, Germain — 21, 127

ㅎ

하이네, 하인리히 Heine, Heinrich — 40, 131

호가스, 윌리엄 Hogarth, William — 64, 137

후크, 제임스 클라크 Hook, James Clarke — 198, 215

걷는책·포노가 만든 책

마음을 쏘다, 활 일상을 넘어 비범함에 이르는 길
활쏘기를 통해 선을 실천한 독일의 철학자와 일본 활쏘기의 명인이 나눈 비범함에 이르는 깨달음에 관한 대화. 출판된 지 60여 년이 지났음에도 마음을 다스리려는 사람들에게 끊임없는 지침을 주고 있는 세기의 고전으로, 작가 파울로 코엘료와 사진가 앙리 카르티에 브레송에게 영향을 준 책으로 유명하다.

오이겐 헤리겔 지음 | 정창호 옮김 | 128×188mm | 152쪽 | 12,000원

장편소설가 되기
미국의 주요 현대 소설가로 손꼽히는 존 가드너가 20여 년 동안 대학 안팎에서 창작 교사로 활동한 경험을 바탕으로 집필한 소설 창작 입문서의 고전. 장편소설가가 되기를 열망하는 진지한 새내기 작가들을 위해 쓰인 이 책은 1983년 가드너가 사고로 세상을 떠나기 불과 몇 주 전에 완성되었다. 가드너는 자신의 작품과 경험담, 다른 작가의 작품 등을 통해 '철두철미하고 유용한' 이론과 실제를 들려준다.

존 가드너, 레이먼드 카버 지음 | 임선근 옮김 | 128×188mm | 280쪽 | 16,000원

빈 공간
십대 후반부터 94세를 맞은 2019년에 이르기까지 늘 새로우면서도 철저히 현실에 뿌리내리려는 연극의 길을 쉼 없이 걸어온 전설적인 연극 연출가 피터 브룩의 저서. "아무것도 없는 빈 공간은 그 자체로 하나의 빈 무대이지 말할 수 있다. 누군가 이 빈 공간을 가로질러 걸어가고 다른 누군가 그를 지켜보고 있다면, 그것만으로도 이미 연극은 시작되었다고 할 수 있다." 그 유명한 문장.

피터 브룩 지음 | 이민아 옮김 | 128×188mm | 284쪽 | 16,000원

회복하는 가족
소설가로서 막 주목받기 시작할 무렵, 오에 겐자부로의 큰아들 히카리(光)가 장애를 안고 태어난다. 아이는 어려운 수술을 거쳐 간신히 목숨은 건지지만 평생 지적 장애를 벗어날 수 없는 처지가 된다. 히카리의 존재, 그의 고생은 그 이후 아버지이자 소설가인 오에 겐자부로뿐 아니라 가족 모두가 함께 마주해야 할 운명이 된다. 오에 겐자부로는 이 책에서 장애를 지닌 아들, 치매에 빠진 장모와 수십 년 동안 함께 살며 깨달은 생명 재생, 치유와 공생의 깊은 의미를 담백하면서도 유장한 문체로 묘사해 보인다.

오에 겐자부로 지음, 오에 유카리 그림 | 양억관 옮김 | 128×188mm | 280쪽 | 14,800원

박정희 할머니의 행복한 육아일기
다섯 남매 태어나서 한글 배울 때까지
다섯 남매를 행복한 어른으로 키워낸 박정희 할머니가 1945년부터 20년간 아이들과 함께 만든 그림 육아일기를 책으로 엮었다. 작고 평범하지만 돈으로 살 수 없는 값진 행복의 기록, 세대로 전해지며 한 가족의 가보가 되고 우리 시대의 '작은 역사'가 된 이야기들이 생생하게 살아 숨 쉰다. 원본은 국립여성사전시관에 소장되었다.

박정희 지음 | 190×245mm | 양장본 | 272쪽 | 28,000원

재즈 선언 How Jazz Can Change Your Life
클래식음악과 재즈 두 분야 모두에서 그래미상과 재즈 음악인 최초로 퓰리처상을 수상한 윈턴 마설리스의 재즈와 삶에 관한 마스터클래스. 재능 넘치는 한 음악인이 재즈가 미국이 인류에 선사한 가장 위대한 정신적 성취 가운데 하나이며 민주주의의 정신이 가득 담긴 음악임을 역설한다. 이 책은 음악과 예술에 대한 본질을 이야기할 뿐만 아니라 훌륭한 스승들을 통해 인종에 의한 상처와 세상에 대한 편견을 넘어 성숙해가는 한 사람의 감동적인 성장기이기도 하다.

윈턴 마설리스, 제프리 C. 워드 지음 | 황억호 옮김 | 128×188mm | 360쪽 | 16,000원

재즈, 평범한 사람들의 비범한 음악
역사학자 홉스봄이 바라본 재즈의 삶과 죽음
위대한 역사학자이자 재즈 비평가 에릭 홉스봄이 공식적으로 허락한 유일한 재즈 원고로, 이름 없이 사라져간 '평범한 사람들'이 어떻게 뛰어난 예술적 성취인 '비범한 음악' 재즈를 만들어냈는지 재즈 전문 번역작가이자 KBS 〈재즈수첩〉 진행자 황덕호가 우리말로 옮기고, 해설을 덧붙였다.

에릭 홉스봄 지음 | 황덕호 옮김 | 128×188mm | 192쪽 | 15,000원

당신의 첫 번째 재즈 음반 12장 악기와 편성
당신의 두 번째 재즈 음반 12장 보컬
KBS 클래식 FM의 〈재즈 수첩〉을 20여 년 진행해온 황덕호가 재즈 명반 12장을 소개하며 오리지널 라이너노트와 함께 재즈의 매력을 들려준다. 1권에서는 색소폰, 트럼펫 등 대표적 악기를 통해, 2권에서는 가장 친숙한 악기인 보컬을 통해 우리를 재즈의 세계로 이끈다. 정신적으로 피폐한 이 시대, 재즈가 우리를 위무한다.

황덕호 지음 | 150×201mm | 248쪽(첫 번째) | 268쪽(두 번째) | 16,000원

음악과 음악가 낭만시대의 한가운데서
슈만은 낭만시대의 대표적 작곡가였을 뿐 아니라 최초의 음악전문잡지 가운데 하나인 〈음악신보〉를 창간하여 10년간 편집장으로 일하며 베를리오즈와 쇼팽을 음악계에 소개한 음악평론가이다. 바흐와 슈베르트를 재조명한 기획자였다. 쇼팽을 소개한 그 유명한 문장이 이 책에 있다. "여러분, 모자를 벗으세요. 천재예요."

로베르트 슈만 지음 | 이기숙 옮김 | 153×210mm | 260쪽 | 16,000원

리트, 독일예술가곡 시와 하나 된 음악
리트의 아름다움을 널리 알리기 위해 평생을 바친 피셔 디스카우가 리트의 처음부터 지금까지를 들려준다. '음악에 어울리지 않는 언어로 여겨지던 독일어가 예술가곡의 정점에 우르는 과정은 우리 가곡의 앞길에도 시사하는 바가 크다. 그가 명반작가 제럴드 무어와 함께 연주했던 슈베르트의 연가곡 〈겨울 나그네〉 전곡 음반과 충실한 가사집이 부록으로 담겼다.

디트리히 피셔 디스카우 지음 | 홍은정 옮김 | 153×210mm | 184쪽 + CD 1장 | 16,000원

음악에서 무엇을 들어 낼 것인가
세계적 작곡가의 음악 사용 설명서
미국을 대표하는 음악가 코플런드가 창작자의 입장에서 음악을 어떻게 들어야 할지 일러주는 음악 사용 설명서. "렘브란트가 '그림에서 무엇을 보아 낼 것인가'라는 책을 썼다고 한번 가정해보라. 그러면 코플런드의 책이 가진 위상이 가늠될 것이다." 전 줄리아드음악원장 윌리엄 슈먼의 추천사가 이 책의 가치를 대변한다.

에런 코플런드 지음 | 이석호 옮김 | 153×210mm | 368쪽 | 18,000원

안티 딜레탕트 크로슈 씨
프랑스 음악의 한 정신
"사실, 음악은 진정으로 존재하지 않을 때마다 '어려워졌다.' 여기서 '어려움'이란 음악의 빈곤을 감추려는 병풍에 지나지 않는다. 음악은 하나뿐이오. 그 음악은 존재의 권리를 자기 안에 품고 있다." 프랑스가 낳은 위대한 음악가 드뷔시가 자신의 분신 크로슈 씨의 입을 통해 전하는 음악의 정수. 드뷔시가 하지 못한 말, 크로슈 씨가 대신 전하는 말.

클로드 드뷔시 지음 | 이세진 옮김 | 153×210mm | 168쪽 | 13,000원

음악과 종교 모차르트 – 바그너 – 브루크너

현존 종교계 최고 지성으로 꼽히는 신학자이자 열렬한 음악 애호가인 한스 큉이 인간에게 지극히 기본적이면서도 대단히 다층적인 현상인 음악과 종교를 모차르트, 바그너, 브루크너의 작품을 살피며 탐구한다. "인간은 음악에서 신의 목소리뿐 아니라 악마의 목소리까지 들었다."

한스 큉 지음 | 이기숙 옮김 | 153×210mm | 304쪽 | 18,000원

모차르트, 사회적 초상 한 천재에 대한 사회학적 고찰

모차르트는 너무 쉽게 '천재의 전형'으로 이상화된다. 그러나 사회학의 거목 엘리아스는 자신의 마지막 책을 통해 그를 '천재 시대 이전의 천재', '궁정 사회의 시민 예술가'로 자리매김하며 "모차르트의 인간적 상황을 이해하고, 그의 운명이 걷는 길을 걷지 않으려면 어떻게 해야 하는가" 하는 질문에 답하려 시도한다. 모차르트를 바라보는 새로운 시선.

노르베르트 엘리아스 지음 | 박미애 옮김 | 153×210mm | 240쪽 | 16,000원

음악의 ABC 입문자를 위한 음악 기초 문법

작곡가이자 지휘자이며 영국에서 가장 저명한 음악 교육자의 한 사람이었던 저자 이모겐 홀스트가 1963년에 집필한 음악 교육서의 고전. 음악의 기초뿐만 아니라 서양 고전음악의 간략한 역사와 자신의 음악 철학을 한데 담았다. 이 책은 음악 전공자와 입문자, 애호가는 물론, 음악을 보다 깊이 이해하고자 하는 모든 이들을 위한 책이다. 어려운 악상 기호와 그에 대한 설명으로 빽빽한 일반적인 음악 이론서와는 달리 친절한 에세이에 가깝다.

이모겐 홀스트, 벤저민 브리튼 지음 | 이석호 옮김 | 153×210mm | 324쪽 | 18,000원

음과 말 에세이와 강연록

위대한 지휘자 푸르트벵글러가 세상을 떠나기 직전 자신의 글을 직접 뽑아 엮은 에세이와 강연록. 베토벤 연주의 한 전범을 제시한 그의 베토벤 교향곡 해설. 독일 음악의 거장 베토벤, 바그너, 브람스, 브루크너에 대한 깊이 있는 고찰. 세계 대공황과 2차 세계대전의 시대적 격랑 속에서 책임 있는 예술가로서의 고뇌. 음반과 라디오의 등장 이후 음악 현장의 변화에 대한 경계. 연주 프로그램 구성과 지휘 등 음악 현장에 대한 구체적인 조언 등이 담겼다.

푸르트벵글러 지음 | 이기숙 옮김 | 153×210mm | 316쪽 | 17,000원

카를로스 클라이버 지휘자가 사랑한 지휘자

20세기를 대표하는 지휘자 가운데 한 사람인 에리히 클라이버의 아들로 태어나 아버지의 반대 속에서도 거의 독학으로 음악을 익혀 역시 최고의 지휘자가 된 카를로스 클라이버. 언론 노출과 구속을 피해 평생을 객원 지휘자로 활동하던 자유인. 지휘자이자 음악학자인 저자가 존경하는 마에스트로와 15년간 나눈 편지를 바탕에 깔고 써 내려간 다면적 인물 카를로스 클라이버와 그의 깊은 음악 세계를 만난다.

찰스 바버 지음 | 김병화 옮김 | 153×220mm | 616쪽 | 34,000원

피아노의 역사
피아노가 사랑한 음악, 피아노를 사랑한 음악가

피아노와, 피아노를 자신만의 악기로 껴안은 작곡가, 연주자 들을 주인공으로 한 흥미로운 피아노 이야기. 피아노를 둘러싼 음악 발전을 따라가다 보면 어떻게 피아노가 세대를 이어 수많은 감상자들을 그토록 강력하게 끌어당기며, 인류가 만들어낸 가장 정교하고 매력적인 악기로 자리매김했는지 공감할 수 있다.

스튜어트 아이자코프 지음 | 임선근 옮김 | 153×220mm | 468쪽 | 24,000원

음악가의 음악가 나디아 불랑제

피아졸라, 에런 코플런드 등 수백 명의 음악가를 길러낸 20세기 음악의 여제

음악가 집안에서 태어난 천재 음악인. 런던필, 뉴욕필, 보스턴필 최초의 여성지휘자. 20세기 음악사에 가장 큰 영향을 끼쳤던 음악가들의 스승, 나디아 불랑제. 이 책은 그녀가 세상을 떠나기 전 5년간 나눈 삶과 음악에 관한 이야기로, 예술과 삶 전체를 관통하는 깊은 통찰이 감동을 전한다.

브뤼노 몽생종 지음 | 임희근 옮김 | 140×195mm | 240쪽 | 16,000원

다시, 피아노 아마추어, 쇼팽에 도전하다

영국 일간지 〈가디언〉의 전설적인 편집국장 앨런 러스브리저가 난곡으로 꼽히는 쇼팽의 〈발라드 1번 G단조〉를 완주하는 과정을 유쾌하게 풀어낸 책이다. 〈가디언〉 역사상 가장 드라마틱한 한 해, 세계적 특종 보도를 진두지휘하며 1년간 하루 20분, 음악의 거장들의 조언과 함께 불가능에 도전한 아마추어 피아니스트, 당신도, 다시, 피아노.

앨런 러스브리저 지음 | 이석호 옮김 | 128×188mm | 624쪽 | 18,000원

젊은 예술가에게

"어린 왕자가 자신의 장미를 책임지듯, 우리는 우리의 음악을 책임져야 합니다." 현직 바이올리니스트들이 꼽은 우리 시대 가장 위대한 바이올리니스트 크레머가 미래의 음악가들에게 주는 조언. 촉망 받는 후배 음악가와 나누는 편지 형식으로 '나만의 소리'를 찾는 길을 조언한다. 스스로 최고의 베토벤 협주곡 연주를 찾아가는 여정도 소개한다.

기돈 크레머 지음 | 홍은정, 이석호 옮김 | 128×188mm | 240쪽 | 14,000원

문학과 음악이 이야기한다
동갑내기 두 거장의 예술론·교육론

문학과 음악 분야에서 각기 일본을 대표하는 오에 겐자부로와 오자와 세이지. 둘은 1935년에 태어난 동갑내기다. 제국주의 시기, 세계대전과 전후의 혼란기, 경제 발전기를 경험한 두 거장은 삶이은 삶을 반추하며 함께 사는 동시대인과 미래를 살아갈 젊은이에게 예술과 삶을 이야기한다. 예술 없이는 인간이 지탱될 수 없다는 사실, 획일화된 국가와 조직이 아닌 민주주의 시대의 건강한 개인과 세계만이 유일한 희망임을 이해한다.

오에 겐자부로, 오자와 세이지 지음 | 정회성 옮김 | 120×188mm | 292쪽 | 14,800원

말러를 찾아서 세계적 지휘자 29인이 만난 말러

구스타프 말러는 당대의 가장 탁월한 오페라 지휘자였다. 국경을 초월하는 최초의 스타 지휘자라고 말할 수 있을 정도였다. 반면 작곡가 말러에게 관심을 보이는 사람은 소수의 전문가들뿐이었고, 탄생 100주년인 1960년 즈음에도 그의 음악은 정규 레퍼토리에서 동떨어져 있었다. 그러나 지금은 베토벤과 견줄 만큼 말러 교향곡이 빈번하게 연주된다. 어떻게 그런 변화가 생겼을까? 이 책은 우리 시대의 탁월한 말러 지휘자 29인과의 인터뷰를 토대로 그 답을 찾으려 한다. 한 위대한 작곡가를 이해하기 위한 여정은 클래식 음악 전체를, 결국 우리 삶 전체를 조망하게 해준다.

볼프강 샤우플러 지음 | 홍은정 옮김 | 153×225mm | 380쪽 | 24,000원